Jessica Müller

Tannengrün und Semmelmord

Weitere Titel der Autorin

Eisenhut und Apfelstrudel
Weihnachtsgans und Krippenmord (Kurzkrimi)
Leberkäs und Hackebeil
Edelweiß und Heckenschere
Enzian und Trüffeltod

Alle Titel auch als digitales Hörbuch erhältlich.

Über die Autorin

Jessica Müller, geboren 1976 in München, verbrachte ihre Kindheit im Dachauer Land, wo auch der fiktive Ort Krindelsdorf liegt. Nach einem abgeschlossenen Übersetzerstudium folgten Auslandsaufenthalte in England und Irland. Ihre Wahlheimat ist das Rheinland, sie lebt in Köln.

Jessica Müller

Tannengrün und Semmelmord

Ein Bayern-Krimi

Lübbe

Dieser Titel ist auch als digitales Hörbuch und E-Book erschienen

Vollständige Taschenbuchausgabe
der bei Bastei Lübbe erschienenen E-Book-Ausgabe

Einband-/Umschlagmotive: © pixabay (3); © enviromantic / Getty Images; © HERA FOOD / Alamy Stock Photo Umschlaggestaltung: U1berlin / Patrizia Di Stefano
Satz: 3w+p GmbH, Rimpar (www.3wplusp.de)
Gesetzt aus der Adobe Caslon Pro
Druck und Verarbeitung: Libri Plureos GmbH, Hamburg
Printed in Germany
ISBN 978-3-404-18802-4

Sie finden uns im Internet unter luebbe.de

FSC
www.fsc.org
MIX
Papier aus verantwortungsvollen Quellen
Paper from responsible sources
FSC® C105338

Prolog

Alfons Gerstl warf einen Blick aus dem Fenster der Backstube. Noch war Krindelsdorf nicht erwacht, und ein eisiger Dezemberwind fegte durch den Ort. Im zaghaften Licht der Morgendämmerung konnte er dicke Schneeflocken tanzen sehen. Die weihnachtlichen Aromen von Zimt, Vanille, Gewürznelken und Orangen lagen in der Luft. Seine Kunden waren ganz versessen auf seine selbst gemachten Lebkuchen und seine raffinierten Plätzchenvariationen. Ganz zu schweigen von seinem Krindelsdorfer Christstollen, der nach einem Geheimrezept seiner Großmutter gebacken wurde. Nicht nur für das Tagesgeschäft in seinen Bäckereien mussten er und seine Mitarbeiter heute sorgen, sondern auch für den Krindelsdorfer Weihnachtsmarkt, auf dem Gerstl wie jedes Jahr mit einem Stand vertreten sein würde.

Voller Anerkennung betrachtete er die perfekten Halbmonde, die Vanillekipferl, die sein Azubi gezaubert hatte, und seine Mundwinkel wanderten nach oben. Er klopfte Leon Eisner anerkennend auf die Schulter, und der Junge lächelte. Dessen Start ins Leben war holprig gewesen: Sein Vater hatte sich noch vor seiner Geburt aus dem Staub gemacht, seine Mutter war überfordert und kämpfte seit Jahren mit ihrer Alkoholsucht. Als ob das nicht schon schlimm genug wäre, ließ seine stockkatholische Großmutter ihn auch nie vergessen, dass er in ihren verkniffenen Augen ein Kind der Sünde war. Den Schulabschluss hatte Leon zwar mehr schlecht als recht bestanden, doch Gerstl wollte dem Jungen dennoch eine

Chance geben. Und sein neuer Lehrling hatte sich in Windeseile als Multitalent entpuppt. Dank Leons Einfallsreichtum klingelte die Kasse in dieser Adventszeit noch süßer als all die Jahre davor.

Gerstls Bäckereien liefen aber das ganze Jahr über hervorragend, denn er beschäftigte nur die besten »Teigmanager«, wie er seine Leute scherzhaft nannte. Seine Ansprüche waren hoch, und die Kunden wussten das zu schätzen. Der Konkurrenz ließ er keine Chance, dachte er selbstgefällig, als er frische Semmeln und Laugenbrezeln aus dem Ofen holte. Kettler, dieser talentbefreite Teigakrobat, hatte das seinerzeit zu spüren bekommen.

Er legte die Schürze ab und wandte sich an seine Mitarbeiter, um ihnen Anweisungen zu geben. Der Vorteil daran, der Chef zu sein, war, dass er kommen und gehen konnte, wie es ihm beliebte. Auf seine Leute konnte er sich verlassen. Gerstl selbst hatte an diesem Morgen andere Pläne.

Seit Generationen nämlich war es Tradition in seiner Familie, frühmorgens am Nikolaustag in den Krindelsdorfer Wald zu gehen, um einen Weihnachtsbaum zu schlagen. Nach einem kurzen Abstecher in die Backstube nahm er sich deshalb den Rest des Tages frei, um in Ruhe die perfekte Tanne zu finden.

Der Winterwind ließ seine Augen tränen, als er die Bäckerei am Krindelsdorfer Marktplatz verließ und in seinen Wagen mit Anhänger stieg. In den frühen Stunden des Sonntagmorgens waren die Straßen wie leer gefegt, und eine dünne Schneeschicht bedeckte den Asphalt.

Am Waldrand angekommen, nahm Gerstl seine Axt aus dem Kofferraum und machte sich auf die Suche nach dem diesjährigen Weihnachtsbaum. Die Stimmung hatte etwas Märchenhaftes. Für den Bäcker war in der

Stille des am Ortsausgang gelegenen Forsts der Zauber der Weihnacht fast körperlich spürbar. Es war dieser eine Morgen im Dezember, an dem er die Sorgen der vergangenen Monate losließ und sich auf einen friedvollen Jahresausklang einstimmte. Er konnte fühlen, wie sein Körper und Geist sich regenerierten, während die kalte Schneeluft seine Lungen füllte. Schon im Sommer freute sich Gerstl auf diesen Tag, weshalb er Indira Wiesners Warnung, er werde heute im Wald den Tod finden, auch in den Wind geschlagen hatte. Diese Verrückte sollte ihn mit ihren Prophezeiungen und Visionen gefälligst in Ruhe lassen!

Schneeflocken wirbelten um ihn herum, als er auf der Lichtung im Wald ankam und seine Axt auf den Boden fallen ließ. Der zugefrorene See, auf dem er als Kind so manchen Winternachmittag mit seiner Mutter Schlittschuh gelaufen war, zog ihn wie magisch an. Viele schöne Erinnerungen verband er mit diesem verschwiegenen Ort, und er schloss einen Moment lang die Augen.

So tief war er in der Welt seiner Kindheit versunken, dass er alles um sich herum vergaß. Als er zurück ins Hier und Jetzt kehrte, bemerkte er zu spät, dass er nicht allein war. Die Axt traf ihn, und Gerstl ging zu Boden.

1.

Susan Waters-Hirschberg öffnete die Tür zu ihrer Küche, und das Wasser lief ihr im Mund zusammen. Die Wangen ihres angeheirateten Onkels Vincent waren gerötet, seine dunkelblaue Schürze mit Mehl bestäubt. Der erfolgreiche Geschäftsmann, der sein Vermögen in der Pornoindustrie gemacht hatte und mittlerweile auch stolzer Inhaber des Gourmetlokals *Vincobel's* in München war, war ganz in seinem Element. Kochen und Backen waren neben seiner Frau Isobel seine große Leidenschaft, wie er gern augenzwinkernd betonte. Der Pornomillionär genoss es, Familie und Freunde mit den exquisitesten Gaumenfreuden zu verwöhnen. Heute hatte er daher seinen Mitarbeitern die Regie im *Vincobel's* überlassen, weil er sich am Nikolaustag ganz der Weihnachtsbäckerei widmen wollte. Seine Lieblingsmenschen mit Plätzchen und Lebkuchen zu versorgen, würde er sich unter keinen Umständen nehmen lassen. Das hatte er schon vor Wochen angekündigt.

Isobels und Vincents Domizil in Krindelsdorf machte dank Bauunternehmer Schreibers Effizienz große Fortschritte, dennoch würde es noch ein paar Wochen dauern, bis die beiden einziehen konnten. Wenn Tante und Onkel sich aufgrund von Dornbergs geschäftlichen Verpflichtungen in Krindelsdorf aufhielten, nahmen sie deshalb wie gehabt die Gastfreundschaft ihrer Nichte und ihres Mannes, Hauptkommissar Alexander Hirschberg, in Anspruch. Zur großen Freude ihres zehn Monate alten Sohnes Julian, der Tante Isobel und Onkel Vincent abgöttisch liebte. Der Kleine saß in seinem Babyhopser und begann, auf und ab zu hüpfen, als er seine Mutter erblickte. Susan sah das untere Milchzähnchen blitzen, das der Grund für die schlaflosen Nächte der letzten Zeit gewesen war.

»Ah, Susan! Da bist du ja!«, rief Vincent erfreut. »Konntest du dich ein wenig ausruhen?«

»Ich bin tatsächlich eingeschlafen«, lächelte sie. Isobel und Dornberg hatten ihr angeboten, sich um Julian zu kümmern, damit sie ein Nickerchen machen konnte. Ein zweiter Zahn kündigte sich an, was ihn besonders nachts quengeln ließ. »Hast du auch schön heia gemacht, mein Schatz?«, wollte sie wissen, als sie ihren Sohn aus dem Hopser hob.

»Bis vor einer halben Stunde«, übernahm Dornberg Julians Erwiderung, bevor er wie von der Tarantel gestochen herumfuhr. »Oh Gott! Die Himbeerherzen verbrennen ja schon fast!«

»Bitte nicht!«, flehte Susan. Die Butterplätzchen mit Himbeergelee waren ihre Lieblingsplätzchen.

»Gerettet!«, beruhigte sie Dornberg, während er das Blech aus dem Ofen holte. »Das sind jetzt die Letzten. Nur noch mit Gelee bestreichen und mit Puderzucker bestäuben, und dann bin ich fertig für heute.«

»Du backst ja auch schon seit einer Ewigkeit.«

»Seit knapp elf Stunden«, präzisierte Vincent mit einem Blick auf die Küchenuhr. Dornberg war heute Morgen fast wie ein richtiger Bäcker um halb fünf aufgestanden und hatte die Küche in Beschlag genommen. Das Ergebnis konnte sich sehen lassen, fand Susan, als sie um die zwanzig Plätzchendosen zählte.

»Wie viele Sorten hast du denn gebacken?«

»Zimtsterne, Kokosplätzchen mit Aprikosenmarmelade, Vanillekipferl, Spitzbuben und die Himbeerherzen.

Wenn ich in den nächsten Tagen dazu komme, werde ich neben den Stollen noch die Schneeflöckchen backen«, kalkulierte er. »Aber es ist sehr viel zu tun im *Vincobel's.* Du glaubst ja gar nicht, wie viele Firmen bei uns ihre Weihnachtsfeier veranstalten«, freute er sich, und er deutete auf das Weinregal. »Susan, möchtest du mir bitte den blauen Zweigelt reichen? Es ist jetzt schon fast fünf Uhr, und ich finde, es ist an der Zeit für einen Punsch. Nach der ganzen Arbeit habe ich mir das auch redlich verdient.« Er ging zum Schrank und holte einen Topf. »Heute Abend wollte ich übrigens Spaghetti aglio e olio machen. Das geht recht schnell, und zum Nachtisch gibt es selbst gemachtes Zimteis.«

»Vincent, wenn du so weiterkochst, wird Alex sich von mir scheiden lassen und dich heiraten«, lachte Susan, die keine Ahnung hatte, wie Dornberg es schaffte, sich um die Weihnachtsbäckerei zu kümmern, Zimteis zu zaubern und obendrein die Küche aufzuräumen. Sie und ihr Mann genossen das Dornbergsche Verwöhnprogramm, musste sie zugeben. Die Hirschbergs legten, wenn sie nicht aufpassten, auch stets ein paar Pfunde zu, wenn Onkel Vincent bei ihnen tagelang den Löffel schwang.

»Da musst du dir keine Sorgen machen, Susan! Das würde Isobel zu verhindern wissen«, grinste er, während er den Punsch mit weihnachtlicher Gewürzmischung und einem Schuss Rum verfeinerte.

»Apropos: Wo ist Tante Isobel überhaupt?« Susan blickte sich suchend um.

»Nicole ist vorhin vorbeigekommen, und die beiden sind mit Picasso an die frische Luft gegangen. Dr. Moser und der Tierarzt haben doch betont, wie wichtig regelmäßige Bewegungseinheiten für ihn sind. Sowohl in physischer als auch in psychischer Hinsicht«, erinnerte er sie mit erhobenem Zeigefinger. Der Mops musste dringend Gewicht verlieren. Nachdem Dornbergs Bekannte Antonia von Hohenburg auf der Eröffnungsgala des *Vincobel's* vor gerade einmal zwei Monaten ermordet worden war, hatten Isobel und er beschlossen, deren verzogenen Schoßhund Picasso zu adoptieren. Mit der Hilfe von Dr. Moser, einem Schweizer Hundepsychologen, waren die Dornbergs nun dabei, Picasso zu einem artigen Hund zu erziehen. Der Mops schien Mutterinstinkte in Susans Tante wachzurufen. Sie hatte gar den Architekten Lars Baumann und Bauunternehmer Schreiber gebeten, für ihn ein eigenes Spielzimmer in ihr Krindelsdorfer Anwesen zu integrieren. »Sie wollten einen Waldspaziergang machen, um über Isobels Dessouskollektion zu sprechen. Aber sie müssten jetzt eigentlich jede Sekunde zurück sein. Immerhin bekommt Julian jetzt seinen gefüllten Strumpf vom Nikolaus, nicht wahr?« Er nahm Susan ihren Sohn ab. Der Kleine jauchzte fröhlich, als Dornberg ihn in die Luft stemmte.

»Dann wird es jetzt also ernst mit Isobels Kollektion.«

Susans Tante war vor einigen Wochen auf die Idee gekommen, eine Dessouskollektion mit Mopsmotiven zu designen, der sie den Namen *Picassous* gegeben hatte. Die Lebensgefährtin von Landrat Seitlbach und erfolgreiche Dessousdesignerin Nicole Reinhardt zeigte sich begeistert von Isobels Vorschlägen. Viele ihrer Kundinnen besaßen eigene Hunde und würden hingerissen sein. Außerdem versuchten die geschäftstüchtigen Freundinnen Susan noch immer dazu zu überreden, für Reinhardts *Suzie H*-Kollektion selbst als Model zu posieren. Diese sei schließlich nur entstanden, weil Picasso Susans Lieblings-BH zerfetzt hatte. Isobel und Dornberg hatten darauf bestanden, Susan zu entschädigen und ihr von Reinhardt neue Dessous entwerfen zu lassen. Die

Designerin hatte mit Begeisterung Maß genommen und letztlich beschlossen, eine ganze Linie mit dem Namen *Suzie H* daraus zu machen. Die von Susans Formen inspirierten Entwürfe könnten laut Isobel und ihrer Freundin schon bald Millionen von Frauen zieren. Die junge Mutter dachte jedoch nicht im Traum daran, sich halb nackt vor der Kamera zu präsentieren. Sie war Lehrerin, und man würde sie ganz sicher nicht weitgehend entblößt in Modemagazinen oder noch schlimmer auf Plakaten zu sehen bekommen. Wenn ihre Tante sich nun aber um ihre *Picassous*-Linie kümmerte, würde sie vielleicht endlich aufhören, ihre Nichte zu einem Karrierewechsel zu drängen. Zumindest hoffte Susan das inständig.

»Deine Tante kann es kaum erwarten, in Produktion zu gehen.« Dornberg klang überschwänglich. »Ich bin so unglaublich stolz auf sie! Ich finde ihren Geschäftssinn und ihre Kreativität in jeder Hinsicht stimulierend«, schwärmte der Pornotycoon. »Es soll schon im Januar losgehen, und im Frühjahr werden die Geschäfte beliefert. Und trotz der vielen Arbeit kümmert sich deine Tante auch noch rührend um Picasso. Er hat schon gut abgenommen, und sein Benehmen ist auch schon wesentlich besser geworden! Findest du nicht?«

»Er hat sich durchaus ein wenig gemacht«, antwortete Susan ausweichend. Noch immer mussten sie auf der Hut sein, denn Picasso schlug seine Zähne gern in ihre Wäsche und verging sich bevorzugt an Julians Stofftieren. Zumindest mit seinem geänderten Speiseplan aber schien er sich abgefunden zu haben. Von Hohenburgs Kost hatte ihm eine Fettleber beschert, doch seine Adoptiveltern waren fest entschlossen, das Leben des Mopses zu verlängern. Auch sein Tierarzt war mittlerweile mit Picassos Gesundheitszustand zufrieden.

»Seine Fortschritte sind wirklich beachtlich, meint der

Tierarzt, und vor Weihnachten werden wir nochmals nach Zürich zu Dr. Moser fahren. Apropos: Wir feiern doch dieses Jahr alle gemeinsam in London, oder?« Dornberg war ein Familienmensch. Er freute sich wie ein Schneekönig darauf, mit Julian den Weihnachtsbaum zu schmücken.

»Ja, natürlich«, versicherte ihm Susan lächelnd. »Wir fliegen am 20., und Alex' Eltern kommen am 23. in London an. Mum und Dad haben auch den Weihnachtsbaum schon aufgestellt, aber schmücken darfst, wie abgemacht, *du* ihn mit Julian.«

»Hast du gehört, mein Süßer? Du wirst mit Onkel Vincent den Baum schmücken!« Der Kleine quietschte vor Vergnügen, als Dornberg seinen Bauch kitzelte. »Isobel und ich haben in Paris den perfekten Christbaumschmuck gefunden! Ihr werdet begeistert sein!«

»Susan?« Die Haustür fiel ins Schloss, und kurz darauf erschien Hirschberg in der Küche. Seine Wangen waren rot von der Kälte, und er rieb seine Hände aneinander, um sie aufzuwärmen. Eigentlich hatte er am Nikolaustag nicht arbeiten wollen. In der vergangenen Nacht war jedoch den österreichischen Kollegen ein flüchtiger Mörder, der seit Monaten mit internationalem Haftbefehl gesucht wurde, ins Netz gegangen. Hirschberg musste diesen in Empfang nehmen und dem Haftrichter vorführen.

»Das ging schneller, als ich gedacht hatte«, freute sich seine Frau und stellte sich auf die Zehenspitzen, um ihm einen Kuss zu geben.

»Möchtest du eine Tasse Punsch, Alex? Du siehst aus, als könntest du einen vertragen«, urteilte Dornberg. »Es ist eiskalt draußen. Ich verstehe gar nicht, wo Isobel und Nicole so lange bleiben.« Er klang besorgt.

»Ist Isobel nicht hier?«, erkundigte sich Hirschberg,

der seinen lachenden Sohn zur Begrüßung an sich drückte.

»Sie und Nicole sind mit Picasso im Wald spazieren«, ließ Dornberg ihn wissen, während er drei Tassen mit Punsch füllte.

»Und du, Vincent, warst auch fleißig, wie ich sehe.« Susan hörte die Bewunderung in der Stimme ihres Ehemanns. »Die Plätzchen sehen toll aus!«

»Wie wäre es, wenn ich uns einen Teller richte?«, schlug der Hobbybäcker vor. »Und sobald Tante Isobel hier ist, werden wir nachsehen, was der Nikolaus uns gebracht hat und Plätzchen essen«, versprach er an Julian gewandt. »Ich habe ein paar ganz weiche Plätzchen extra für ihn gebacken. Die sollte er eigentlich schon essen können.«

Bevor Susan oder ihr Mann etwas hätten entgegnen können, läutete Hirschbergs Smartphone.

»Du musst doch nicht noch mal weg?« Susan war enttäuscht.

»Es ist nur Isobel.« Er zeigte ihr das Display. »Vielleicht soll ich sie irgendwo abholen. Immerhin ist es schon recht dunkel und klirrend kalt. Isobel?« Er drückte auf den Lautsprecher.

»Bist du schon zurück in Krindelsdorf, Alex?«, konnte Susan ihre Tante schrillen hören, und ihre Nackenhaare stellten sich auf. Die sonst so gelassene englische Lady schien außer sich.

»Ja, aber was …«

»Du musst sofort in den Wald kommen, und ruf die Kavallerie!«

»Isobel, beruhige dich«, bat Hirschberg sie. »Was ist denn passiert? Geht es dir und Frau Reinhardt gut?«

»Uns ja, aber diesem Bäcker, diesem Herrn Gerstl nicht!«

»Ist er verletzt? Braucht er einen Krankenwagen?«

Susan griff nach dem schnurlosen Telefon auf dem Küchentisch und wechselte einen Blick mit ihrem Mann.

»Alex, wenn er einen Krankenwagen bräuchte, hätten wir längst einen gerufen. Dann würde ich jetzt ganz sicher nicht mit dir telefonieren.« Sie holte ungeduldig Luft. »Aber du solltest Dr. Meißner verständigen. Jemand scheint diesem Gerstl mit einer Axt den Schädel gespalten zu haben. Picasso, der Ärmste, hat ihn auf der Lichtung am See gefunden. Ich hoffe sehr, der grauenvolle Fund wirft ihn in seiner Entwicklung nicht um Längen zurück!«

»Großer Gott!«, entfuhr es Dornberg, und Susan konnte es ihm nicht verdenken.

»Ich kann mir zwar gut vorstellen, dass ihr mittlerweile durchgefroren seid, aber geht bitte zum Waldrand, und wartet dort bei der allein stehenden großen Tanne auf mich«, bat Hirschberg Isobel und Nicole Reinhardt. »Ich rufe Dr. Meißner und die Spurensicherung an und bin gleich bei euch.« Der Hauptkommissar legte auf und wandte sich an seine Frau. »Susan, weißt du, wo die Taschenlampe ist? Es ist schon ziemlich dunkel draußen, und ich muss in den Wald. Dass sich die beiden in dieser Finsternis noch dort herumtreiben, verstehe ich nicht«, fügte er murmelnd hinzu.

»Tante Isobel ist unerschrocken, und sie liebt nächtliche Waldspaziergänge. Sie hat mich als Kind weiß Gott wie oft nach Einbruch der Dunkelheit durch sämtliche Wälder der britischen Inseln geschleppt, um mir zu zeigen, dass man sich vor nichts fürchten muss«, erinnerte sich Susan kopfschüttelnd. »Die Taschenlampe ist im Garderobenschrank, oberstes Fach.«

»So sehr ich auch die Unerschrockenheit deiner Tante bewundere, muss ich Alex doch recht geben: Mir gefällt das nicht, dass Isobel und Nicole allein bei dem Wetter mit einer Leiche im Wald sind.« Dornberg klang nahezu panisch. »Was ist, wenn der Mörder noch in der Nähe ist, und …«

»Die beiden warten bestimmt schon am Waldrand an der Straße, und ich bin jetzt sofort bei ihnen«, beschwichtigte ihn Hirschberg. »Der Mörder ist mit Sicherheit längst über alle Berge. Und wenn sich im Falle eines Falles jemand zur Wehr setzen kann, dann ist das deine Frau, Vincent.«

»Dein Wort in Gottes Ohr, Alex.« Dornberg öffnete den Küchenschrank, um eine Thermoskanne und zwei Plastiktassen herauszunehmen. »Nimm ein wenig Punsch für die beiden mit. So können sie sich aufwärmen, und den Schock besser verarbeiten.«

»Ist gut. Susan, könntest du bitte Frau Hansen verständigen?«, bat Hirschberg sie, als er die Thermoskanne entgegennahm. »Mit Dr. Meißner und der Spurensicherung telefoniere ich unterwegs.«

»Natürlich.«

»Julians ersten Nikolaustag hatte ich mir ganz anders vorgestellt«, seufzte Dornberg erschüttert, nachdem Hirschberg verschwunden war und Susan dessen Kollegin Hansen informiert hatte.

»Allerdings«, pflichtete Susan ihm bei. »Ich fürchte, es wird ein langer Abend für Alex.«

***

Hirschberg konnte Isobel und Nicole Reinhardt im Scheinwerferlicht seines Wagens unter der allein stehenden großen Tanne warten sehen, als er wenige Minuten später am Krindelsdorfer Forst ankam. Ein Wagen mit Anhänger war am Waldrand geparkt, und der Hauptkommissar vermutete, dass es sich um Gerstls Fahrzeug handelte. Dank der Räumfahrzeuge waren die Straßen frei, doch er zweifelte keine Sekunde daran, dass er sich im Wald durch den Schnee würde kämpfen müssen. Passend zum Nikolaustag wirbelten dicke Schneeflocken auf sie herab. Hirschberg zog den Reißverschluss seiner Winterjacke nach oben, als er aus dem Wagen stieg. Die Adventszeit schien in Krindelsdorf wenig besinnlich zu sein. Seine Gedanken wanderten zurück zu Anton Bierbichler, der letztes Jahr um diese Zeit ermordet worden war.

»Da bist du ja endlich, Alex!« Die englische Lady, die ausnahmsweise keine High Heels, sondern vernünftige Winterstiefel trug, kam mit einem missmutig knurrenden Picasso auf dem Arm auf ihn zu. »Nicole und ich holen uns hier noch den Tod! Und Picasso erst recht. Sein Immunsystem ist nach Jahren der Fehlfütterung noch immer nicht ganz auf der Höhe. Er sollte längst in seinem warmen Körbchen liegen!«

»Es ist schon gut, Isobel«, beschwichtigte sie Reinhardt, deren Hände in einem schwarzen Muff steckten. »So etwas Unverhofftes kann nun einmal passieren. Allerdings war der Anblick für uns doch ein ziemlicher Schock, Herr Hauptkommissar«, gestand die sonst wenig zimperliche Geschäftsfrau. »Ich habe mich noch gewundert, dass Fonsis Wagen noch hier war. Er schlägt jedes Jahr an Nikolaus seinen Weihnachtsbaum, müssen Sie wissen. Und das aber schon in aller Herrgottsfrühe. Ich habe Günther angerufen, er müsste auch jeden Moment hier sein. Er ist am Boden zerstört. Fonsi ist … *war* einer seiner ältesten Freunde.«

Hirschberg stöhnte innerlich. Wenn Landrat Seitlbach hier auftauchte, würde er darauf bestehen, dass er und kein anderer die Ermittlungen übernahm. Die Kollegen von der Kripo würden also nicht ausrücken müssen und konnten den Nikolausabend vor dem Kamin verbringen, dachte er mit einem Anflug von Neid. Seitlbach lag gewiss viel daran, dass Kollegin Hansen und er den Mörder seines Freundes schnell hinter Schloss und Riegel brachten. Gerstl gehörte zur Lokalprominenz, im gesamten Landkreis besaß er mehrere florierende Bäckereien und Konditoreien und war außerdem Mitglied im Gemeinderat. Sein Tod würde sich schon bald wie ein Lauffeuer verbreitet haben.

»Es tut mir sehr leid, dass ihr warten musstet«, bedauerte Hirschberg und griff nach der Thermoskanne und den beiden Plastiktassen. »Vincent hat Punsch gemacht und mir welchen für euch mitgegeben. Dann könnt ihr euch aufwärmen.«

»Er ist ein so wundervoller Mann!« Isobels Stimmung hob sich sogleich, als Hirschberg die Tassen für sie und Reinhardt füllte.

»Du hast wirklich den perfekten Mann, Isobel. Ihr seid ohnehin ein Traumpaar«, stimmte die Dessousdesignerin ihr zu, und Picasso bellte. Wenn er die Gelegenheit hätte, würde der Mops ebenfalls eine Tasse Glühwein ausschlabbern, vermutete Hirschberg. Er erinnerte sich daran, wie Susan vor ein paar Tagen ein Glas umgestoßen hatte und der Wein über die Tischkante hinweg auf den Boden geflossen war. Noch bevor einer von ihnen die Pfütze hatte aufwischen können, hatte Picasso den Wein restlos aufgeleckt. Er käme ganz nach seiner Adoptivmutter, hatte Susan ihm ironisch zugeflüstert.

»Picasso, aus!«, rief sein Frauchen, als dieser versuchte, seine Schnauze in ihre Plastiktasse zu versenken. »Das letzte Mal hast du auf Wein Durchfall bekommen und in der Nacht vor unser Gästebett gemacht!«

»Was?« Hirschberg starrte sie angewidert an.

»Vincent und ich haben natürlich sofort sauber gemacht und alles desinfiziert.« Sie verdrehte die Augen. »Kein Grund, in Panik zu verfallen. So etwas kommt nun einmal vor, wenn man einen Hund hat. Das werdet ihr schon noch sehen, wenn Julian erst einmal sein eigenes Haustier bekommt.«

»Ja, das werden wir noch sehen«, erwiderte Hirschberg zähneknirschend. »Aber jetzt erzählt bitte«, forderte er sie auf. »Ihr habt also Alfons Gerstls Leiche gefunden? Und ihr seid sicher, dass er mit einer Axt ermordet worden ist?«

»Davon gehen wir stark aus«, nickte Reinhardt. »Die Axt liegt neben ihm und ist zwar schneebedeckt, aber ich könnte mir vorstellen, dass man im Labor trotzdem *Spuren* seines Bluts darauf findet. An seinem Schädel klafft außerdem eine riesige Wunde.« Sie schüttelte sich und nahm einen Schluck Punsch.

»Ihr habt nichts angefasst, nehme ich an? Und auch Picasso hat nicht …«

»Wo denkst du denn hin?«, brach es ungeduldig aus Isobel heraus. »Glaubst du etwa, ich hätte ihn sein Bein an Gerstls gefrorenen Körper oder der Axt heben lassen? Ich möchte ihn doch gar nicht erst in der Nähe eines Mordopfers haben! Das ist nicht gut für ihn!«

»Natürlich würdest du das nicht, aber es hätte immerhin sein können, dass Picasso Gerstl doch näher gekommen ist, als es dir lieb ist«, schoss Hirschberg zurück, bevor er sich an Reinhardt wandte. »Frau Reinhardt, würden Sie bitte hier auf meine Kollegin Hansen, Dr. Meißner und die Spurensicherung warten und sie dann zum Tatort führen? Sie sind längst unterwegs und müssten schon bald hier sein. Die Straßen sind frei.«

»Natürlich, Herr Hauptkommissar«, versprach Reinhardt. »Ich wollte ohnehin auch nach Günther Ausschau halten.«

»Ich danke Ihnen. Isobel, würdest du mir bitte zeigen, wo ihr Herrn Gerstl gefunden habt?«

»Wir müssen zu der Lichtung im Wald.« Sie bedeutete ihm, mit der Taschenlampe voranzugehen. »Er liegt am Ufer des zugefrorenen Sees. Weiß der Himmel, was er dort gewollt hat!«

»Das werden wir schon herausfinden, Isobel. Viel mehr würde mich allerdings interessieren, wer die Axt gegen ihn erhoben hat.« Hirschberg richtete den Strahl der Taschenlampe geradeaus, damit sie nicht vom Weg abkamen. Um auf die Lichtung zu gelangen, mussten sie genau dem Pfad folgen. Bei dieser Dunkelheit und dem heftigen Schneefall war das kein allzu einfaches Unterfangen. Wenige Minuten später erreichten sie zu Hirschbergs Erleichterung ihr Ziel, ohne sich verlaufen zu haben, und Picasso begann zu bellen.

»Hörst du, Alex? Der Ärmste steht noch immer unter Schock.« Isobel klang gequält. »Er hat so gute Fortschritte gemacht, und jetzt kann ich nur hoffen, dass er nicht retraumatisiert worden ist! Gott sei Dank haben wir vor Weihnachten noch einen Termin bei Dr. Moser! Ich kann dir sagen, er ist die 200 Schweizer Franken wirklich wert!«

»Etwa pro Sitzung?«, fragte Hirschberg. »Du gibst einen solchen Betrag für nichts und wieder nichts aus?« Die Worte platzten aus ihm heraus, ohne dass er sich hätte bremsen können.

»Für nichts und wieder nichts? Dr. Moser hat wahre Wunder an Picasso gewirkt!« Isobels Stimme triefte vor Empörung, und sie nahm einen Schluck Punsch. »Er hat bereits ordentlich abgenommen, seine Werte haben sich stabilisiert, und er ist viel ausgeglichener. Dass du seine positive Entwicklung nicht bemerkst, spricht wieder einmal Bände! Du bist ein hervorragender Ermittler, aber du musst dich auch mehr um dein Privatleben kümmern und um das, was um dich herum vor sich geht!«

»Erst heute Morgen hat Picasso eines von Julians Babyschühchen bis zur Unkenntlichkeit zerkaut«, erinnerte Hirschberg sie ungeduldig. »Und weißt du, wie viele Küchentücher er auf dem Gewissen hat, seit ihr hier seid?«

»Er ist doch noch lange nicht austherapiert.« Isobel zuckte die Schultern. »Die enorme emotionale Verwahrlosung, die er bei seinem früheren Frauchen erfahren hat, löst sich nicht über Nacht in Luft auf! Das nimmt einige Zeit in Anspruch. Geduld, Zuwendung und liebevolle Strenge ist das, was er braucht!«

»Und ganz viele Schweizer Franken.«

»Hör nicht auf den Griesgram, Picasso. Du bist auf dem besten Weg. Dass du den armen Mann heute gefunden hast, war hervorragende Arbeit! Eines Tages wird er noch ein richtig guter Wach- und Spürhund und wird so manchen Polizeihund in den Schatten stellen«, tönte die englische Lady im Brustton der Überzeugung.

»Euch ist nichts weiter aufgefallen?« Hirschberg wechselte das Thema und richtete den Strahl seiner Taschenlampe auf den reglosen Körper vor sich auf dem Boden.

Gerstl lag auf dem Rücken, und seine weit aufgerissenen Augen starrten ins Leere. Das Entsetzen stand ihm noch im Tod ins Gesicht geschrieben. Der Mörder hatte wohl das Überraschungsmoment auf seiner Seite gehabt, spekulierte Hirschberg. Der Bäcker hatte sich nicht mehr zur Wehr setzen können, als sein Henker die Axt geschwungen hatte. Diese lag neben ihm und wurde wie die Leiche weiter mit Schnee berieselt. Sollte das Labor, wie Reinhardt vermutete, Blut auf der Schneide finden, bestand auch für Hirschberg kein Zweifel, dass es sich um Gerstls handeln musste. Er ging in die Hocke und nahm die Wunde an der Seite seines Kopfes in Augenschein. Zwar musste er Dr. Meißners Urteil abwarten, aber für ihn sah es ganz danach aus, als sei die Schneide der Axt seitlich in die Schläfe eingedrungen. Hirschberg glaubte nicht, dass man außer dem Blut verwertbare Spuren auf der Axt finden würde. Der Täter hatte mit Sicherheit schon aufgrund der Kälte Handschuhe getragen, und womöglich war die Axt durch viele Hände gegangen.

»Glaubst du, jemand ist ihm in den Wald gefolgt, als er einen Weihnachtsbaum schlagen wollte?«, fragte Isobel, als er sich wieder aufrichtete und herannahende Stimmen hörte. Die Kollegen schienen eingetroffen zu sein.

»Das mag durchaus sein«, nickte er. »Oder jemand wusste, was er vorhatte, und hat ihm aufgelauert.«

»Manchmal habe ich wirklich das Gefühl, dass ein Fluch auf diesem Fleckchen Erde lastet, der die Dorfbewohner dazu bringt, sich gegenseitig umzubringen.« Isobel fröstelte theatralisch.

»Chef.« Hansen stapfte, gefolgt von Dr. Meißner und den Kollegen der Spurensicherung, auf die Lichtung. Nicole Reinhardt gesellte sich sogleich zu Isobel, um ihr Punsch nachzuschenken, während ihr Lebensgefährte, Landrat Seitlbach, der ebenfalls eingetroffen war, auf Hirschberg zusteuerte.

»Ich kann es nicht glauben.« Er klang fassungslos, und noch bevor Hirschberg etwas erwidern konnte, erhellte die Tatortbeleuchtung die Lichtung. Seitlbach erstarrte, als er seinen alten Freund erblickte. »Um Gottes willen!«, brach es aus ihm heraus. Reinhardt erschien hinter ihrem Lebensgefährten und reichte ihm den Becher Glühwein. »Das ist auch noch seine eigene Axt.« Der Landrat deutete auf die Tatwaffe. »Ich kann gar nicht zählen, wie oft ich sie ausgeliehen habe«, brabbelte Seitlbach fassungslos vor sich hin. »Wer macht denn so etwas?«

»Es tut mir sehr leid, Herr Seitlbach«, versicherte ihm Hirschberg aufrichtig. »Ich weiß, dass Sie sehr gut mit Herrn Gerstl befreundet waren.«

»Von klein auf«, wisperte der Landrat, nachdem er einen kräftigen Schluck genommen hatte. »Als wir Kinder waren, sind wir jeden Winter hier auf dem See Schlittschuh gelaufen. Oft war seine Mutter auch dabei. Er und Traudl haben ein sehr enges Verhältnis. Sie wird am Boden zerstört sein. Ich weiß gar nicht, wie ich ihr das beibringen soll.« Er blickte Hirschberg in die Augen. »Herr Hauptkommissar, Sie müssen denjenigen finden, der das getan hat! Und kommen Sie mir bloß nicht damit, dass Sie irgendwelche Kollegen von der Kripo rufen wollen! Wenn hier jemand ermittelt, dann nur Sie und Ihre Kollegin! Ich bin morgen ohnehin mit Herrn Krämer zum Mittagessen verabredet, da werde ich das mit ihm besprechen.«

»Sie treffen sich mit ihm zum Essen?« Hirschberg gefiel es nicht, wenn der Herr Landrat sich mit dem LKA-Präsidenten traf. Er wusste, dass Isobel und Dornberg seine Karriere vorantreiben wollten, und er verabscheute Vetternwirtschaft.

»Günther und er haben viel zu besprechen«, schaltete sich die englische Lady wie auf Knopfdruck dazwischen. »Und es wird ganz sicher dein Schaden nicht sein.«

»Isobel …«, hob Hirschberg an, und er hörte, wie Hansen sich überrascht räusperte. Die Kommissarin musste Isobels Worte gehört haben und warf Hirschberg einen fragenden Blick zu, als dieser sich zu ihr drehte.

»Günther, der Verlust deines Freundes tut mir unendlich leid«, bedauerte Isobel an den Landrat gewandt. »Aber du kannst dir sicher sein, dass Kommissarin Hansen und Alex alles in ihrer Macht Stehende tun werden, um den Mörder schnellstens zu fassen.«

»Das weiß ich doch, Isobel«, versicherte ihr Seitlbach. »Ich habe bedingungsloses Vertrauen in die beiden.«

»Ich muss Ihnen den Herrn Hauptkommissar leider abspenstig machen, fürchte ich.« Hansen lächelte entschuldigend und bedeutete ihm, ihr zu folgen.

»Das war Rettung in letzter Sekunde, Frau Kollegin«, dankte er ihr leise.

»So wie sich das anhört, sind wir vielleicht nicht mehr allzu lange Kollegen«, entgegnete sie abschätzend. »Aber ehrlich gesagt finde ich, dass Sie sich eine Beförderung wirklich verdient hätten.«

»Aber nicht auf diese Weise«, wehrte er ab. »Nicht, wenn die Tante meiner Frau nur ihren Snobismus befriedigt sehen will.«

»Ich verstehe Sie sehr gut, Chef! Glauben Sie mir, ich arbeite verdammt gern mit Ihnen zusammen, aber bevor irgendein dahergelaufener, unfähiger Bürokrat in eine hohe Position kommt, wäre es doch erheblich besser, wenn die Wahl auf Sie fiele.«

»Danke, Frau Hansen. Aber noch bin ich Hauptkommissar, und wir haben einen Mord aufzuklären.«

»Das wird nicht allzu einfach.« Doris Michels von der Spurensicherung kam auf sie zu. »Es sieht nicht danach aus, als hätte der Täter nennenswerte Spuren hinterlassen«, erstickte sie jegliche Hoffnung auf Hinweise im Keim. »Dazu kommt, dass der Schneefall etwaige Fußspuren zunichtegemacht hat. Die Axt ist bereits sichergestellt, aber ich glaube kaum, dass sie Sie groß weiterbringen wird.«

»Es ist also alles so aussichtsreich wie immer, wenn sich ein Mord in Krindelsdorf ereignet.« Die Ironie in Hansens Stimme war nicht zu überhören.

»Genau das habe ich schon befürchtet«, seufzte Hirschberg und ging auf den Rechtsmediziner zu. »Können Sie mir etwas Erhellendes sagen, Dr. Meißner?«

»Bedaure.« Der Angesprochene schloss seinen Koffer und richtete sich auf. »Die Axt ist definitiv die Tatwaffe, aber das haben Sie sicher bereits vermutet. Der Todeszeitpunkt ist wegen der Temperatur und der Witterung schwer einzuschätzen. Aber vielleicht können Sie ja herausfinden, wann er vorhatte, in den Wald zu gehen«, schlug er vor und warf suchende Blicke um sich. »Wenn wir davon ausgehen, dass er einen Baum fürs Fest schlagen wollte, dann ist er wohl nicht mehr dazu gekommen. Also hat man ihn vermutlich kurz nach seiner Ankunft hier im Wald getötet. Genaueres kann ich natürlich erst nach der Autopsie sagen, aber auf den ersten Blick deutet nichts auf einen Kampf hin. Entweder hat er dem Täter die Axt freiwillig ausgehändigt, oder er hat sie kurz abgelegt, und der Mörder hat die Gunst des Augenblicks genutzt und sie sich gegriffen.«

»Er muss sich sicher gefühlt haben«, überlegte Hirschberg.

»Mit einem derart brutalen Angriff hat er bestimmt nicht gerechnet«, stimmte Meißner ihm zu und winkte die Sanitäter zu sich. »Ich lasse ihn jetzt in die Rechtsmedizin bringen. Sie bekommen meinen Bericht so schnell wie möglich.«

»Danke, Dr. Meißner. Ich …«

»Herr Hauptkommissar!« Seitlbach kam mit gezücktem Smartphone auf ihn zu. Sein Gesichtsausdruck verhieß nichts Gutes. »Das war Traudl Gerstl, Alfons Mutter. Sie hat mich alarmiert, weil ihr Sohn noch immer nicht nach Hause gekommen ist. Sie ist bei ihrer Schwiegertochter und ihrer Enkelin, denn sie feiern jedes Jahr Nikolaus zusammen und stellen den Baum auf. Vroni und Daniela sind auch gerade erst nach Hause gekommen und wundern sich, wo Alfons ist. Ich habe sie vertröstet und gesagt, dass ich gleich zurückrufe, und …«

»Sagen Sie Herrn Gerstls Familie bitte, dass meine Kollegin und ich gleich bei ihnen sein werden.« Der Hauptkommissar ließ die Schultern hängen. Anstatt mit seinem Sohn die Geschenke vom Nikolaus auszupacken, musste er den Angehörigen des Bäckers die schrecklichste aller Nachrichten überbringen.

»Ich werde Sie begleiten«, bestimmte Seitlbach. »Ich kenne die Familie, seit ich denken kann, und ich möchte in dieser schweren Stunde bei ihnen sein.«

»Das ist keine schlechte Idee«, stimmte Hirschberg zu. Seitlbachs Anwesenheit würde der Familie vielleicht ein wenig Trost spenden. »Aber bitte lassen Sie uns auch die unangenehmen Fragen stellen. Wir machen nur unsere Arbeit, wie Sie wissen.«

»Ich werde Ihnen keine Steine in den Weg legen«, versprach Seitlbach.

2.

Die Arbeit der Spurensicherung war noch in vollem Gang, als Hirschberg, Hansen und Seitlbach sich zusammen mit Isobel und Reinhardt ihren Weg durch den Schnee aus dem Wald bahnten. Bevor sie Gerstls Familie die schlimme Nachricht überbringen mussten, wollten sie die beiden durchgefrorenen Damen mit Mops bei den Hirschbergs absetzen. Wenigstens Isobel und ihre Freundin konnten den Rest des Nikolausabends in der warmen Stube bei Plätzchen und Punsch verbringen und mit Julian spielen, dachte der Hauptkommissar wehmütig. Vermutlich würde sein Sohn bereits im Bett sein, wenn er endlich nach Hause kam. An Tagen wie diesen hasste er seinen Beruf, den er doch sonst so leidenschaftlich gern ausübte. Verbrechern das Handwerk zu legen, lag ihm im Blut. Er würde auch den Mörder des Bäckers zur Strecke bringen.

Gerstls großes Einfamilienhaus befand sich am Ortsausgang von Krindelsdorf. Ganz in der Nähe des Ortes, wo Isobel und Dornberg vor einem Jahr die Leiche des Lehrers Anton Bierbichler gefunden hatten. Auch Feistls Biobauernhof war nicht allzu weit entfernt.

Frau Dachshofer, die hiesige Naturheilkundlerin, hatte ihm einmal erzählt, dass Gerstl sich vor zwanzig Jahren auf diesem Grundstück sein imposantes Heim gebaut habe. Früher habe dort ein kinderloses Ehepaar einen Hof bewirtschaftet, der jedoch im Zweiten Weltkrieg von Bomben zerstört worden war. Laut Dachshofer sei das Ehepaar entfernt mit Gerstls Mutter verwandt gewesen, weshalb das Grundstück letztlich an die Familie des Bäckers gefallen war.

Hirschberg atmete die kalte Winterluft tief ein, als er aus seinem Wagen stieg, und betrachtete einen Moment lang die Fassade des Hauses. Hinter Gerstls Domizil, wo sich einst die Ställe befunden hatten, gab es nun laut Dachshofer einen großen Garten mit Pool. Auch sonst hatte das von Martin Schreiber gebaute dreistöckige Gebäude nichts Landwirtschaftliches mehr an sich. Die weiß gestrichenen Außenwände schimmerten im Licht der Straßenlaternen, während in den unteren Fenstern Lichterketten die Bewohner und vorbeigehende Spaziergänger in Weihnachtsstimmung versetzten. Eine Natursteinmauer umgab Gerstls Haus, doch Seitlbach signalisierte Hirschberg und Hansen, nicht zu warten, nachdem sie geläutet hatten. Der Landrat drückte das schmiedeeiserne Eingangstor auf und ging auf die Haustür zu. Warme Luft drang nach draußen, als Vroni Gerstl ihnen öffnete. Die Aromen von Glühwein und Weihnachtsbäckerei lagen in der Luft, und Hirschberg lief das Wasser im Mund zusammen. Sein Magen begann zu knurren, und er hoffte, dass er seine pietätlosen Körperfunktionen während des Gesprächs im Zaum würde halten können.

»Günther.« Gerstls Frau blinzelte überrascht. Furcht flackerte in ihren blaugrünen Augen auf, als sie die beiden Ermittler erkannte. »Ist etwas passiert? Ist etwas mit Fonsi?« Sie wich intuitiv ein paar Schritte zurück, als könne sie so der unvermeidlichen Wahrheit ausweichen.

»Vroni, wir gehen besser erst einmal ins Haus«, schlug Seitlbach sanft vor.

Sie öffnete den Mund, doch kein Laut wollte über ihre Lippen kommen. Stattdessen nickte sie und ließ sie ein. Die Wohnzimmertür links vom Windfang stand offen, und Hirschberg konnte den Adventskranz auf dem Wohnzimmertisch sehen. Kleine rote Äpfel und braune Tannenzapfen steckten in den Tannenzweigen. Er erinnerte sich, genau solche Kränze und Weihnachtsgestecke in Frau Schätzels Gärtnerei gesehen zu haben. Zwei der roten Kerzen brannten. Im offenen Kamin neben der Tür prasselte ein Feuer, und die Flammen spiegelten sich im Glas der Terrassentür und der gläsernen Vitrine. Mit ihrem Erscheinen schien jegliche Adventsstimmung zu verpuffen. Eine ältere Frau, deren langes weißes Haar im Nacken zu einem Dutt zusammengefasst war, erhob sich, als ihr Blick auf Seitlbach fiel. Hirschberg kannte Gerstls Mutter vom Sehen. Oft hielt sie sich in der Bäckerei ihres Sohnes auf. Sie trug ein schlichtes dunkelblaues Kleid und beige Puschen. Ihr ungeschminktes Gesicht war von Falten durchzogen, und sie presste ihre Lippen aufeinander. Hirschberg konnte sich des Eindrucks nicht erwehren, dass Traudl Gerstl ahnte, weshalb sie hier waren. Ihr Gesichtsausdruck sprach Bände.

»Traudl, Günther ist hier, und …«, hob ihre Schwiegertochter unnötigerweise an.

»Damit habe ich gerechnet. Ich habe ihn schließlich angerufen, Vroni. Ich spüre doch, dass mit meinem Fonsi etwas nicht stimmt.« Traudls Stimme war wie ein Krächzen. »Du wolltest ja nichts unternehmen.« Es klang anklagend, und Hirschberg horchte auf. Er blickte verstohlen zu seiner Kollegin. Auch Hansen schien der Vorwurf nicht entgangen zu sein.

»Dein Sohn ist erwachsen«, seufzte Vroni Gerstl ungeduldig und atmete angestrengt. »Das musst du endlich einsehen. Er muss weder dich noch mich über jeden seiner Schritte auf dem Laufenden halten. Und nur, weil er später als geplant nach Hause kommt, heißt das noch lange nicht, dass …«

»Doch! Das tut es! Günther, sag endlich, was mit meinem Fonsi ist!« Gerstls Mutter war außer sich. Ihre Stimme bebte.

»Frau Gerstl …«, begann Hirschberg.

»Heißen Sie Günther?«, fuhr sie ihn an, bevor sie sich erschrocken die Hand vor den Mund hielt. »Ich … Es tut mir leid. Das …«

»Schon gut, Frau Gerstl«, beschwichtigte Hirschberg sie, während Seitlbach mit raschen Schritten auf sie zuging. Er legte seinen Arm um ihre Schultern.

»Traudl, bitte setz dich«, bat er sie und zog sie mit sich auf die Couch. »Es fällt mir so unfassbar schwer, dir das zu sagen, aber Fonsi ist etwas ganz Fürchterliches zugestoßen. Ich kann es selbst noch gar nicht begreifen.« Hirschberg konnte das Entsetzen in seinen Zügen sehen. Der Mord an seinem Jugendfreund erschütterte den sonst so robusten Landrat sichtlich.

»Ich wusste es«, flüsterte Traudl. »Eine Mutter spürt so etwas.«

»Was …« Vroni Gerstl stockte und sank wie in Zeitlupe auf einen Sessel am Kamin.

»Es tut uns wirklich unglaublich leid, aber wir müssen Ihnen mitteilen, dass Ihr Mann beziehungsweise Ihr Sohn auf der Lichtung im Wald, dort am See, tot aufgefunden worden ist.« Hirschberg blickte zwischen Schwiegertochter und Mutter hin und her.

»Papa ist tot?«

Er drehte sich um. Eine blonde junge Frau, die Vroni Gerstl wie aus dem Gesicht geschnitten war, stand wie erstarrt im Türrahmen. Ihre Lippen bebten, und sie war bleich. Einen Moment lang fürchtete Hirschberg, sie könne jeden Augenblick ohnmächtig werden. Hansen lief auf sie zu und führte sie zur Couch.

»Sie sollten sich besser auch setzen.« Hansens Stimme klang sanft.

»Aber wie ist das denn passiert?«, wollte Gerstls Tochter wissen und starrte die Ermittler fassungslos an. »Papa wollte doch nur einen Christbaum schlagen wie jedes Jahr, und …« Sie blickte aufgescheucht zu Hirschberg. »Hat er sich dabei verletzt? Hätte ich vielleicht etwas tun können, wenn ich bei ihm gewesen wäre? Er wollte immer, dass ich mitkomme. So wie früher. Aber ich hatte keine Lust. Ich wollte lieber ausschlafen, und …«

»Es ist nicht Ihre Schuld«, fiel der Hauptkommissar ihr ins Wort. »Ich glaube sogar, dass es das Beste war, dass Sie Ihren Vater nicht in den Wald begleitet haben.«

»Wie meinen Sie das?« Gerstls Mutter klang atemlos. Sie griff nach Seitlbachs Hand.

»Traudl, was der Herr Hauptkommissar sagen möchte, ist, dass Fonsi keines natürlichen Todes gestorben ist«, erklärte dieser ihr sanft.

»Was?«, rief Vroni Gerstl. Ihre Augen waren vor Entsetzen weit aufgerissen. »Soll das heißen, dass …«

»Es ist sicher ein Schock für Sie, aber allem Anschein nach ist Ihr Mann mit seiner eigenen Axt getötet worden«, kam Hirschberg dem Landrat zuvor.

Gerstls Tochter hielt sich die Hand vor den Mund, sprang wie von der Tarantel gestochen auf und rannte aus dem Raum. Kurz darauf hörten sie wie die Toilettentür in der Diele geöffnet und geschlossen wurde. Ein derartiger Schock ließ den Magen vieler Angehöriger rebellieren, wusste Hirschberg.

»Bleiben Sie hier. Ich kümmere mich um Ihre Tochter, Frau Gerstl.« Hansen ging ihr nach, als Vroni Gerstl auf wackligen Beinen aufzustehen versuchte.

»Jemand hat meinen Fonsi umgebracht?«, hakte die

Mutter des Opfers bestürzt nach, während ihre Schwiegertochter unkontrolliert zu zittern begann.

»Das glaube ich nicht«, wisperte Vroni Gerstl und schüttelte den Kopf. »Das kann nicht sein … Ich … Das muss ein Irrtum sein, und …«

»Leider nein, Frau Gerstl.« Hirschberg war tatsächlich erleichtert, Seitlbach an seiner Seite zu haben. In solchen Situationen gab ein vertrautes Gesicht den unter Schock Stehenden Halt. Der Landrat drückte Traudls Hand.

»Ich habe ihn gesehen, Vroni«, kam er Hirschberg zu Hilfe. »Jemand hat Fonsi getötet. Mit seiner eigenen Axt.« Auf seine Worte hin begann Traudl Gerstl zu schluchzen, und sie sank an Seitlbachs Schulter in sich zusammen. Er hielt sie und redete beruhigend auf sie ein, als Hansen mit Gerstls Tochter zurück ins Wohnzimmer kam. Die Kommissarin führte sie zur Couch.

»Ich hätte mit Papa in den Wald gehen sollen«, warf die junge Frau sich vor. »Ich hätte bei ihm sein sollen, ich …«

»Daniela, es ist nicht deine Schuld!«, widersprach Seitlbach ihr. »Du hättest nichts verhindern können und wärst am Ende selbst in Gefahr geraten. Dann wärst du jetzt vielleicht auch …« Seine Stimme verebbte, als Traudl laut aufschluchzte.

Die Schuld des Überlebenden, dachte Hirschberg traurig bei sich. Es war offensichtlich, dass Daniela Gerstl ihren Vater geliebt hatte. Sie mussten denjenigen, der ihn ihr genommen hatte, unbedingt finden, damit sie den Verlust besser würde verarbeiten können. Er fuhr herum, als es an der Haustür läutete.

»Erwartet ihr Besuch?«, erkundigte sich Seitlbach.

»Das muss Erich sein«, vermutete Vroni Gerstl. »Er kommt jedes Jahr an Nikolaus abends auf einen Glühwein zu uns. Als Daniela klein war, hat er immer den Nikolaus gespielt, und …« Sie schluckte und schloss die Augen.

»Ich mache auf.« Hansen ging zur Tür und kam kurz darauf gefolgt von einem hochgewachsenen Mann zurück ins Wohnzimmer. Sein dunkles, hie und da von grauen Strähnen durchzogenes Haar war vom Winterwind zerzaust. Seine braunen Augen blickten verwirrt umher, während er den Reißverschluss seiner dunkelblauen Winterjacke aufzog.

»Was ist denn hier los?«

»Erich, Fonsi ist tot.« Vroni Gerstl schluchzte auf, und Tränen kullerten über ihre Wangen.

»Fonsi ist …« Der Neuankömmling richtete seine Augen auf Seitlbach. »Günther, was in Gottes Namen ist …«

»Ich bin Hauptkommissar Hirschberg«, meldete Hirschberg sich zu Wort, bevor Seitlbach etwas erwidern konnte. »Herr …«

»Draxl. Erich Draxl. Und ich weiß sehr genau, wer Sie sind. Hier am Ort kennt Sie doch so gut wie jeder«, fügte er geflissentlich hinzu. »Was um Gottes willen ist denn passiert?« Er ging langsam auf die Couch zu und setzte sich neben Traudl, deren Tränen vorerst versiegt waren. Statt zu weinen, starrte sie wie betäubt vor sich hin.

»Erich, Fonsi ist im Wald mit seiner Axt ermordet worden«, klärte Seitlbach ihn mit Grabesstimme auf.

»Was? Aber wer …«

»Das wissen wir noch nicht, Herr Draxl«, antwortete Hirschberg. »Ich weiß, dass das jetzt ungemein schwer für Sie ist, aber es wäre gut, wenn Sie uns ein paar Fragen beantworten könnten.«

»Herr Hauptkommissar, ich erfahre gerade, dass ich meinen besten Freund verloren habe, und sehen Sie sich seine Familie an!«, brach es fassungslos aus Draxl heraus. »Sie können doch nicht erwarten, dass wir Ihnen einfach so Rede und Antwort stehen können, und …«

»Der Herr Hauptkommissar macht nur seine Arbeit, Erich«, unterbrach ihn Seitlbach mit sanfter, aber fester Stimme. »Es ist für uns alle eine Tragödie. Fonsi war auch mein Freund, wie du weißt. Und ich für meinen Teil möchte, dass sein Mörder schnellstens gefasst wird. Das willst du doch sicher auch, nicht wahr?«

»Natürlich.« Draxl schluckte und senkte einen Moment den Kopf.

»Je länger wir mit unseren Fragen warten, desto schwieriger gestalten sich die Ermittlungen«, erklärte Hansen sanft. »Wann haben Sie alle Herrn Gerstl das letzte Mal gesehen?«

»Heute Morgen gegen drei Uhr.« Vroni Gerstls Stimme klang wie ein Hauchen. »Er ist aufgestanden und in die Backstube gefahren. Wie jeden Tag. Es war alles wie immer. Ich habe ihm noch einen schönen Tag gewünscht und bin gleich wieder eingeschlafen. Um acht bin ich dann an den Ammersee gefahren, um meine Cousine zu besuchen. Ich bin erst kurz bevor Sie drei bei uns geklingelt haben zurückgekommen.«

»Ich habe Papa gestern Nachmittag zum letzten Mal gesehen«, antwortete Gerstls Tochter. »Ich war dann mit Freunden unterwegs, und als ich so gegen Mitternacht zurück war, war er natürlich längst im Bett. Er musste ja drei Stunden später schon wieder aufstehen. Wenn ich gewusst hätte, dass ich ihn das letzte Mal sehe …« Sie schluchzte. Draxl stand auf und nahm sie in die Arme.

»Und Sie, Herr Draxl?«, fragte Hirschberg, nachdem Daniela sich ein wenig beruhigt hatte.

»Das war vorgestern Abend. Wir waren im Sportheim und haben Tennis gespielt. Wie jeden Freitag. Danach sind wir noch in die *Klosterstube,* um eine Kleinigkeit zu essen.« Die *Klosterstube* war ein Gourmetlokal, das letzten Winter im Rahmen eines von einem Privatsender finanzierten – und als Reality-Show ausgestrahlten – sozialen Projekts von Schreiber und seinen Leuten renoviert worden war. Nach anfänglichem Widerstand der Krindelsdorfer sowie zwei Morden hatte sich das Restaurant mit angegliederter Brauerei mittlerweile zu einem Magnet für Ortsansässige und Ausflügler entwickelt. Während das alteingesessene Lokal von Gastwirt Brandl mit herzhaft bayerischer Küche lockte, genoss man in der Klosterstube dank eines vielseitigen Kochs internationale Gaumenfreuden wie Linguine mit Flusskrebsen oder auch Sushi. So hatte Krindelsdorf nun für jeden Geschmack etwas zu bieten, wie Reiseführer anpriesen.

»Und Sie, Frau Gerstl? Wann haben Sie Ihren Sohn das letzte Mal gesehen?«, wollte Hansen wissen.

»Gestern Mittag.« Die alte Dame klang angestrengt. »Am Samstag kommt er immer zu mir zum Mittagessen. Ich mache dann immer Pfannkuchen, weil er sie als Kind so gern gegessen hat. Und er hat doch zurzeit so viel zu arbeiten, weil morgen schon der Christkindlmarkt losgeht, und er ist doch mit einem Stand vertreten, und …« Traudl stockte und kniff gequält die Augen zusammen, als die Tränen wieder ihre Wangen hinabkullerten.

»Der Markt geht morgen schon los?« Hirschberg runzelte überrascht die Stirn. Normalerweise fand der Krindelsdorfer Weihnachtsmarkt immer nur an einem der vier Adventswochenenden statt.

»Der Gemeinderat und die Geschäftsleute hier am Ort wollen sehen, ob es sich lohnt, den Weihnachtsmarkt eine ganze Woche zu veranstalten. Wenn das gut ankommt, werden wir das künftig jedes Jahr so machen«, erklärte Seitlbach.

»Deswegen hat Fonsi die letzte Woche mehr gearbeitet als sonst«, schniefte Vroni Gerstl. »Aber er fand die Idee großartig. Mein Mann hat sich so auf den Weihnachtsmarkt gefreut!«

»Kennen Sie vielleicht jemanden, der nicht gut auf ihn zu sprechen war?«, wollte Hirschberg wissen und blickte zwischen den Anwesenden hin und her.

»Niemanden!«, rief die Mutter des Opfers, und ihre Stimme schrillte vor Empörung. »Mein Fonsi war ein Mensch, den jeder gemocht hat! Sag's ihnen, Günther!«

»Traudl, beruhige dich. Ich weiß, dass Fonsi sehr beliebt war. Mir würde auch niemand einfallen, Herr Hauptkommissar«, beteuerte der Landrat.

»Nur du warst immer so bissig zu ihm!«, fuhr Traudl ihre Schwiegertochter an.

»Wie kannst du so etwas sagen?«, verteidigte sich Vroni Gerstl, und die Farbe wich aus ihrem Gesicht. »Wir haben uns geliebt! Und jedes Ehepaar streitet sich ab und zu!«

»Dir hat er doch nie was recht machen können!«, schleuderte Traudl ihrer Schwiegertochter entgegen.

»Traudl, ich bitte dich!« Draxls Stimme klang flehend.

»Ich war doch nie gut genug für deinen Sohn! Seit wir geheiratet haben, hetzt du gegen mich!«, hielt Vroni ihrer Schwiegermutter vor.

»Hört auf!«, rief ihre Tochter. »Papa ist tot, und alles, was ihr macht, ist aufeinander loszugehen! Ich halt das nicht mehr aus!«

»Daniela hat recht!« Seitlbach klang gebieterisch. »Fonsi würde nicht wollen, dass ihr beide euch zerfleischt! Beantwortet bitte einfach nur die Fragen der Frau Kommissarin und des Herrn Hauptkommissars.«

»Ich muss Sie jetzt leider alle fragen, wo sie heute tagsüber gewesen sind. Das ist reine Routine«, beeilte Hirschberg sich, hinzuzufügen.

»Ich war den ganzen Tag zu Hause und habe Plätzchen gebacken«, antwortete Gerstls Mutter. »Vor zwei Stunden bin ich dann gekommen und habe mich gewundert, dass Fonsi noch nicht hier ist. Dabei ist er immer schon frühmorgens an Nikolaus im Wald und sucht einen Baum. Bisher war er immer am Vormittag wieder da und hat alles für unsere Nikolausfeier vorbereitet.«

Wenn das stimmte, dann musste Gerstl sehr früh am Morgen getötet worden sein. Er musste die Angestellten befragen, wann genau der Chef die Bäckerei verlassen hatte, dachte Hirschberg.

»War es allgemein bekannt, dass Ihr Sohn am Nikolaustag frühmorgens in den Wald ging?«, erkundigte sich Hansen.

»Das wusste jeder, der ihn auch nur ein bisschen kannte«, bestätigte Draxl. »Und ich war übrigens über Nacht in meiner Wohnung in München. Ich war gestern Abend auf dem Geburtstag eines Freunds in Schwabing eingeladen. Bei dem Wetter wollte ich nachts nicht mehr nach Krindelsdorf fahren. Ich bin erst heute Nachmittag zurückgekommen.«

»Sie haben zwei Wohnsitze, Herr Draxl?«, erkundigte sich Hirschberg.

»Ja, ich bin Ingenieur. Wenn ich viel in München zu tun und frühe Termine habe, übernachte ich in der Regel dort«, erklärte Draxl.

»Und ich habe Ihnen ja bereits gesagt, wo ich gewesen bin.« Vroni Gerstl stockte. »Als Fonsi in den Wald gegangen und ermordet worden ist, war ich vermutlich noch im Bett oder im Bad. Aber dann war ich den ganzen Tag am Ammersee bei meiner Cousine, und … Ich hätte Fonsi doch nie etwas angetan!«, brach es aus ihr heraus.

»Es wäre gut, wenn du dem Herrn Hauptkommissar und seiner Kollegin die Kontaktdaten deiner Cousine geben würdest, Vroni, und du, Erich, die deines Freundes«, kam Seitlbach den Ermittlern zuvor. »Die beiden müssen nur ihre Arbeit machen und euch als Täter ausschließen.«

»Ich bin erst um elf aufgestanden«, wisperte Daniela. »Ich habe leider keine Zeugen, aber ich hätte doch Papa nie etwas angetan.«

»Lassen Sie bloß meine Tochter in Ruhe!«, rief Vroni. »Daniela hätte nie …«

»Es ist schon gut, Vroni.« Draxl tätschelte ihre Schulter, nachdem er Namen und Telefonnummer seines Freunds für Hirschberg notiert hatte. »Niemand denkt, dass Daniela ihrem Vater etwas getan hat. Allein die Vorstellung ist lächerlich!«

»Herr Hauptkommissar, wenn Sie vorerst keine Fragen mehr haben, dann wäre es sicher besser …«, hob Seitlbach an.

»Natürlich«, nickte Hirschberg. »Wir lassen Sie jetzt erst einmal allein. Alles Weitere können wir in den nächsten Tagen besprechen. Bitte halten Sie sich zu unserer Verfügung.«

»Ich bin mir sicher, die Gerstls und Herr Draxl werden Ihre Ermittlungen nach Kräften unterstützen«, sprach Seitlbach für die Angehörigen des Opfers. »Und auch auf meine uneingeschränkte Unterstützung können Sie zählen. Wir alle möchten, dass Fonsis Mörder schnellstens gefasst wird.«

»Ich werde außerdem morgen mit den Angestellten sprechen müssen«, kündigte der Hauptkommissar mit einem Blick auf Vroni Gerstl an.

»Ich werde spätestens ab acht Uhr im Hauptgeschäft am Marktplatz sein«, krächzte diese. »Irgendjemand muss den Leuten ja sagen, dass ...«

»Dann sehen wir uns morgen früh, Frau Gerstl.« Hirschberg nickte ihr und den anderen zu.

»Wir möchten Ihnen nochmals unser tief empfundenes Beileid für Ihren Verlust aussprechen«, beteuerte Hansen zum Abschied.

»Bleiben Sie sitzen«, wehrte Hirschberg ab, als Draxl sie zur Tür bringen wollte. »Wir finden selbst hinaus.«

»Es gibt wahrlich Schöneres, als ausgerechnet am Nikolausabend eine solche Nachricht zu überbringen«, bedauerte Hansen, als sie zu ihren Wagen gingen.

»Allerdings«, stimmte Hirschberg ihr niedergeschlagen zu. »Aber was halten Sie von den Gerstls, Frau Kollegin?« Er hatte das Gefühl, dass es einige unterschwellige Konflikte in der Familie gab.

»Ich weiß nicht so recht«, gestand sie. »Mutter und Ehefrau scheinen sich spinnefeind zu sein, die Tochter ist am Boden zerstört, und der beste Freund wirkt auch völlig erschüttert. Und doch glaube ich, dass sie alle mehr wissen, als sie uns sagen wollten.«

»Wäre ja nicht das erste Mal«, bemerkte Hirschberg ironisch und entriegelte seinen Wagen. »Ich schlage vor, wir fahren jetzt erst einmal nach Hause und machen das Beste aus dem restlichen Abend.« Mit etwas Glück konnte er Julian noch einen Gutenachtkuss geben. »Ich fahre gleich morgen früh in die Bäckerei, um die Angestellten zu befragen, und komme dann ins Büro. Vielleicht haben Dr. Meißner und das Labor ja dann schon Neuigkeiten für uns«, hoffte er.

***

Susan und Hirschberg schlossen zu den Klängen der Spieluhr, die Julian in den Schlaf lullen sollte, die Tür zu seinem Kinderzimmer. Die plötzliche Aufregung und Nicole Reinhardts Besuch hatten den Kleinen wachgehalten, bis sein Vater gegen neun nach Hause gekommen war. Die Dessousdesignerin hatte sich mittlerweile auf den Heimweg gemacht, um noch vor ihrem Lebensgefährten zu Hause zu sein. Auch er würde eine Schulter zum Anlehnen brauchen, hatte sie beim Abschied erklärt. Der Landrat, der bei den Gerstls geblieben war, um ihnen Trost zu spenden, war selbst zutiefst erschüttert über den Verlust seines Jugendfreundes. Dass dieser noch dazu auf so grausame Weise den Tod gefunden hatte, würde für die trauernden Hinterbliebenen schwer zu verkraften sein. Dornberg reichte Susan und ihm ein Glas Rotwein, bevor er die Spaghetti in die hohen Teller füllte.

»So ist es brav, Picasso!«, lobte Isobel den Mops, der sich mittlerweile in sein Schicksal ergeben und sich an vernünftige Kost gewöhnt hatte. »Seht ihr, wie ihm das Biofutter schmeckt?«, freute sie sich.

»Ich glaube, er will nur einfach nicht verhungern, Tante Isobel«, dämpfte Susan ihre Euphorie, und Hirschberg nahm einen Schluck Wein, um sein Schmunzeln zu verbergen.

»Dein Pessimismus ist wie immer erfrischend, Susan.« Isobel verdrehte die Augen. »Ich bin schon froh, dass er überhaupt etwas zu sich nimmt. Nach allem, was er in den letzten Wochen durchgemacht hat, grenzt das an ein Wunder. Zuerst musste er den Tod seines Frauchens verwinden, und heute erschnüffelt er mitten im Wald eine Leiche. Und zu allem Überfluss noch eine so übel zugerichtete! Ich hoffe, dass er kein erneutes Trauma durchleben muss.« Picasso blickte mit einem flehenden Winseln zu ihr auf. Er hatte seinen Napf in Windeseile geleert. Selbst wenn Isobel recht hatte und Picasso traumatisiert war, seinen gesegneten Appetit hatte es ihm offenbar nicht verschlagen, dachte Hirschberg ironisch.

»Mit Dr. Mosers Hilfe wird er sich schon aufrecht halten«, bemerkte er geflissentlich, als er mit Dornberg die Teller ins Esszimmer brachte. Picasso folgte ihnen auf dem Fuß. Während des gesamten Essens würde er nun von Stuhl zu Stuhl gehen, um zu betteln. Hirschberg selbst kam fast um vor Hunger, denn er hatte seit Stunden nichts gegessen. »Das sieht sehr gut aus, Vincent!«, freute er sich, und sein Magen knurrte unüberhörbar.

»Das freut mich, Alex! Frischer Knoblauch, frische Chilischoten und geriebener Parmesan, und schon ist dieses hervorragende Gericht fertig! Lasst es euch schmecken!«

»Habt ihr bei den Gerstls etwas in Erfahrung bringen können?«, wollte Susan wissen, nachdem sie Platz genommen hatten. »Oder saß der Schock bei allen zu tief? Seitlbach muss ebenfalls am Boden zerstört sein, meint Frau Reinhardt.«

»Wir haben leider so gut wie nichts gehört, was uns weiterbringen könnte.« Hirschberg zuckte die Schultern und berichtete ihnen von seinem Besuch bei Gerstls Familie. »Alles in allem war es gut, dass Herr Seitlbach dabei war. Seine Gegenwart war doch beruhigend«, schloss er.

»Nach allem, was ich von Nicole über diesen Gerstl gehört habe, kann ich mir das Verbrechen nicht erklären.« Isobel schüttelte den Kopf. »Laut ihr war Gerstl ein ausgesprochen sozialer Mensch. Er hat einen gewissen Leon Eisner als Lehrling eingestellt. Und das, obwohl der Junge so einiges auf dem Kerbholz haben muss, aber

Gerstl hat Potenzial in ihm gesehen. Und Nicole meint, dass der Junge sich wirklich gut gemacht hat. Er muss ein unglaubliches Talent fürs Backen haben. Gerstl war für ihn wohl fast so etwas wie ein Vaterersatz. Nicole fürchtet, dass er am Ende wieder auf die schiefe Bahn geraten könnte, jetzt, da sein Chef nicht mehr da ist.«

»Was hat sich der Junge denn zu Schulden kommen lassen?« Hirschberg horchte auf. Wenn Gerstl einen straffällig gewordenen Jugendlichen eingestellt hatte, konnte dieser ein möglicher Verdächtiger sein.

»Angeblich hat er den Geräteschuppen seines Großvaters in Brand gesetzt.« Ihre Stimme klang, als handele es sich dabei um eine Lappalie. »Aber er hat es wohl alles andere als leicht zu Hause. Seine Mutter ist angeblich seit dem Tag seiner Geburt nicht mehr richtig nüchtern gewesen. Vor ein paar Wochen muss diese Frau Eisner sturzbetrunken vom Fahrrad in die Krinn gefallen sein, und ihr Sohn musste sie aus dem Wasser ziehen.« Isobel schnaubte verächtlich. »Nicole hat sich wirklich nur gut über diesen Leon geäußert. Und wenn Nicole ihn für einen guten Jungen hält, dann vertraue ich ihr. Sie hat ein wirklich scharfes Gespür für Menschen. Und sie und Frau Dachshofer machen sich aufrichtig Sorgen um ihn.«

»Dennoch sollten wir Eisner unter die Lupe nehmen«, überlegte Hirschberg.

»Hast du mir gerade eben nicht zugehört, Alex? Oder glaubst du etwa, Gerstl hat seinen Lehrling mit den Fingern in der Keksdose erwischt? Wollte ihn daraufhin feuern, weshalb der Junge, der ihm so viel zu verdanken hat, die Axt gegen ihn erhoben hat?«, hielt die englische Lady sarkastisch dagegen.

»Ich glaube gar nichts, Isobel«, erwiderte Hirschberg ungeduldig. »Genauso wenig ziehe ich voreilige Schlüsse. Aber du weißt sehr wohl, dass Hansen und ich jeder

Spur nachgehen müssen. Wenn der Junge nichts mit dem Mord an seinem Chef zu tun hat, wird sich das sehr schnell herausstellen!«

»Alex hat recht, Liebes.« Dornberg tätschelte ihre Hand. »Er muss nun einmal seine Arbeit gründlich machen. Wir wissen doch beide, wie gut er in seinem Job ist.« Er schenkte Hirschberg ein strahlendes Lächeln. »Das ist auch schon deinen Vorgesetzten aufgefallen.«

»Wie meinst du das?« Hirschberg wurde flau, und er dachte an Seitlbachs Verabredung zum Mittagessen mit dem LKA-Präsidenten.

»Du hast eine beeindruckende Erfolgsbilanz«, erklärte Isobel ihm sachlich. »Es ist zwar erschreckend, dass du dich Tag für Tag mit dem Abschaum der Gesellschaft herumschlägst, aber allem Anschein nach scheint dir das zu liegen. Bei deinen Mordermittlungen darfst du aber dein berufliches Vorankommen nicht vernachlässigen. Unseres Erachtens ist es wirklich an der Zeit für eine Beförderung.«

»Eures Erachtens?«, wiederholte Hirschberg eisig. Es fehlte ihm gerade noch, dass sich die Familie in seine Karriere einmischte!

»Günther sieht das genauso.« Dornberg nahm einen Schluck Wein. »Du genießt sein uneingeschränktes Vertrauen. Er hat letztens erst zu uns gesagt, dass er in Krindelsdorf und überhaupt im gesamten Landkreis keine anderen als dich und deine Kollegin ermitteln lassen würde.«

»Ich bin vollkommen zufrieden mit meiner Position, und …«

»Das haben deine Eltern und wir schon befürchtet«, seufzte Isobel. »Aber auf der Stelle treten ist alles andere als gut. Wir wissen außerdem, aus welchem Haus du stammst, und zum Ausharren bist du nun wahrhaft nicht erzogen worden.«

»Meine Eltern und ihr?« Er witterte mit einem Mal eine Familienverschwörung und fühlte, wie Susan beruhigend seinen Arm drückte.

»Du lehnst jede Art von Veränderung ab.« Isobel zuckte die Schultern. »Deshalb haben deine Eltern dich damals auch nach England aufs Internat geschickt. Ein festes Umfeld war dir sehr wichtig.«

»Ich wollte nicht ständig umziehen!«, rief Hirschberg. Sein Vater war im diplomatischen Dienst gewesen, was viele Wohnortwechsel erforderlich gemacht hatte. Vor allem für ihn als Kind und Jugendlichen war es schwierig gewesen, immer wieder neu Fuß zu fassen. Er selbst hatte sich geschworen, seinen Kindern so etwas nie zuzumuten.

»Dass du in deiner Kindheit eine gewisse Stabilität benötigt hast, ist völlig klar, Alex«, beschwichtigte ihn Dornberg. »Das wirft dir doch niemand vor.«

»Da bin ich aber beruhigt.« Hirschberg konnte mit seinem Sarkasmus nicht hinter dem Berg halten.

»Aber jetzt bist du erwachsen, und es wird Zeit, dass du lernst, mit Veränderungen umzugehen.« Isobel klang wie eine humorlose Gouvernante. »Sie sind wichtig für unser Leben, nur so entwickeln wir uns weiter. Als ich letztens in London mit meinem Psychoanalytiker über dich gesprochen habe …«

»Du hast bitte *was?*«

»Dr. Braydon hat immer wieder betont, wie wichtig es ist, dich – und überhaupt euch«, an dieser Stelle bedachte sie ihre Nichte mit einem strengen Blick, »aus eurer Komfortzone zu holen. Das Leben findet nämlich außerhalb davon statt.«

»Dr. Braydon ist eine Koryphäe auf seinem Gebiet«,

sprang Dornberg ihr zur Seite. »Als ich diese Selbstzweifel, ja man kann schon fast sagen, diese ausgewachsene Krise vor der Eröffnung des *Vincobel's* hatte, hat er mir wirklich sehr geholfen!«

»Du hattest eine Krise?« Hirschberg starrte ihn an.

»Ja, aber ich habe sie dank Dr. Braydon erfolgreich überwunden«, strahlte er. »Und das kannst du auch, Alex!«

»Alex, auch ein Genie wie Vincent braucht ab und an einen hilfreichen Impuls von außen«, belehrte Isobel ihn, bevor er etwas erwidern konnte. »So wie du jetzt auch, und ...«

»Tante Isobel, halte dich aus Alex' Karriere heraus.« Susan bedachte sie mit einem entnervten Blick. »Und hör auf, mit irgendwelchen Psychoanalytikern über uns zu sprechen! Es reicht weiß Gott, dass du mich zum Model machen willst, und ...«

»Darling, ihr müsst beide flexibler werden«, fiel sie ihrer Nichte ins Wort. »Soll euer Sohn sich eines Tages denn vor allem Neuen fürchten? Ihr müsst doch ein gutes Beispiel für ihn sein und ihm beibringen, sich an veränderte Umstände anzupassen. Das Beste wird sein, ich vereinbare einen Termin bei Dr. Braydon für euch, wenn ihr an Weihnachten in London seid, und ...«

»Im Moment muss Julian noch gar nichts dergleichen lernen, Isobel«, widersprach Hirschberg. »Er ist noch nicht einmal ein Jahr alt, und alles, was er bis auf Weiteres tun muss, ist Sprechen und Laufen lernen. Er hat ein schönes, stabiles und vor allem liebevolles Zuhause. Und ich werde auch ganz sicher keinen Termin mit Dr. Braydon wahrnehmen! Ich bin glücklich und zufrieden, so wie es ist.« Hirschberg liebte seine Arbeit, auch wenn sie manchmal hart war. Doch jeder Job hatte nun einmal zwei Seiten.

»In unserer Familie strebt man nach Höherem, wie du weißt«, wandte die englische Lady seufzend ein. »Und wie ihr wisst, wollen Vincent und ich nur das Beste für euch.«

»Halte dich gefälligst aus meinen beruflichen Angelegenheiten heraus, Isobel!« Hirschberg griff nach seinem Weinglas.

»Liebes, wie wäre es, wenn wir das Gespräch vertagen würden?«, schlug Dornberg mit einem nachsichtigen Lächeln vor. »Alex hat immerhin einen neuen Fall, und der Tag war für euch beide anstrengend. Schließlich hast du eine grausam zugerichtete Leiche gefunden.« Er erschauderte.

»Du hast ja so recht, Darling«, flötete sie. »Der arme Herr Gerstl sah wirklich schlimm aus. Ich hoffe, du findest diesen Hinterwäldler bald, der das getan hat.«

»Das habe ich vor.« Hirschberg war erleichtert über den Themenwechsel. »Morgen werde ich seine Angestellten befragen. Vielleicht kann mir einer von ihnen weiterhelfen.«

»Er muss bei seiner Belegschaft sehr beliebt gewesen sein.« Dornberg massierte nachdenklich sein Kinn. »Nur mit seiner Frau war es ab und zu ein wenig schwieriger.«

»Ach ja?«

»Laut Nicole war sie nicht begeistert, dass Gerstl Leon Eisner eingestellt hat. Sie habe ihn als gutmütigen Trottel beschimpft«, ließ Isobel ihn wissen. »Als er aber sein Talent entfaltet und den Umsatz gesteigert hat, hat sie ihre Meinung recht schnell geändert. Nicole und Günther haben nichts gegen Vroni, aber sie sind nie wirklich mit ihr warm geworden, wie man so schön auf Deutsch sagt.«

»Auch sie und ihre Schwiegermutter kommen nicht

gut miteinander aus.« Hirschberg dachte an den eisigen Austausch zwischen den beiden.

»Oh, die beiden hassen sich«, schaltete Susan sich ein. »Das weiß ich von dieser Frau Zitzelsbrunner.« Evi Zitzelsbrunner war eine von Gerstls Angestellten. Zwei Mal in der Woche fuhr sie mit dem Verkaufswagen der Bäckerei Krindelsdorf und die Nachbarorte ab, um Semmeln, Laugen- und Süßgebäck zu verkaufen. Leider war Zitzelsbrunner nicht die geschickteste Fahrerin. Lokalreporter Heimerl hatte vor einigen Monaten einen erbosten Artikel über sie und Gerstl verfasst, nachdem sie beim Abbiegen dessen Wagen geschrammt hatte. Der Mitarbeiter des *Krindelsdorfer Boten* hatte Gerstl außerdem mit Konsequenzen gedroht und Hirschberg absurderweise gar aufgefordert, gegen den Bäcker und Zitzelsbrunner von offizieller Seite vorzugehen. Allerdings hielt der Hauptkommissar es für unwahrscheinlich, dass der schmächtige, wenn auch reichlich unangenehme Heimerl sich zum Axtmörder aufgeschwungen hatte. Schon gar nicht nach über einem halben Jahr.

»Hat sie gesagt, warum?«, wollte Hirschberg wissen, während Dornberg die restlichen Spaghetti aufteilte.

»Nein.« Sie zuckte die Schultern und griff nach ihrem Glas. »Ich nehme an, dass es so ein ständig schwelender Konflikt zwischen Schwiegertochter und Schwiegermutter war. Frau Gerstl muss bei ihrem Sohn und ihrer Schwiegertochter ein und aus gehen, wie es ihr passt. So etwas würde jede noch so gute Ehe auf Dauer belasten.«

»Ja, es ist immer schwierig, wenn man zu oft von der Verwandtschaft heimgesucht wird«, stimmte Isobel ihrer Nichte zu. »Wenn ihr ständig behelligt würdet, würde das eurer Ehe auch nicht guttun«, behauptete sie, und Hirschberg hätte sich beinahe an seinem Wein verschluckt. Susan senkte den Kopf und begann zu hüsteln.

»Ihr könnt froh sein, dass unsere Familie auf der ganzen Welt verstreut ist.«

»Mit einer bald eröffneten Zweigstelle in Krindelsdorf«, murmelte Hirschberg vor sich hin.

»Du musst dir dieses Nuscheln abgewöhnen, Alex«, riet Isobel ihm, als ein Wimmern aus dem Babyphone kam.

»Ich gehe nach Julian sehen«, nutzte der Angesprochene die Gelegenheit zur Flucht und bedeutete seiner Frau in Ruhe weiter zu essen. »Wahrscheinlich macht wieder ein Zahn Ärger.«

Er musste mehr über die Gerstls in Erfahrung bringen, dachte er auf dem Weg nach oben. Vielleicht war der Konflikt zwischen Vroni und ihrer Schwiegermutter nicht das Einzige, was das Familienidyll der Gerstls trübte.

3.

Nach einer wenig erholsamen Nacht betrat Hauptkommissar Hirschberg kurz nach acht Gerstls Bäckerei. Die dritte Adventswoche begann für die Mitarbeiter alles andere als weihnachtlich. Maria Seiler, eine der Verkäuferinnen, die Hirschberg schon seit seinem ersten Einkauf kannte, blickte ihm mit Grabesmiene entgegen. Es war offensichtlich, dass Vroni Gerstl den Angestellten bereits vom Tod ihres Chefs berichtet hatte. Hirschberg fühlte sich erleichtert, dass ihm diese Aufgabe nun nicht zuteilwurde. Er konnte die tiefe Trauer in Seilers bleichen Zügen sehen. In ihren braunen Augen lag ungläubiges Entsetzen, und ihre Bewegungen waren fahrig. Ihr schwarz gefärbtes Haar war straff nach hinten gebunden, sodass kein Härchen auf die Backware fiel. Die Flügel ihrer runden Nase blähten sich vor Anspannung. Sie begrüßte ihn mit einem gehauchten »Guten Morgen« und kam gleich auf den Punkt.

»Is des wahr, was die Vroni sagt, Herr Kommissar? Is der Fonsi wirklich …« Sie ließ den Satz unvollendet.

»Bedauerlicherweise ja, Frau Seiler. Er ist gestern im Wald auf der Lichtung am See tot aufgefunden worden«, bestätigte Hirschberg. »Es tut mir sehr leid. Ich weiß, wie sehr Sie und Ihre Kollegen Herrn Gerstl gemocht haben.«

»Der Fonsi konnt doch koana Fliege was zuleide tun. Um jeden hat er sich kümmert! Grad um den Leon! Der arme Bua is am Boden zerstört! Der Fonsi war wie a Vater für den Buam!« Sie schien völlig aufgelöst. Susan hatte in der Vergangenheit oft gescherzt, dass Frau Seiler ihren Chef nahezu anhimmelte. Laut Frau Dachshofer war ihre Ehe nicht die glücklichste. So war es nicht weiter verwunderlich, wenn sie einen anderen Mann idealisierte, behauptete die Naturheilkundlerin des Ortes. Herrn Seiler schien das nicht weiter zu stören. Laut Rosina Baumann gehe im Ort das Gerücht um, er sei ein Verfechter der Josefsehe und habe kein Verlangen, irgendeiner Frau oder auch einem Mann besonders nahezukommen. »Wer tut denn so was?«, fragte sie kopfschüttelnd.

»Meine Kollegin und ich werden alles daransetzen, das herauszufinden. Das verspreche ich Ihnen, Frau Seiler«, gab Hirschberg ihr sein Wort. »Wann haben Sie Herrn Gerstl denn das letzte Mal gesehen?«

»Des war am Samstag, bevor wir den Laden gschlossn ham«, beantwortete sie seine Frage, ohne lange zu überlegen. »Er is a bissl früher gangen, weil er dahoam noch Plätzchen für den Nikolaustag backen wollt. Wenn i gwusst hätt, dass i den Fonsi nie mehr seh …« Seiler verstummte und hielt sich die Hand vor den Mund. Ihre Augen wurden feucht.

»War Ihr Chef in letzter Zeit denn irgendwie anders als sonst?«, versuchte es Hirschberg. »War er nervöser, oder hat ihn vielleicht irgendetwas bedrückt? Ist Ihnen irgendetwas Ungewöhnliches an ihm aufgefallen?«

»Überhaupt net.« Sie schüttelte den Kopf. »Er is wie immer gwesn. Der Fonsi hat sich sogar sehr auf den Adventsmarkt gfreut!«, behauptete sie. »Dass der immer nur ein Wochenende war, des hat ihn scho lang gstört. Deswegen hat er sich a im Gemeinderat so dafür stark gmacht, dass er dieses Jahr a ganze Woch lang is. Die Leut gehn scho gern aufn Markt, wissen's. Und die Adventszeit war dem Fonsi heilig!«, behauptete die Verkäuferin.

»Ja, ich weiß«, lächelte Hirschberg. Auch er war mit Susan, Isobel und Dornberg letztes Jahr zum ersten Mal auf dem Krindelsdorfer Weihnachtsmarkt gewesen, der jedes Jahr am Kloster stattfand. Die hiesigen Geschäftsleute waren stets mit einem festlich dekorierten Stand vertreten. Gerade die Glühweinhütte der Kellerei *Krinnaue* erfreute sich höchster Beliebtheit. Angeblich hatten Gerstl und der Kellereibetreiber Blatteder für dieses Jahr eine Art Kooperation geplant, hatte Hirschberg läuten hören. An den Ständen wurden jeweils auch die Produkte des anderen angeboten. Was würde denn eine bessere Weihnachtsstimmung erzeugen als eine Tasse Punsch oder Glühwein mit Plätzchen und Stollen?

»So gfreut hat sich der Fonsi! Und jetzt weiß i gar net, ob der Stand heut Mittag überhaupt aufmacht, und …«

»Doch, Maria.« Vroni Gerstl erschien im Verkaufsraum. Sie wirkte noch mitgenommener als am vergangenen Abend. Unter ihren Augen hatten sich dunkle Ringe gebildet. Der Hauptkommissar nahm an, dass weder sie noch ihre Tochter in der letzten Nacht ein Auge zugetan hatten. »Wir werden den Stand wie geplant öffnen. Evi ist schon mit der Ware losgefahren. Leni und Werner halten auf dem Markt die Stellung. Das sind wir Fonsi schuldig«, fügte sie leise hinzu.

»Wie geht es Ihnen, Frau Gerstl?«, erkundigte sich Hirschberg mitfühlend, als er ihr nach hinten in die Backstube folgte, wo Gerstls Angestellte mit steinernem Gesichtsausdruck ihre Arbeit machten. Die Atmosphäre war bedrückend.

»Ich habe die ganze Nacht nicht geschlafen. Ich kann noch immer nicht glauben, was passiert ist. Dass Fonsis Seite des Betts jetzt für immer leer bleiben wird. Normalerweise passiert das immer nur in Krimis oder zumindest anderen, nicht dir selbst oder deinen Freunden.« Sie presste ihre Lippen aufeinander. »Ich kümmere mich um alles, um das ich mich kümmern muss. Ich stürze mich in die Arbeit, die mich etwas ablenkt«, gab sie zu. »Daniela weint seit Ihrem Besuch gestern Abend ununterbrochen. Sie hing so sehr an ihrem Vater! Sie glaubt, dass er noch am Leben wäre, wenn sie mit ihm in den Wald gegangen wäre. Davon ist sie einfach nicht abzubringen.« Sie klang verzweifelt. »Dr. Brenner war heute Morgen schon da und hat ihr etwas zur Beruhigung gegeben. Ich habe in der Schule angerufen und musste erklären, was passiert ist.« Gerstl schluckte. »Meine Tochter war nicht in der Lage, sich selbst zu entschuldigen. In ein paar Monaten schon soll sie ihr Abitur machen, aber jetzt weiß ich nicht, ob sie das überhaupt schafft, und …«

»Ich verstehe.« Hirschberg nickte. Im Gegensatz zu ihrer Tochter flüchtete sich Vroni Gerstl in den Alltag, und bis zu Gerstls Beerdigung würde es noch viel zu erledigen geben. Der Absturz würde dann aber auch für sie kommen, wenn sich die Aufregung gelegt hatte, wusste er. Zudem musste sich die Witwe um ihre Tochter sorgen, die mit Trauer und Schuldgefühlen kämpfte. Hirschberg nahm sich vor, den Täter, der so viel mehr als nur ein Leben zerstört hatte, schnellstens zu fassen. »Es gibt Anlaufstellen, Frau Gerstl. Opferberatungsstellen, die Ihnen und Ihrer Tochter helfen können. Daniela trifft keine Schuld an dem, was geschehen ist. Wenn sie das begreift, kann sie ihre Trauer besser aufarbeiten. Ich bin mir aber auch sicher, dass es bergauf geht, wenn sie den ersten Schock einmal überwunden hat.«

»Ich werde das im Hinterkopf behalten«, seufzte Gerstl. »Aber sie muss selbst entscheiden, ob sie Hilfe braucht. Dr. Brenner meint wie Sie, dass sie erst einmal diese schlimme Nachricht verarbeiten muss. Er kennt sie schon seit ihrer Geburt und weiß, dass sie eine Kämpferin ist.« Ein zaghaftes Lächeln erschien auf ihrem Gesicht.

»Sie wird es schaffen, Frau Gerstl. Geben Sie Ihrer Tochter ein paar Tage, und ich bin mir sicher, dass sie sich fangen wird«, sprach Hirschberg ihr Mut zu und hoffte, er würde recht behalten. »Und Ihre Schwiegermutter? Wie geht es ihr?«

»Traudl ist natürlich völlig aufgelöst. Fonsi war ihr Ein und Alles. Er war alles, was für sie eine Bedeutung hat.« Hirschberg konnte die Verbitterung in ihrer Stimme hören.

»Ich möchte nicht unsensibel klingen, Frau Gerstl, aber ich hatte gestern das Gefühl, dass Sie und Ihre Schwiegermutter nicht besonders gut miteinander auskommen«, formulierte Hirschberg es vorsichtig.

»Das ist eine Untertreibung, Herr Hauptkommissar.« Sie stieß ein verächtliches Lachen aus. »Die Spatzen pfeifen es doch hier von den Dächern und Bäumen, dass Traudl und ich uns nicht ausstehen können. Sie hat mir von Anfang an unterstellt, dass ich nur auf Fonsis Geld aus war. Wir haben uns kennengelernt, als er seine zweite Bäckerei aufgemacht hat. Mittlerweile hat er elf Filialen hier im Landkreis und in München, wie Sie sicher wissen«, zählte sie auf, und er nickte. »Aber ich habe mich wirklich in Fonsi verliebt, und wir hätten so glücklich sein können, wenn dieses Schwiegermonster nicht ständig dazwischengefunkt hätte. Wir waren noch keine 24 Stunden verheiratet, da stand sie morgens um halb neun bei uns im Schlafzimmer, weil sie Fonsi Pfannkuchen zum Frühstück machen musste.« Ihr Zorn war fast körperlich spürbar. »Aber hat er ihr den Zweitschlüssel weggenommen? Nein. Er hat Mutti immer in Schutz genommen. Schließlich hat sie auf so vieles für ihn verzichtet nach dem frühen Tod seines Vaters. Meine Schwiegermutter ist die Pest! Unter uns gesagt, hätte ich es für wahrscheinlicher gehalten, dass man sie umbringt und nicht meinen Mann. Die einzigen Menschen, an denen ihr außer Fonsi etwas liegt, sind der Herr Landrat und seine Lebensgefährtin, die sie zweifellos gegen mich aufgehetzt hat.«

»Das schwierige Verhältnis zu Ihrer Schwiegermutter muss Ihre Ehe doch aber belastet haben«, hakte Hirschberg nach, ohne auf ihre letzte Bemerkung einzugehen. Familiäre Konflikte konnten durchaus zu Mord führen, hatte die Erfahrung ihn gelehrt.

»Natürlich hat es das«, gab Vroni Gerstl freimütig zu. »Sie glauben gar nicht, wie oft ich dieses Weib am liebsten aus dem Haus geworfen hätte, und wie viele Male es Streit wegen ihr gab. Die Allgegenwärtigkeit einer Schwiegermutter, erst recht einer wie der meinen, würde jede Ehe an den Rand der Scheidung treiben. Was glauben Sie, warum Erich, also Herr Draxl, mich schon bei unserer Verlobung Jeanne d'Arc genannt hat? Aber mit dem Mord an meinem Mann haben meine Probleme mit Traudl sicher nichts zu tun. Wie auch?«

Das war eine gute Frage, gestand Hirschberg ihr in Gedanken zu. Sie hätte vermutlich eher gegen das Schwiegermonster die Axt erhoben.

»Ich würde mich jetzt gern ein wenig mit Ihren Angestellten unterhalten, Frau Gerstl.« Er beschloss, das Thema vorerst nicht zu vertiefen und ihr eine Antwort schuldig zu bleiben.

»Selbstverständlich.« Gerstls Witwe wandte sich an die drei Bäcker, die sie verstohlen beobachtet hatten. »Sepp, Schorsch, Leon, das ist Hauptkommissar Hirschberg. Ihr kennt ihn sicher zumindest vom Sehen. Er möchte euch gern ein paar Fragen stellen. Bitte helft ihm, so gut ihr könnt. Wir wollen schließlich alle, dass Fonsis Mörder gefasst wird.« Sie senkte rasch den Kopf, bevor sie sich wieder an Hirschberg wandte. »Ich bin draußen bei Maria und helfe mit den Kunden und den Kondolenzbesuchern«, hauchte sie. »Das wird ein harter Tag für uns alle.«

Nicht nur die Backwaren, sondern auch die Neugier würde viele heute in die Bäckerei führen, dachte Hirschberg düster. Vroni Gerstl und ihre Mitarbeiter waren nicht zu beneiden.

»Ihr Verlust tut mir sehr leid«, eröffnete Hirschberg die Befragung der Mitarbeiter. Aus den Augenwinkeln heraus konnte er sehen, wie der Lehrjunge sich mit dem Handrücken die Augen wischte. »Ich weiß, dass das sehr schwer für Sie alle sein muss, aber jeder noch so kleine Hinweis, den Sie mir geben, könnte helfen, Herrn Gerstls Mörder zu finden und hinter Schloss und Riegel zu bringen.«

»Sie müssen den Kerl finden!«, rief Leon Eisner und ballte seine Hände zu Fäusten. Hirschberg konnte fühlen, dass Wut und Frustration in dem Teenager tobten. Nicole Reinhardts und Marianne Dachshofers Sorge schien berechtigt. Er hoffte inständig, der Junge würde nicht den Halt verlieren. Nach allem, was er gehört hatte, würde seine Familie keine Hilfe für ihn sein.

»Das habe ich vor.« Hirschberg ging auf ihn zu. »Sie sind Leon, nicht wahr?« Der Junge nickte. Seine grauen Augen waren gerötet. Sommersprossen sprenkelten sein Gesicht und verliehen ihm ein unschuldiges Aussehen. Auf den ersten Blick hätte ihm gewiss niemand zugetraut, den Werkzeugschuppen seines Großvaters in Brand zu setzen. Doch Optik war trügerisch, wusste Hirschberg. Es gab genügend Mörder mit dem Gesicht eines Engels. »Aus Ihnen wird einmal ein hervorragender Bäcker und Konditor, habe ich gehört.« Er lächelte.

»Das habe ich alles nur Fonsi zu verdanken!« Die Stimme des Jungen war tränenerstickt.

»Und deshalb möchte ich Sie bitten, mir zu helfen, Leon. Ist Ihnen gestern Morgen irgendetwas merkwürdig vorgekommen? War Ihr Chef irgendwie anders als sonst?«

»Es war alles wie immer«, schniefte er. »Er hat sich so gefreut, in den Wald zu gehen und einen Baum zu schlagen.«

»Des stimmt«, meldete sich der Bäcker namens Sepp zu Wort, und sein Kollege Schorsch nickte. Die Wangen der beiden Männer waren gerötet von der Hitze der Öfen, und ihre Schürzen waren wie die von Leon mit Mehl bestäubt. Sepp machte eine ausladende Handbewegung. »Es war alles wie sonst a. Er hat uns Anweisungen gebn, und dann is er wie jeds Jahr in den Wald gfahrn. Heut früh wollt er dann wieder ganz normal da sein.« Auch in seinen Zügen lag Fassungslosigkeit.

»Er hat also nicht erwähnt, ob er sich zum Beispiel mit jemandem treffen wollte?«

»A wo!«, rief Schorsch. »Der Fonsi hat des genossen, wenn er an Nikolaus allein in den Wald is. Des war für ihn fast so was wie a Meditation, hat er gsagt. Da hat der koan Menschen um sich rum ham wolln. Nur sei Tochter hätt er gern mitgnommen, aber in dem Alter wolln Kinder nimmer so wia die Eltern.« Er zuckte die Schultern.

»Verstehe.« Hirschberg blickte in die Runde. »Wissen Sie, ob Ihr Chef mit irgendjemandem Streit gehabt hat in letzter Zeit?«

»Na!«, antworteten Schorsch und Sepp wie aus einem Mund. »Der Fonsi is mit jedem guad auskommen!« Nur

Leon Eisner schwieg und presste die Lippen aufeinander.

»Sicher?« Hirschberg blickte den Lehrjungen eindringlich an.

»Das ist bestimmt nichts«, wiegelte dieser ab. »Es ist nur, dass ich vor ein paar Tagen die Wiesner und den Schmalzengruber am Marktplatz streiten gehört habe. Und der Fonsi war auch dabei und hat die beiden dann angebrüllt, dass sie alle zwei spinnen. Aber mehr war nicht. Er hat sich dann gleich umgedreht und ist gegangen.«

»Die werdn ihm halt auf d'Nerven gangen sein wie allen anderen a!«, schätzte Sepp. Hirschberg unterdrückte ein pietätloses Grinsen, als ihm plötzlich wieder einfiel, dass die Tochter von Bäcker Sepp sich ihr Studium eine Weile mit dem Verkauf ihrer getragenen Höschen finanziert hatte. Während der Ermittlungen im Mordfall Helga Seitlbach hatten Susan und die Dornbergs davon erfahren. Zu den Kunden der Bäckertochter gehörte unter anderem Therese Hackelgrubers Ehemann. Der Hauptkommissar erinnerte sich noch gut daran, wie die Haushälterin des Pfarrers ihren Mann deshalb in aller Öffentlichkeit geohrfeigt hatte. Er rief sich innerlich zur Ordnung und konzentrierte sich wieder auf die Befragung. Er teilte Sepps Ansicht bezüglich Gerstls Auseinandersetzung mit Wiesner und Schmalzengruber. Die Auraleserin und der Pfarrer – vor allem dieser! – brachten die meisten Krindelsdorfer auf die Palme. Außerdem konnte er sich nicht vorstellen, dass auch nur einer der beiden die Axt geschwungen hätte. Wiesner wollte kein schlechtes Karma auf sich laden, und Schmalzengruber würde keine Todsünde begehen. Dennoch nahm er sich vor, mit den beiden baldmöglichst zu sprechen.

»Ich danke Ihnen, Leon.« Er klopfte dem Jungen auf

die Schulter. »Das ist jetzt sehr wichtig: Kann einer von Ihnen sich erinnern, wann Herr Gerstl gestern in den Wald gefahren ist? Ich nehme an, er wollte direkt von hier aus los, um einen Weihnachtsbaum zu schlagen?«, vergewisserte er sich.

»Wie jeds Jahr«, antwortete Sepp, und er nickte nachdrücklich. »Er is extra mit dem Anhänger kommen. Und er muss ziemlich genau um halb siebn weggfahrn sein«, überlegte er.

»I hab auf'd Uhr gschaut, weil i die Laugensemmeln ausm Ofen hab holn müssen«, pflichtete Schorsch ihm bei. »Es war fast halb siebn. Der Fonsi is immer so früh los an Nikolaus, weil er den Baum dann dahoam scho aufstellen und schmücken wollt. Des war ihm wichtig! Der Fonsi hat immer gsagt, dass an Nikolaus der Christbaum stehen muss«, ließ er den Hauptkommissar wissen. »Und am Nachmittag is dann immer die oide Gerstl kommen. Dann habn's gemeinsam no Plätzchen backen. Ein Familienmensch, des war der Fonsi. So jemanden bringt man doch net um!«

»Ich danke Ihnen allen.« Hirschberg lächelte. »Das wäre dann vorläufig alles, aber bitte halten Sie sich zu meiner Verfügung, falls sich doch noch weitere Fragen ergeben.«

Hirschberg hörte, wie Sepp und Schorsch Leon zu trösten versuchten, als er die Backstube verließ. Der Junge stand sichtlich unter Schock.

Nachdem er noch Laugengebäck und zwei Tüten mit Plätzchen erstanden hatte, machte er sich auf den Weg nach München in die Gerichtsmedizin.

***

Es war fast halb elf, als Hirschberg den Obduktionsraum

betrat. Er war müde, und sein Körper lechzte nach Koffein. Zudem fiel ihm auf, dass er sich nie einer gewissen Beklommenheit erwehren konnte, wenn er Meißners Wirkungsstätte betrat. Für Verbrechensopfer waren diese Räumlichkeiten die erste Etappe auf dem Weg zur Endstation. Die Preisgabe ihrer letzten Geheimnisse wurde nicht erbeten, sondern mit Skalpell und Knochensäge im wahrsten Sinne des Wortes aus ihnen herausgeschnitten. Auch wenn sie zu diesem Zeitpunkt nichts mehr spürten, so wünschten sich doch die wenigsten, vor ihrer Bestattung den Umweg über einen Seziertisch zu machen. Doch dem Gesetz musste Genüge getan werden, und die Würmer mussten warten. Er erschauderte bei dem Gedanken daran, eines Tages in einer Holzkiste in ein ausgehobenes Loch hinabgelassen zu werden. Auch wenn es ihm wie den meisten Menschen widerstrebte, nahm er sich vor, sich darüber Gedanken zu machen, wie mit seinen sterblichen Überresten eines Tages verfahren werden sollte. Vor allem aber beschloss er, das Unausweichliche noch sehr lange hinauszuzögern.

»Ah, Herr Hauptkommissar.« Dr. Meißner wandte sich mit einem Lächeln um. Er wirkte wie immer fit und ausgeruht. »Ihr Timing ist unschlagbar. Ich bin gerade fertig geworden.« Der Rechtsmediziner ging zum Waschbecken. »Sie sehen müde aus«, stellte er mit einem Blick in Hirschbergs Gesicht fest.

»Julian zahnt«, entgegnete der Hauptkommissar mit nach oben gezogenen Augenbrauen. Meißner war selbst Vater und konnte sich bestimmt noch gut an die ruhelosen Nächte erinnern.

»Dann werden Sie wohl noch eine ganze Weile unter Schlafmangel leiden«, prophezeite Meißner grinsend. »Und wenn er die erste Nacht wieder durchschläft, werden sie alle fünf Minuten nachsehen, ob auch alles in Ordnung ist. Da müssen alle Eltern durch.«

»Die Sorge hört nie auf, oder?«

»Niemals. Und das ist auch gut so«, urteilte der Rechtsmediziner. »Aber Sie sind sicher gekommen, um mehr über den armen Herrn Gerstl zu erfahren.« Er ging zu dem Obduktionstisch und schlug das Tuch zurück. Wäre da nicht die klaffende Wunde an seiner Schläfe, hätte der Bäcker einen fast friedlichen Anblick geboten. »Ich fürchte, ich kann Ihnen nicht viel Neues sagen. Wer auch immer die Axt gegen ihn erhoben hat, war sehr treffsicher. Nur ein Hieb, der saß. Und dann muss es sehr schnell gegangen sein. Sie haben es mit einem sehr kaltblütigen Mörder zu tun, wenn Sie mich fragen.«

»Das glaube ich auch. Vermutlich hat er im Wald auf ihn gewartet. Es war allgemein bekannt, dass Gerstl jedes Jahr am Morgen des Nikolaustags in den Krindelsdorfer Forst geht, um einen Weihnachtsbaum für seine Familie zu schlagen. Er muss sich sicher gefühlt haben, und genau das hat der Täter ausgenutzt«, schlussfolgerte Hirschberg traurig.

»Die Routine ist häufig mehr Feind als Freund«, stimmte Meißner ihm zu. »Wenn Menschen nur wüssten, wie berechenbar sie ihre alltäglichen Gewohnheiten für Kriminelle aller Art machen, würden viele womöglich ihr Croissant nicht immer in derselben Bäckerei kaufen.« Er zog seine Mundwinkel nach unten und legte seine Stirn in Falten. »Meine Frau und ich haben unseren Kindern tatsächlich drei verschiedene Wege von der Schule nach Hause gezeigt. Wir haben ihnen natürlich vorgegaukelt, dass es einfach lustiger ist, jeden Tag einen anderen Weg zu nehmen. In Wahrheit wollten wir verhindern, dass ihnen jemand auflauert, weil sie zu berechenbar sind. Können Sie sich das vorstellen?«

»Seit wir Julian haben, kann ich mir alles vorstellen«, versicherte ihm Hirschberg. Sobald man sein Baby zum ersten Mal im Arm hielt, veränderte sich die Welt, dachte er. Susan und er würden alles tun, um Julian zu schützen.

»Aber um auf meinen Patienten zurückzukommen: Er war in sehr guter körperlicher Verfassung. Er scheint viel trainiert und sich auch gut ernährt zu haben. Er hätte uralt werden können gemessen an dem, was ich gesehen habe.«

»Und genau das wollte jemand um jeden Preis verhindern.«

»Haben Sie schon eine Spur?«

»Nein, eigentlich nicht.« Hirschberg seufzte. »Ich habe heute Morgen die Angestellten befragt, und sie alle haben ausgesagt, dass Gerstl bei so ziemlich jedem beliebt war. Gerade sein Lehrjunge scheint sehr an ihm zu hängen. Er muss für diesen Leon fast so etwas wie ein Vater gewesen sein«, berichtete er. »Der Junge stammt aus schwierigen Familienverhältnissen. Gerstl hat ihm den Halt gegeben, den er so dringend gebraucht hat. Ich glaube aber, Leon hält etwas zurück. Es gibt irgendetwas, was er mir nicht sagen will. Zumindest werde ich dieses Gefühl nicht los.«

»Wenn Gerstl für ihn wirklich eine Vaterfigur gewesen ist, dann wird er wohl nichts auf ihn kommen lassen«, behauptete Meißner. »Wenn der Junge also eine Auseinandersetzung beobachtet hat, in die Gerstl verwickelt war, wird er seinen Mund sicher halten. Was ist mit der Familie des Jungen?«

»Wie ich eben sagte, stammt er aus ziemlich zerrütteten Verhältnissen. Seine Mutter ist angeblich Alkoholikerin, seinen Vater kennt er nicht, und er ist wohl auch schon mit dem Gesetz in Konflikt geraten. Gerstl hat ihm dennoch eine Chance gegeben, und er muss ein ausgezeichneter Lehrjunge sein. Er scheint großes Talent zum Backen zu haben.«

»Wenn er von Gerstl Anerkennung und Zuwendung erfahren hat, hat ihn das bestimmt davon abgehalten, wieder auf die schiefe Bahn zu geraten.« Meißner verschränkte die Arme vor der Brust. »Ich nehme an, er ist noch ein Teenager?« Hirschberg nickte. »Vor ein paar Jahren war ich auf einem sehr interessanten Vortrag eines Psychiaters. Die Persönlichkeit eines Menschen ist erst mit Anfang Zwanzig völlig ausgereift – was aber nicht heißen soll, dass man sich im Lauf des Lebens nicht mehr ändern und dazulernen kann«, fügte Meißner lächelnd und mit erhobenem Zeigefinger hinzu. »Die Arbeit bei Gerstl und das Vertrauen, das er ihm entgegengebracht hat, ist für diesen Jungen sicher eine wertvolle Inselerfahrung. Bleibt zu hoffen, dass das ausreicht, um ihn stabil zu halten. Kann er denn dort weiterhin arbeiten?«

»Ich nehme es an. Frau Gerstl hat nichts Gegenteiliges gesagt. Sie stürzt sich in die Arbeit und hält den Betrieb aufrecht. Sogar der Stand auf dem Weihnachtsmarkt wird wie geplant geöffnet.«

»Was halten Sie von der Witwe, Herr Hauptkommissar?«

»Sie wirkt durchaus erschüttert, und vielleicht konzentriert sie sich auch deswegen so sehr auf die Arbeit. Die Trauer würde über sie hereinbrechen, wenn sie nur herumsitzen würde. Und ich glaube, sie möchte sich vor allem für ihre Tochter aufrechthalten.«

»Sie glauben also nicht, dass sie etwas mit dem Tod ihres Mannes zu tun hat?«, vergewisserte sich Meißner. »In jedem Krimi heißt es doch, dass es meistens der Ehepartner, in diesem Fall die Ehefrau, ist«, fügte er nüchtern hinzu.

»Ich weiß es nicht.« Hirschberg war skeptisch. »Ich kann sie mir nicht so recht als axtschwingende schwarze Witwe vorstellen. Allerdings hatten sie und Gerstl oft Streit wegen seiner Mutter.«

»Konflikte zwischen Schwiegermutter und Schwiegertochter sind nicht zu unterschätzen.«

»Ich glaube sogar, da ist sehr viel Hass im Spiel.« Hirschberg dachte an Vroni Gerstls Äußerungen. »Traudl Gerstl muss ihren Sohn abgöttisch geliebt haben, und ihre Schwiegertochter war nie gut genug. Die Liebe zu ihrem Sohn hat etwas Obsessives, wenn Sie mich fragen.«

»Dann wäre bestimmt keine Frau gut genug für ihn gewesen. Aber zumindest können Sie seine Mutter als Täterin ausschließen.«

»Wir haben bisher keinen einzigen richtigen Verdächtigen.« Hirschberg ließ resigniert die Schultern hängen. »Allerdings habe Gerstl laut Leon vor ein paar Tagen mit Pfarrer Schmalzengruber und Indira Wiesner Streit gehabt. Also werde ich wohl oder übel mit den beiden reden müssen.«

»Gott sei mit Ihnen!« Meißner stieß ein ironisches Lachen aus, bevor er wieder ernst wurde. »Ich beneide Sie und Ihre Kollegin zwar keineswegs um ihre Ermittlungen, aber Sie haben bisher noch jeden Fall gelöst. Ich bin mir ganz sicher, Sie beide werden auch dieses Mal den Täter finden.«

»Wir haben es zumindest vor.« Hirschberg fragte sich, ob seine Kollegin womöglich etwas hatte in Erfahrung bringen können. Wie er Hansen kannte, saß sie bereits seit Stunden an ihrem Schreibtisch.

»Meinen Bericht werden Sie auch sobald wie möglich bekommen«, versprach der Rechtsmediziner.

»Vielen Dank, Dr. Meißner. Dann werde ich mich jetzt auf den Weg ins Büro machen.«

4.

Susan ging mit Julian auf dem Arm die Treppe hinunter in die Küche. Nachdem Alex aufgestanden war und sich auf den Weg gemacht hatte, war ihr Sohn im elterlichen Bett noch einmal eingeschlummert, und auch seine Mutter nutzte die Gelegenheit etwas Schlaf nachzuholen. Der Kleine rieb sich verschlafen die Augen, aber er strahlte, als er Tante Isobel und Onkel Vincent sah. Picasso hatte gerade die letzten Futterreste in seinem Napf aufgeschleckt und stimmte nun ein ausgehungertes Wimmern an. Der Mops war noch immer ein Fressjunkie, dachte Susan innerlich kopfschüttelnd.

»Guten Morgen, ihr beiden!« Dornberg breitete die Arme aus, und Julian jauchzte freudig, als Onkel Vincent ihn in die Luft stemmte. »Habt ihr gut geschlafen?«

»Susan, du brauchst dringend eine kosmetische Behandlung«, urteilte Isobel nach einem Blick in das Gesicht ihrer Nichte. »Dein Teint ist irgendwie fahl, und du hast ganz dunkle Augenringe. Das gefällt mir gar nicht. Wann hast du das letzte Mal deine Blutwerte untersuchen lassen? Eisenmangel liegt bei uns in der Familie, musst du wissen.«

»Ich bin einfach nur übernächtigt, Tante Isobel, weil Julian zahnt, wie du weißt. Er wacht ständig auf, aber da müssen wir jetzt durch. Ich bin froh, dass er bei uns im Bett noch eine gute Stunde die Augen zugemacht hat.« Sie blies sich eine vorwitzige blonde Locke aus der Stirn. »Wenn ich wieder einmal ein paar Nächte ungestört durchschlafen kann, wird auch mein Teint nicht mehr so *fahl* sein«, betonte sie ein wenig spitz.

»Wir müssen uns dennoch etwas für dich einfallen lassen«, seufzte die englische Lady und hielt Susans Kinn mit Daumen und Zeigefinger fest, um sie eingehender betrachten zu können. »Du sollst schließlich gut aussehen am 21.«

»Was ist am 21.?« Ein ungutes Gefühl machte sich in Susans Magengegend breit. Unerwünschte Termine über ihren Kopf hinweg zu vereinbaren, lag ihrer Tante im Blut.

»Oh, das weißt du ja noch gar nicht!«, rief Isobel, und ein Unheil verheißendes Strahlen erhellte ihre Züge. »Nicole hat vor, deine Dessouskollektion am 21.12. exklusiv in London einigen Stammkundinnen zu präsentieren. Sie erscheint offiziell erst im Frühjahr, deshalb ist es auch nur ein kleines Event für handverlesene Gäste. Aber eine Journalistin und ein Fotograf von *Lingerie Today* wird vor Ort sein. Da die Kollektion nach dir benannt ist, werden du und Alex als Ehrengäste dabei sein, und natürlich wird man Fotos von dir machen. Die Leute möchten schließlich sehen, welches hübsche Gesicht sich hinter der Kollektion verbirgt.«

»Was?« Susan starrte sie an. Das Letzte, was sie derzeit brauchte, war Trubel um ihre Person. Sie hatte sich auf ein paar ruhige Tage in London und Treffen mit ihren ältesten Freunden gefreut.

»Ist das nicht großartig?« Ihrer Tante fiel ihr Unbehagen wie üblich nicht auf. »Natürlich musst du dafür entsprechend ausstaffiert werden. Aber mach dir keine Sorgen, ich habe bereits ein entzückendes Kleid für dich in Auftrag gegeben. Der Schneider hatte noch deine Maße von den Kleidern für unsere Hochzeit. Wenn ihr am 20. in London ankommt, hast du noch eine kurze Anprobe, falls etwas geändert werden müsste, aber du wirst entzückend aussehen! Und Vincent wird Alex beraten, wie er sich am besten anzieht. Er soll natürlich auch phänomenal aussehen, aber da es *dein* großer Abend ist, musst du ihn natürlich in den Schatten stellen. Mit meiner Hilfe wird dir das aber spielend gelingen!«

»Tante Isobel, ich möchte nicht auf dieses Event gehen!«, rief Susan. »Du kannst doch nicht einfach so über mich und meine Zeit bestimmen! Ich wollte mir den Abend freihalten, um Freunde zu treffen, und …«

»Oh, da mach dir keine Sorgen, Susan! Du darfst nämlich Gäste mitbringen! Deine Freundinnen werden begeistert sein! Und ihre Männer erst!«, versicherte ihr ein glückselig lächelnder Dornberg. »Ich kann gar nicht in Worte fassen, wie stolz ich auf dich bin!« Er setzte Julian in seinen Hochstuhl und drückte Susan rasch an sich. »Du bist mittlerweile wirklich wie eine Tochter für mich! Du wirst fantastisch aussehen, wenn du mit Nicole am Ende der Modenschau über den Laufsteg schreitest.«

»Was werde ich tun?« Susan war zwischen Ärger und Rührung hin- und hergerissen. Dornberg liebte ihre Familie, aber Isobel und er mussten damit aufhören, sie ständig zu überrumpeln.

»Es ist deine Kollektion, Susan. Sie ist nach dir benannt! Die Leute wollen sehen, wer du bist«, erklärte ihr der Geschäftsmann. »Wenn du den Gästen ein Lächeln schenkst, werden sie von deinem Charme hingerissen sein, und die ersten Stücke werden in Rekordzeit ausverkauft sein. Immerhin bist du mit zehn Prozent am Gewinn beteiligt.«

»Ach ja?« Susan war verblüfft.

»Ja, sicher! Nicole liegt es sehr am Herzen, dich zu beteiligen! Wenn es besonders gut läuft, hat sie sogar vor, deinen Anteil zu erhöhen. Aber ich sehe schon, wir müssen dich und Alex eingehend mit den Regeln des Marktes vertraut machen.« Isobel band Julian sein Lätzchen um. Der Kleine freute sich sichtlich, dass es jetzt etwas zu essen gab. »Eines Tages müsst ihr schließlich die Geschäfte übernehmen.« Ihre Tante wurde niemals müde, sie daran zu erinnern, dass Hirschberg und sie eines Tages ein florierendes Porno- und vermutlich auch Gastronomieimperium erben würden.

»Aber Alex und ich wollten …«, hob Susan an, obwohl sie wusste, dass es zwecklos war.

»Ihr werdet einen unvergesslichen Abend haben«, versprach Dornberg, und ein verträumter Ausdruck huschte über sein Gesicht. »Wir haben für euch anschließend ein romantisches Dinner arrangiert. Ihr müsst wieder einmal Zeit zu zweit verbringen. Denn für Julian ist es enorm wichtig, ausgeglichene Eltern zu haben. Ein herzliches und warmes familiäres Umfeld ist gerade in der frühkindlichen Entwicklungsphase ein Muss!«

»Julian hat ausgeglichene Eltern und ein herzliches Umfeld!«, rief Susan verzweifelt.

»Ihr seid beide manchmal doch sehr gestresst«, widersprach Isobel. »Aber bei den Vorkommnissen hier ist das auch kein Wunder.« Sie verdrehte die Augen. »Was du dir noch überlegen könntest, Susan, wäre, ob du vielleicht selbst in einer meiner Piccassous-Kreationen laufen möchtest. Am Ende der Modenschau plant Nicole nämlich, einen kleinen Preview, wenn du so willst, auf meine Kollektion. Ich dachte an die königsblaue Kombination mit Picassos Pfotenabdrücken auf dem BH und seinem Kopf auf dem Slip. Du würdest hinreißend aussehen!«, schwärmte sie, und Susan wurde flau. »Picasso würde selbstverständlich mit dir über den Laufsteg laufen. Nicht wahr, Picasso?« Der Mops antwortete mit einem ausgehungerten Jaulen.

»Das kommt überhaupt nicht infrage!«, erstickte Susan das Ansinnen ihrer Tante im Keim. »Ich werde nicht halb nackt über den Laufsteg gehen. Nein, nein, nein!« Sie mochten sie vielleicht auf die Modenschau zerren, aber ihr gewiss nicht die Kleider vom Leib reißen!

»Du musst aufhören, so unflexibel zu sein.« Isobel schüttelte den Kopf. »Du wärst als meine Nichte perfekt für diesen Job! Weißt du, wie schwierig es ist, ein passendes Model für eine derart besondere Kollektion zu finden? Auch Picasso muss das Model schließlich mögen!«

»Er knurrt mich doch ständig nur an!«, rief Susan.

»Nur, wenn er merkt, dass du dich sträubst!«, behauptete die englische Lady. »Hunde sind sehr empfindsam, meint Dr. Moser.«

»Wie wäre es denn mit Cousine Mabel?«, schlug Susan vor. »Auf deiner Hochzeit hat sie doch ganz entzückend ausgesehen.«

»Weil ich sehr viel Zeit in ihre Optik investiert habe. Zeit, die ich momentan nicht aufbringen kann. Und außerdem kann es dir doch nicht entgangen sein, dass sie sich in High Heels nicht bewegen kann.« Sie warf die Hände in die Luft.

»Das ist leider wahr, Susan«, stimmte Dornberg seiner Frau zu, und seine Stirn legte sich in sorgenvolle Falten. »Ich hatte tatsächlich jedes Mal, wenn sie aufgestanden ist, Angst, sie würde fallen und sich diverse Körperteile brechen. Wir haben sie sogar von Darla trainieren lassen, nachdem Dorian meinte, es sei die einzige Chance, sie für die Hochzeit halbwegs fit zu bekommen.«

»Eine Pornodarstellerin und ein Choreograf haben

mit ihr Laufen trainiert?« Susan starrte die beiden ungläubig an.

»Was hätten wir denn machen sollen?« Isobel zuckte die Schultern. »Wir konnten doch nicht zulassen, dass sie sich auf unserer Hochzeit blamiert oder zu Tode stürzt. Mit jedem Glas Champagner stieg das Unfallrisiko! Und Dorian hat wirklich recht! In flachen Schuhen watscheln die meisten Frauen wie eine trächtige Daisy Duck.« Sie wechselte einen raschen Blick mit ihrem Mann, der zustimmend nickte. »Darla hat wirklich einen spektakulären Gang, und sie ist eine ausgezeichnete Lehrerin. An Mabel wäre sie allerdings fast verzweifelt.«

»Mabel kann unmöglich in deiner Kollektion laufen, Liebes.« Dornberg setzte sich zu Julian an den Tisch und ließ ihn ein Stückchen weiches, frisch gebackenes Croissant probieren, bevor er ihn mit Grießbrei fütterte. »Aber du und Nicole werdet schon eine Lösung finden. Wie immer.«

»Das müssen wir wohl oder übel, da meine Lieblingsnichte mich im Stich lässt.

»Frau Reinhardt hat genügend Models an der Angel.« Susan ignorierte den Seitenhieb auf ihre Person und drehte sich um, als es an der Haustür läutete. »Ich gehe schon«, nutzte sie die Möglichkeit zur Flucht.

»Ich würde Ihnen gern einen guten Morgen wünschen, Frau Hirschberg, doch angesichts der jüngsten Ereignisse scheint mir das unangebracht!«, begrüßte ein indigniert dreinblickender Pfarrer Schmalzengruber sie. Susan stöhnte innerlich. Der hatte ihr gerade noch gefehlt!

»Was kann ich für Sie tun, Herr Pfarrer?« Nur widerwillig trat sie beiseite, um ihn einzulassen.

»Das sollten Sie sich doch eigentlich denken können! Es geht um diesen neuen Mord.« Er schien sich regelrecht aufzuplustern. »Was genau gedenkt Ihr Gatte, diesbezüglich zu unternehmen?«

»Er hat vor, den Täter mit intensiven Gebeten aus seinem Versteck zu locken und anschließend mit Weihwasser zu überschütten«, entgegnete Isobel sarkastisch. Die englische Lady war aus der Küche gekommen, kaum dass sie den Pfarrer gehört hatte. Susan wusste, dass ihre Tante jeden verbalen Schlagabtausch mit Schmalzengruber in vollen Zügen genoss.

»Ihre Pietätlosigkeit kennt wohl überhaupt keine Grenzen!«, konterte der Geistliche aufgebracht.

»Herr Pfarrer, mein Mann wird das tun, was er immer in einer solchen Situation macht: Er ermittelt und findet früher oder später den Mörder«, kam Susan Isobels spitzzüngiger Erwiderung zuvor. »Wenn das dann alles wäre …«

»Mitnichten!«, rief der katholische Geistliche. »Auch, wenn ich es nicht erwarten kann, der Sünde in diesem Haus zu entfliehen, muss ich doch darauf bestehen, mit Ihrem Mann zu sprechen.«

»Es ist nach zehn, Herr Pfarrer.« Isobel klang ungeduldig. »Als pflichtbewusster und hervorragender Ermittler ist er selbstverständlich längst aus dem Haus, um den Mörder dingfest zu machen.«

Susan blickte sie mit nach oben gezogenen Augenbrauen an, und ihre Mundwinkel zuckten. Dass die englische Lady ihren Ehemann so vehement in Schutz nahm, freute sie.

»Dann muss ich Sie dringen ersuchen, dem Herrn Hauptkommissar auszurichten, dass er den Mörder besser früher als später hinter Schloss und Riegel bringt!«

»Herr Pfarrer, warum ist Ihnen die Aufklärung des Mordes dieses Mal noch wichtiger als sonst?« Susan verengte ihre Augen zu Schlitzen.

»Ich habe die große Ehre, die nächsten paar Tage einen Vertreter des Vatikans zu beherbergen. Er möchte einige historische Dokumente über das Kloster und Abt Ägidius im Speziellen studieren. Monsignore Bianchi wird heute Abend hier eintreffen.«

»Stimmt!«, entfuhr es Isobel.

»Sie wissen davon?« Schmalzengruber warf ihr einen strengen Blick zu, und auch Susan horchte auf.

»Hier macht doch alles in Windeseile die Runde, Herr Pfarrer«, kam Dornberg seiner Frau zuvor, seinen Kopf zur Küchentür herausstreckend.

»Wie dem auch sei«, bemerkte der Geistliche naserümpfend, bevor er seine Aufmerksamkeit wieder auf Susan richtete. »Was glauben Sie, Frau Hirschberg, macht es für einen Eindruck auf den Monsignore, wenn hier ein Mörder auf freiem Fuß ist?« Er schnaubte verächtlich.

»Herr Pfarrer, mein Mann wird gewissenhaft wie immer seine Arbeit machen. Sorgen Sie doch einfach dafür, dass der Monsignore genügend Dokumente zu studieren hat. Dann wird ihm überhaupt nicht auffallen, dass sich hier ein Verbrechen ereignet hat.«

»Sie sollten den Dingen mit der nötigen Ernsthaftigkeit begegnen, Frau Hirschberg! Ich muss darauf bestehen, dass …«

»Ich werde meinen Mann wissen lassen, dass Sie hier waren, aber ich muss mich jetzt um meinen Sohn kümmern. Das verstehen Sie sicher«, komplimentierte Susan ihn nach draußen. »Auf Wiedersehen, Herr Pfarrer.«

Missmutig vor sich hin murmelnd, verließ Schmalzengruber das Haus.

»Das war sehr gut, Susan!«, lobte ihre Tante. »So und nicht anders muss man mit diesem Menschen umgehen!«

»Was ist hier los? Woher weißt du, dass Schmalzengruber Besuch bekommt?«

»Wir hatten noch keine Gelegenheit, mit euch darüber zu sprechen«, antwortete Dornberg beschwichtigend. »Aber vielleicht erzählst du ihr besser von Lorenzo, Liebes?«

»Lorenzo? Ihr sprecht doch nicht etwa von dem Monsignore?« Susans Kopf schwirrte.

»Von wem denn sonst?« Isobel klang ungeduldig. »Du weißt doch, dass ich meinen achtzehnten Geburtstag in Rom gefeiert und dabei einen angehenden Priester vor seinem katholischen Schicksal bewahrt habe.« Nach einer stürmischen Affäre mit ihrer Tante hatte ein junger Priesteranwärter seine geistliche Karriere an den Nagel gehängt, erinnerte sich Susan.

»Was hat das mit Monsignore Bianchi zu tun? Hast du mit ihm etwa auch …«

»Aber nein! Er hat sich Hals über Kopf in meine Freundin Cynthia verliebt.«

»Etwa Cynthia Bayley?«

»Genau die. Gott, du bist heute aber auch schwer von Begriff!« Isobel schüttelte den Kopf. »Du musst wissen, Lorenzo ist aus purem Pflichtgefühl gegenüber seiner Mutter und seiner Großmutter, der er es auf dem Sterbebett versprochen hat, Priester geworden. Wie du soeben gehört hast, hat er tatsächlich im Vatikan Karriere gemacht. Aber Cynthia und er sind dennoch bis heute ein wirklich glückliches Paar.« Sie strahlte. »Er ist auch keineswegs engstirnig. Er hat unter anderem Geschichte studiert, weshalb der Vatikan ihn auch hierherschickt. Er soll eine Biographie über diesen Abt Ägidius schreiben. Nächstes Jahr wird doch das tausendjährige Bestehen des Klosters gefeiert.«

»Was?« Hitze stieg in Susan auf. Wenn Schmalzengruber herausfand, dass der Monsignore ein guter Freund ihrer Tante war, war Ärger vorprogrammiert.

»Du wirst Lorenzo mögen. Er ist ein ausgesprochen toleranter und gebildeter Mann. Deutsch spricht er schon deshalb fließend, weil in seiner Kindheit eine deutsch-italienische Familie neben ihnen gewohnt hat. Er muss die Sprache in Windeseile von den Kindern und ihrer deutschen Mutter gelernt haben. Sein Intellekt ist wirklich bemerkenswert, und Gespräche mit ihm sind niemals langweilig«, schwärmte Isobel, und ihr Ehemann nickte zustimmend. »Aufgrund seiner Sprachkenntnisse schickt der Vatikan nun meist Lorenzo, wenn hierzulande etwas Kirchengeschichtliches zu recherchieren ist. Er möchte übrigens unbedingt Rosina kennenlernen. Ihre Dissertation über Dynastien im 18. und 19. Jahrhundert hat ihn wirklich beeindruckt. Wir werden uns deshalb übermorgen auf dem Weihnachtsmarkt mit ihm treffen. Da macht Schmalzengruber immer seinen Besuch im Seniorenheim.« Sie verdrehte die Augen. »Die alten Herrschaften müssen den Sensenmann ja regelrecht herbeiflehen, wenn der Pfarrer auf ihrer Bettkante sitzt!«

»Schmalzengruber darf auf gar keinen Fall erfahren, dass ihr den Monsignore kennt«, flüsterte Susan.

»Das ist uns durchaus bewusst, Darling. Er würde das alles nur zu einem Skandal aufbauschen, den weder Lorenzo noch die Kirche brauchen kann. Aber über so viel Weitsicht verfügt dieser katholische Fanatiker ja bekanntlich nicht.« Isobel schüttelte den Kopf. »Sollte Lorenzo sich einen Ruck geben und der Kirche den Rücken kehren, dann hat das ohne Druck von außen und Schmalzengruber zu geschehen. Deshalb wird Cynthia auch erst am Freitag in München eintreffen und natürlich keinen Fuß auf Krindelsdorfer Boden setzen.«

»Cynthia kommt hierher?«

»Offiziell reist Lorenzo am Freitag wieder zurück in den Vatikan, aber inoffiziell verbringen Cynthia und er das Wochenende in München, bevor er wieder nach Rom fliegt. Die beiden haben ihren Jahrestag, und wir haben uns natürlich etwas ganz Besonderes für sie einfallen lassen. Sie werden ein unvergessliches Dinner im Vincobel's haben.« Isobel lächelte verklärt.

»Aber jetzt komm endlich frühstücken, Susan«, forderte Dornberg sie gut gelaunt auf. »Du bist auf einmal noch blasser als vorher. Wenn du schon die halbe Nacht wach bist, musst du dich wenigstens gut ernähren! Du brauchst deine Kräfte! Ich mache dir ein Rührei. Das enthält viel Eisen. Mangelerscheinungen darf man nicht auf die leichte Schulter nehmen!«

»Es ist so rührend, wie du dich um unsere Kleine kümmerst, Darling«, flötete Isobel und gab ihm einen Kuss auf die Wange.

Susan schloss einen Moment lang in die Augen und lehnte sich gegen die Wand, als Dornberg und ihre Tante zurück in die Küche gingen. Die Vorweihnachtszeit würde auch dieses Jahr alles andere als beschaulich sein in Krindelsdorf!

***

Hauptkommissar Hirschberg öffnete die Tür zu seinem Büro, als Kommissarin Hansen gerade dabei war, ein Telefonat zu beenden. Lachend legte sie den Hörer auf, bevor sie ihre dunklen Augen auf ihn richtete.

»Julians Kauleiste?«, erkundigte sie sich mit einem mitfühlenden Blick in sein Gesicht. Hirschberg vermutete, dass er schon einmal frischer ausgesehen hatte.

»Der arme kleine Kerl leidet, und Susan und ich

auch«, bestätigte er. Er streifte sich die Winterjacke von den Schultern und griff nach seiner Tasse. Jede Faser seines Körpers schrie nach Koffein. Während er auf seinen Cappuccino wartete, verteilte er die bei Gerstl gekauften Plätzchen auf einen Teller und zauberte seiner Kollegin ein Strahlen aufs Gesicht. Mit der Tasse in der Hand ließ er sich erschöpft auf seinen Schreibtischstuhl fallen.

»Die Plätzchen sind hervorragend!« Hansen war begeistert und griff nach einem zweiten. »Wenn Babys zahnen, ist das echt kein Zuckerschlecken. Die Tochter meines Cousins war richtig krank. Ich hoffe, dass Julian das Schlimmste bald überwunden hat.«

»Frau Dachshofer hat uns etwas Homöopathisches für ihn gegeben, das wir auf sein Zahnfleisch auftragen, aber trotzdem schläft er nicht durch. Und seine Beißringe mag er nicht, er kaut immer lieber auf unseren Fingern herum.« Sobald Julians Fäustchen einen Finger umschloss, schob er diesen in seinen Mund. »Ich hoffe nur, die Zähne sind bald alle durchgebrochen. Susan und ich sind am Limit. Für die Ermittlungen sollte ich aber besser ausgeschlafen sein. Der Herr Landrat wird sicher bald Fortschritte sehen wollen.« Er zog seine Augenbrauen vielsagend nach oben.

»Das will er ganz bestimmt, zumal ihm die Mutter des Opfers keine Ruhe lassen wird, bis der Fall geklärt ist«, fürchtete Hansen. »Die alte Frau Gerstl und ihre Schwiegertochter werden sich vermutlich auch bald an die Gurgel gehen. In Gerstls Wohnzimmer war es gestern ja fast kälter als draußen.«

»Die beiden hassen sich. Das ist in Krindelsdorf wohl ein offenes Geheimnis, sagt meine Frau«, stimmte Hirschberg ihr zu. »Frau Gerstl hat mir gegenüber auch gar nicht abgestritten, dass sie Probleme mit ihrer Schwiegermutter hat. Traudl Gerstl hat einen Schlüssel für das Haus und kommt und geht, wie es ihr passt. Ihr Sohn fand offenbar nichts dabei, und er war immer noch ihr kleiner Liebling. Würde mich nicht wundern, wenn Vroni Gerstl jetzt die Schlösser austauschen lässt.«

»Ödipuskomplex?«, spekulierte Hansen grinsend.

»Möglich«, entgegnete er schulterzuckend und nahm einen kräftigen Schluck Kaffee.

»In Muttis Augen war seine Frau bestimmt niemals gut genug für ihn«, schlussfolgerte seine Kollegin. »Ehrlich gesagt, hätte es mich weniger gewundert, wenn es Gerstls Mutter anstelle ihres Sohns getroffen hätte. Sie hat so etwas unangenehm Besitzergreifendes.«

»Den Eindruck habe ich auch. Und Vroni Gerstl hat mir gegenüber genau das ausgesagt, was Sie eben so treffend auf den Punkt gebracht haben«, ließ Hirschberg sie wissen. »Weil Traudl Gerstl ihren Sohn aber so abgöttisch geliebt hat, können wir sie als seine Mörderin meines Erachtens nach ausschließen«, verwarf er ihre Täterschaft. »Auch, wenn ich glaube, dass sie körperlich dazu durchaus in der Lage wäre, denn sie wirkt doch sehr robust. Außerdem habe ich sie schon ab und zu in ihrem Garten Holz hacken sehen, wenn ich mit Julian spazieren gegangen bin.«

»Sie ist keine fragile ältere Dame«, pflichtete Hansen ihm bei. »Ihre Schwiegertochter wirkt lange nicht so zupackend. Bestimmt ist das einer ihrer Fehler, die Traudl ihr ankreidet.«

»Das kann gut sein. Aber Sie sehen mir so aus, als hätten Sie Neuigkeiten, Frau Kollegin«, stellte Hirschberg hoffnungsvoll fest. »Haben Sie etwas herausgefunden, was uns weiterbringen könnte?«

»Leider nichts, was Sie vom Hocker sprengen wird«, enttäuschte sie Hirschberg. »Das Labor hat den Bericht über die sichergestellte Axt gemailt. Wie wir vermutet haben, handelt es sich bei ihr um die Tatwaffe. Das Blut auf der Schneide stammt eindeutig von Gerstl.«

»Dr. Meißner hat nichts von Abwehrverletzungen oder Kampfspuren erwähnt«, bemerkte Hirschberg, und er runzelte die Stirn. »Ich frage mich, ob er sie dem Täter freiwillig übergeben oder ob er sie einfach aus irgendeinem Grund abgelegt hat, und sein Angreifer hat sie an sich genommen, als er abgelenkt war. Gibt es Fingerabdrücke?«

»Genügend, aber die werden uns nicht weiterbringen«, lautete das ernüchternde Urteil der Kommissarin. »Das Labor hat natürlich Gerstls eigene Abdrücke und die von mindestens vier anderen Personen gefunden, aber die könnten von jedem stammen und somit auch sehr leicht erklärt werden. Seine Frau, seine Mutter und seine Tochter haben die Axt bestimmt schon einmal in der Hand gehabt. Und dafür werden sie uns völlig harmlose Gründe nennen können.« Sie zuckte die Schultern.

»Die Fingerabdrücke werden uns bestimmt nicht groß weiterhelfen«, stimmte Hirschberg ihr zu. »Und der Täter hat ganz sicher schon wegen der Eiseskälte Handschuhe getragen«, überlegte er. »Dr. Meißner konnte mir auch nicht viel Neues sagen. Nur dass ein Hieb mit eben dieser Axt die Todesursache war. Das wussten wir aber im Grunde schon am Tatort.«

»Jemand wollte den allseits beliebten Bäcker also ganz eindeutig aus dem Weg haben und hat ihn wohl auch völlig unvorbereitet getroffen. Und vermutlich kannte sein Mörder ihn gut genug, um zu wissen, dass er am Nikolaustag in den Wald gehen würde, um einen Weihnachtsbaum zu schlagen«, überlegte die Kommissarin stirnrunzelnd. »Die Schönfärberei seiner Familie und seiner Freunde kann ich nicht so recht schlucken.

Ein Mann, den das schlechte Verhältnis zwischen Mutter und Frau allem Anschein nach völlig kalt gelassen hat, ist nicht der Sensibelste. Er ist garantiert einigen Leuten schmerzhaft auf die Füße getrampelt und hat dabei Zehen gebrochen.« Mit einem plötzlichen zufriedenen Lächeln lehnte sie sich auf ihrem Stuhl zurück. Hirschberg kannte diesen Gesichtsausdruck: Hansen hatte noch ein verstecktes Ass im Ärmel. »Ich habe deswegen heute Morgen ein wenig recherchiert. Und siehe da: Gegen Gerstl ist vor gut zehn Jahren Anzeige wegen Einbruchs erstattet worden.«

»Wegen Einbruchs?« Hirschberg hätte überraschter nicht sein können. »Ich frage mich, ob Mutter und Witwe tatsächlich keinen Gedanken mehr an die Sache verschwenden oder ganz absichtlich nichts davon erwähnt haben. Auch der Herr Landrat hat kein Wort darüber verloren.«

»Vermutlich haben sie deshalb geschwiegen, weil erst gar nicht richtig gegen ihn ermittelt worden ist. Und ich fürchte auch, dass die Familie mauern wird, sobald wir sie diesbezüglich befragen.« Hansen beugte sich nach vorne und stützte ihre Ellbogen auf dem Schreibtisch auf. »Aus diesem Grund habe ich die Kollegin Fichtl bei der Kripo angerufen. Sie erinnern sich doch bestimmt an sie?« Hirschberg nickte. Nach dem Mord an Renate Piero-Schuster vor knapp einem Jahr, hatten sie mit der Kommissarin Kontakt aufgenommen. »Ich wollte wissen, ob sie mir mehr über den Vorfall sagen kann, und auf die Kollegin Fichtl ist Gott sei Dank immer Verlass!« Sie schlug mit der flachen Hand triumphierend auf ihren Schreibtisch, bevor sie fortfuhr. »Ein gewisser Hans Kettler hatte vor ein paar Jahren eine Bäckerei in Krindelsdorf und hat versucht, Gerstl Konkurrenz zu machen, und das nicht so ganz erfolglos. Eines Tages aber hat das

Gesundheitsamt einen anonymen Tipp bekommen. Bei einer darauffolgenden Kontrolle fand man Ungeziefer in Kettlers Backstube. Das war der Todesstoß für seine Bäckerei. Kettler hat Stein und Bein geschworen, dass er sich an alle Hygieneauflagen halte und dass ihm jemand etwas anhängen wolle. Anders könne er sich das Ungeziefer nicht erklären. Daraufhin hat er gegen Gerstl Anzeige erstattet, weil er ihn seiner Meinung nach aus dem Geschäft drängen wolle. Gerstl sei angeblich bei ihm eingebrochen, um das Ungeziefer in seiner Backstube auszusetzen. Dieser wiederum hat Kettler daraufhin wegen übler Nachrede verklagt. Und da Kettler seine Anschuldigung nicht mit stichhaltigen Beweisen untermauern konnte, hat er letztlich den Kürzeren gezogen.«

»Verstehe. Aber was meint die Kollegin Fichtl? Könnte an Kettlers Verdacht etwas dran gewesen sein?« Hirschberg griff nach einem Plätzchen.

»Kommissarin Fichtl hält es durchaus für möglich, denn Gerstl war alles andere als zimperlich, wenn es ums Geschäft ging. Leider hatte er auch ein hieb- und stichfestes Alibi. Er war mit keinem Geringeren als Herrn Seitlbach essen, als der Einbruch laut Kettler stattgefunden haben muss. Der Persilschein, wenn Sie so wollen, war also schnell ausgestellt«, bemerkte Hansen mit einer Prise Sarkasmus. »Die Kollegin schließt Gerstls Schuld zwar nicht kategorisch aus, aber die Polizei konnte nicht den kleinsten Hinweis darauf finden, dass er jemanden damit beauftragt hätte. Auch konnte die Spurensicherung nichts finden, was auf einen Einbruch hingedeutet hätte.«

»Dieser Kettler hätte dann natürlich ein Motiv, sich an Gerstl zu rächen, aber dass er erst nach so langer Zeit etwas unternimmt, kommt mir unwahrscheinlich vor.« Hirschberg schüttelte den Kopf und leerte seine Tasse.

»Es ist nicht nur unwahrscheinlich, Chef, sondern gänzlich unmöglich«, erwiderte Hansen. »Kettler war geschäftlich ruiniert, er musste seinen Laden dichtmachen und ist nie wieder auf die Füße gekommen. Vor ein paar Jahren hat er sich das Leben genommen. Allerdings hat er einen Sohn namens Georg Kettler. Der ist noch immer unglaublich wütend auf Gerstl. Er gibt ihm die Schuld, dass sein Vater sich getötet hat.«

»Dann sollten wir uns dringend mit diesem Kettler unterhalten. Haben wir seine Adresse?« Womöglich hatte der Sohn den Vater doch noch in einem Anflug von Wut gerächt, überlegte der Hauptkommissar.

»Ja, sogar zwei: die seines Großvaters in Krindelsdorf, er ist aber in einer Wohnung in München gemeldet. Zurzeit macht er ein Praktikum in einer Marketingagentur in Schwabing. Seine Mutter ist zwar auch schon gestorben, aber ich habe mit seinem Großvater, einem gewissen Herrn Haderer, gesprochen. Ich habe ihm gesagt, dass wir seinen Enkel dringend sprechen müssten. Er war nicht überrascht, aber er hat mir natürlich sofort erklärt, dass Kettler nichts mit Gerstls Tod zu tun habe. Er sei ein guter Junge und studiere erfolgreich BWL. Haderer ist sehr stolz auf ihn und lässt nichts auf seinen Enkel kommen.«

»Das glaube ich gern, aber dennoch müssen wir uns mit ihm unterhalten«, entschied Hirschberg. »Momentan ist Kettler die einzig richtige Spur, die wir haben. Und anschließend geht's nach Krindelsdorf, weil ich mit Pfarrer Schmalzengruber und Indira Wiesner sprechen muss«, fügte er seufzend hinzu. »Gerstls Lehrling hat nämlich nach einigem Zögern ausgesagt, dass sein Chef sich vor ein paar Tagen mit den beiden gestritten hat. Auch wenn ich weder Schmalzengruber noch Frau

Wiesner für Mörder halte, möchte ich dem doch auf den Grund gehen.«

»Der Herr Pfarrer kann einen aber auch in den Wahnsinn treiben.« Hansens Mundwinkel zuckten. »Und dass er und die Wiesner sich nicht verstehen, das ist ja allgemein bekannt.« Die Krindelsdorfer Geisterflüsterin und der aufrechte Kirchenmann konnten keine gemeinsame Basis finden.

»Wenn man vom Teufel spricht«, stöhnte Hirschberg mit einem Blick auf sein Smartphone. »Susan schreibt, dass Hochwürden heute schon bei uns war und auf dem Kriegspfad ist. Wir sollen gefälligst den Mörder schnappen, denn er bekommt hohen Besuch aus dem Vatikan.« Er runzelte die Stirn.

»Ist alles in Ordnung?«

»Sie schreibt, ich soll sie anrufen, sobald ich Zeit habe. Sie müsse dringend etwas mit mir besprechen.« Ein dumpfes Gefühl der Vorahnung überkam ihn. »Das letzte Mal hat sie sich so angehört, als Picasso bei uns eingezogen ist. Wir haben ja beide noch in lebhafter Erinnerung, was damals los war. Und eigentlich immer noch los ist«, fügte er trocken hinzu.

In düstere Gedanken versunken verließ Hirschberg gefolgt von Hansen kurz darauf das Büro. Der Hauptkommissar wollte gar nicht erst wissen, welche Überraschungen zu Hause auf ihn warteten.

5.

Susan setzte einen schläfrigen Julian in seinen Buggy und warf einen Blick auf die Uhr an ihrem Handgelenk. Ihre Freundin Rosina Baumann wollte sie jeden Moment mit deren knapp drei Monate alten Tochter zu einem winterlichen Spaziergang abholen. Sie hoffte, Julian würde ein wenig schlummern können, denn der Schlafmangel machte ihn quengelig. Sie zuckte zusammen, als Picasso aus der Küche auf sie zuschoss und ein kleines Bellen ausstieß. Seit er zur Freude des Tierarztes einige Pfunde verloren hatte, war er wesentlich flinker, fiel ihr mit einem mulmigen Gefühl auf. Schon in trägem Zustand hatte er ihr Haus ins Chaos gestürzt. Je beweglicher er wurde, desto größere Gefahr ging von ihm aus!

»Sei leise, Picasso! Julian ist am Einschlafen«, versuchte Susan, den Mops in der Hoffnung zu beschwichtigen, dass er ihre Worte verstand. »Du fährst jetzt auch gleich mit deinen Eltern ins *Vincobel's*.« So würde der Mops für die nächsten paar Stunden aufgeräumt sein! »Da kannst du dann so viel bellen, wie du willst«, fügte sie hämisch murmelnd hinzu.

»Ah, du bist noch hier, Susan?« Dornberg kam aus dem Arbeitszimmer und griff nach seiner Jacke.

»Rosina lässt mich noch warten. Aber es dauert auch manchmal, bis man das Baby endlich im Kinderwagen hat«, antwortete sie. »Und ich will nicht draußen in der Kälte herumstehen.« Es war mehrere Grade unter null, und ihr Garten war schneebedeckt. Susan liebte die kalte

Jahreszeit. Sie hoffte sogar alljährlich auf weiße Weihnachten, aber die Kälte setzte ihr zu.

»Das ist sehr vernünftig.« Isobel kam die Treppe nach unten. Sie trug ein dunkelblaues Kostüm und dazu passende High Heels. »Julian ist schon angeschlagen wegen seiner Zähne, da braucht er sich nicht auch noch zu erkälten. Du hast ihn hoffentlich warm eingepackt«, mahnte sie ihre Nichte. »Picasso ziehe ich jetzt nämlich auch seinen Winteranzug an. Ist er nicht entzückend?« Die stolze Hunde-Mutter präsentierte ihr eine Art Strampelanzug für den Mops von Welt, wie Susan es amüsiert in Gedanken formulierte. Der besinnlichen Adventszeit angemessen war der Anzug in Grün und Rot gehalten. Auf dem Rücken befand sich ein Mistelzweig, unter dem zwei kleine Möpse ihre Schnauzen aneinanderpressten. »Ich habe ihn ganz nach meinen Vorstellungen schneidern lassen. Auch Hunde haben schließlich das Recht auf saisonalen Chic. Nicole möchte für mich sogar Kontakt zu einigen Produzenten von Hundebekleidung herstellen. Sie glaubt, die Leute wären begeistert von meinen Ideen. Und du weißt ja, wie wichtig es für mich ist, mich beruflich und kreativ auszuleben. Dass du dich mit deiner Rolle als Hausfrau und Mutter einfach so abzufinden scheinst, macht mir offen gestanden ein wenig Sorgen. Natürlich finde ich es großartig, wie du dich für deinen Sohn aufopferst, aber die Frauen in unserer Familie haben immer schon progressiv gedacht, Susan! Deine Ururgroßmutter hat sich sogar gegen den Willen ihres Ehemanns den Suffragetten angeschlossen! Und ich werde auf keinen Fall zulassen, dass du dich von den Idealen deiner Vorfahrinnen abwendest!«, rief die englische Lady mit erhobenem Zeigefinger.

»Ich werde schon nächstes Jahr wieder arbeiten, Tante Isobel«, erwiderte Susan zähneknirschend. »Wie du weißt, habe ich einen Beruf, den ich liebe. Ich habe also nicht vor, mein Dasein tagein, tagaus in diesen vier Wänden hier zu fristen.«

»Du arbeitest als Lehrerin, und wenn man den Berichten über das Bildungssystem Glauben schenkt, ist das die Vorstufe zur Hölle.« Isobel schüttelte den Kopf. »Die Arbeit als Gouvernante mag im 19. Jahrhundert ja ein gewaltiger Schritt in Sachen Emanzipation gewesen sein, aber heutzutage hast du als Frau doch ganz andere Möglichkeiten, als nur die verzogenen Sprösslinge anderer Leute zu unterrichten. Sich den lieben langen Tag mit anstrengenden Schülern und noch anstrengenderen Eltern herumzuschlagen, führt dich irgendwann in den Burn-out. Du solltest dir das mit dem Modeln wirklich noch einmal durch den Kopf gehen lassen.«

»Ich bin gerne Lehrerin, und ich vermisse meine Schüler sogar! Einen Burn-out werde ich ganz sicher nur dann haben, wenn ich von meiner Familie weiterhin zur Weißglut getrieben werde!«, fügte sie spitz hinzu.

»Wie oft habe ich dir schon gesagt, dass du und Alex eure Probleme konstruktiv angehen müsst?« Isobel seufzte. »Ihr dürft sie nicht immer unter den Tisch fallen lassen. Ihr habt einen Sohn und müsst für ihn durchhalten!«

»Wir haben und hatten keine Eheprobleme!«, rief Susan und verdrehte die Augen.

»Es ist also schlimmer, als ich befürchtet habe«, stöhnte Isobel theatralisch und wechselte einen vielsagenden Blick mit ihrem Mann. »Es ist gut, dass wir für die beiden das romantische Dinner in London arrangiert haben. So haben sie wieder einmal Zeit für sich«, meinte sie, und Dornberg nickte zustimmend.

»Nichts ist schlimm! Und Alex und ich nehmen uns

regelmäßig Zeit für einander«, beharrte Susan. Diese Frau trieb sie noch in den Wahnsinn!

»Wenn du meinst«, entgegnete die englische Lady schulterzuckend.

»Du hast also vor, zukünftig Dessous *und* Hundebekleidung zu entwerfen?«, wechselte Susan das Thema. »Bist du auch sicher, dass du das alles unter einen Hut bekommst?«

»Darling, ich beherrsche Multitasking wie keine Zweite. Ich werde trotzdem noch die Zeit finden, mich um dich, Alex und den kleinen Mann hier zu kümmern. Du kannst ganz unbesorgt sein.« Sie tätschelte Susans Wange.

»Das muss Rosina sein!«, erleichtert ging Susan zur Haustür, als es läutete. »Du rettest mich«, flüsterte sie ihrer Freundin zur Begrüßung zu.

»Rosina, es ist wie immer eine Freude, dich zu sehen.« Dornberg gab ihr einen Kuss auf beide Wangen. »Leider müssen Isobel und ich auch schon wieder los. Wir werden im Restaurant erwartet. Du glaubst gar nicht, wie viele Firmen ihre Weihnachtsfeier von uns ausrichten lassen«, freute er sich. »Das *Vincobel's* ist schon jetzt eine wahre Goldgrube!«

»Es läuft wirklich großartig!«, stimmte Isobel ihrem Mann zu. »Aber wie ich immer sage: Qualität setzt sich durch! Und Alberto ist wirklich ein hervorragender Koch! Ich habe keinen Moment daran gezweifelt, dass auch dieses Projekt ein Erfolg wird! Dieser Mann hier kann gar nicht scheitern.« Sie hakte sich bei Dornberg ein. »Erfolg ist ein fester Bestandteil seiner DNA!«

Stand noch das Eröffnungsdinner des *Vincobel's* im vergangenen Oktober mit einer Leiche zur Vorspeise unter keinem guten Stern, lief das Lokal nunmehr umso besser. Dornbergs Herzensprojekt florierte, und die

Gourmets rannten ihm in Scharen die Tür ein. Vermutlich würden auch die von Gastronomen heiß begehrten Michelin-Sterne nicht mehr lange auf sich warten lassen.

»Ja, das scheint mir auch so«, pflichtete Rosina ihnen lächelnd bei, und ihre grünen Augen strahlten. »Das Dinner, mit dem ihr Lars und mich beglückt habt, war himmlisch! Im Januar haben wir unseren Jahrestag und würden ihn gern bei euch feiern. Marianne wird sicher auf Sophia aufpassen.«

»Sagt nur wann, und ein Tisch ist für euch bereit! Ihr beide werdet natürlich bevorzugt behandelt!« Dornberg war sichtlich stolz auf sein Restaurant. »Ohne Lars wäre das *Vincobel's* schließlich gar nicht erst möglich gewesen. Dein Mann ist ein erstklassiger Architekt, Rosina! Er und Herr Schreiber haben exquisite Arbeit geleistet! Wie ihr wisst, schätze ich es sehr, mit Profis zu arbeiten!« Lars Baumann hatte das *Vincobel's* ganz nach Dornbergs Wünschen gestaltet, und Bauunternehmer Schreiber hatte seine Pläne mit äußerster Effizienz umgesetzt. Das *Vincobel's* erinnerte nun an eine antik-römische Villa. Das Restaurant war genau so geworden, wie Dornberg es sich von Anfang an vorgestellt hatte.

»Lars hat dein Auftrag auch sehr großen Spaß gemacht, Vincent«, versicherte ihm Rosina, bevor sie sich an Susan wandte. »Bist du fertig? Sophia schläft nicht tief. Wenn sich die Räder nicht gleich weiterdrehen, wacht sie auf und ist ungehalten.«

»Ja, wir können los. Dann schläft Julian hoffentlich auch bald ein.« Seine Augenlider waren noch immer auf Halbmast und wollten sich nicht schließen. »Ich habe ihm gerade noch etwas von Frau Dachshofers Mixtur aufs Zahnfleisch gerieben. Ich hoffe, die Wirkung hält ein wenig an.« Sie drehte sich zu den Dornbergs um. »Vergesst bitte nicht abzuschließen, wenn ihr geht.«

»Selbstverständlich nicht! Hier läuft schon wieder ein Mörder frei herum«, entfuhr es Isobel, und sie erschauderte. »Ich möchte wirklich wissen, was in diesem Nest hier nicht stimmt. Wenn das so weitergeht, wird der hiesige Exorzist recht behalten, und der Friedhof muss erweitert werden!«

»Hat der Herr Pfarrer schon wieder seinen Unmut bekundet?«, grinste Rosina.

»Laut und deutlich«, stöhnte Susan. »Er empfängt heute Abend hohen Besuch aus dem Vatikan, der Ort soll deshalb am besten schon vorgestern mörderfrei sein.«

»Da du es erwähnst, Susan«, Dornberg folgte ihnen nach draußen, während Isobel Picasso den Winteranzug überstreifte. Seinem Knurren nach zu urteilen, hätte der Mops das Haus lieber nackt verlassen. »Es gibt da etwas, was du und Lars wissen solltet, Rosina. Ihr beide seid ja diskret und integer. Ihr genießt unser vollstes Vertrauen«, kam es wohlwollend über seine Lippen, und er senkte seine Stimme. »Und ihr könnt Geheimnisse für euch behalten.«

»Wir vertrauen euch auf ganzer Linie!«, rief Isobel nach draußen.

»Jetzt macht ihr mich aber doch neugierig«, lachte Rosina, und ein gespannter Ausdruck schlich sich in ihre katzenartigen Züge. Ihre grünen Augen blitzten amüsiert. »Worum geht es denn?«

»Nun ja, es geht um Lorenzo, also Monsignore Bianchi.«

»Schmalzengrubers Gast?«, hakte Rosina nach.

»Genau. Er ist ein Freund von Isobel und mir. Isobel hat ihn in Rom kennengelernt, als sie ihren achtzehnten Geburtstag gefeiert hat.«

»Oh.« Rosina grinste schelmisch. »Der berühmt berüchtigte Geburtstag.« Susan hatte ihrer Freundin bei einem Glas Wein von Isobels vielfältigen Jugendsünden erzählt.

»Nein, nein, Rosina.« Die englische Lady kam mit Picasso nach draußen und schloss die Haustür ab, bevor sie flüsternd fortfuhr. »Susan kann dir auf dem Spaziergang alles erzählen, weil wir es eilig haben. Es ist nur wichtig, dass sein katholisch-fanatischer Gastgeber nichts von unserer Freundschaft erfährt. Erst recht nichts von Lorenzos heimlicher Lebensgefährtin und Tochter.« Ein weiteres »Oh« entwich Rosinas Kehle. »Hätte er seiner Mutter und Nonna nicht noch auf dem Sterbebett versprochen, Priester zu werden, und wären da nicht die finanziellen Schwierigkeiten seiner Familie gewesen, würde er jetzt mit meiner Freundin Cynthia in Saus und Braus leben. Jetzt müssen sie seit Jahrzehnten eine heimliche Fernbeziehung führen.«

»Verstehe, aber warum werde ich eingeweiht?«

»Lorenzo würde dich gern kennenlernen«, lächelte Vincent. »Er hatte die Möglichkeit, Geschichte zu studieren, deshalb hat der Vatikan ihn auch hierhergeschickt. Er soll wegen des tausendjährigen Klosterbestehens nächstes Jahr eine Biographie über diesen Abt schreiben, mir fällt sein Name gerade nicht ein, und …«

»Du meinst Abt Ägidius.« Die Historikerin klang interessiert.

»Ja, so heißt er wohl. Lorenzo ist sehr weltlich orientiert, was er natürlich nicht allzu sehr nach außen tragen darf.«

»Allerdings betont er uns gegenüber immer wieder, wie fidel manche Geistliche sind!«, spöttelte Isobel. »Das mögen zwar Heuchler sein, aber wenigstens sind sie nicht so vertrocknet wie Schmalzengruber.«

»Jedenfalls hat er deine Doktorarbeit gelesen«, führte

Dornberg an Rosina gewandt weiter aus, »und er möchte dich unbedingt kennenlernen. Du hast ihn wirklich beeindruckt, und immerhin seid ihr Kollegen.«

»Sehr gerne, aber was ist mit Schmalzengruber?«

»Wir dachten an ein Treffen auf dem Weihnachtsmarkt übermorgen, wenn Hochwürden im Seniorenheim ist. Würde das gehen?«, fragte Isobel.

»Natürlich. Gebt mir einfach Bescheid. Es wird ihm ja nichts ausmachen, wenn ich Sophia mitbringe«, lächelte sie mit einem Blick in den Kinderwagen.

»Er wird von der Tochter genauso begeistert sein wie von der Mutter«, versicherte ihr Dornberg galant. »Aber jetzt müssen wir uns beeilen. Du hast nichts vergessen, Liebes?«, vergewisserte er sich bei seiner Frau, bevor die beiden mit dem Mops in den Wagen stiegen und davonfuhren.

»Wer hätte gedacht, dass ein Pornoproduzent und eine sündige englische Lady mit einem waschechten Monsignore befreundet sind?« Rosina klang belustigt.

»Überrascht dich das ernsthaft?«

»Nein.« Rosina schüttelte lachend den Kopf. »Was die Dornbergs angeht, rechne ich mit allem, und ich muss zugeben, ich habe die beiden sehr, sehr gern.«

»Ja, ich auch. Auch wenn ich es nicht begründen kann«, seufzte Susan. »Eigentlich raubt mir meine Tante den letzten Nerv.«

»Weil sie es im Grunde nur gut meint, und das Beste für euch will«, schätzte Rosina. »Aber wie läuft es denn für Alex mit den Ermittlungen?«, lenkte sie das Gespräch auf den Mord. »Haben er und Kommissarin Hansen schon eine Spur?«

»Nicht, dass ich wüsste. Aber Gerstl war ein alter Freund des Herrn Landrats, der mit Sicherheit schnell

Ergebnisse sehen möchte. Seitlbach geht des Bäckers Tod wirklich sehr nah.«

»Man hat Gerstl im Wald gefunden, oder?«

»Auf der Lichtung am See. Er wollte wohl einen Weihnachtsbaum schlagen.«

»Und dann hat man ihm mit seiner Axt den Kopf eingeschlagen.« Rosina runzelte die Stirn.

»Das hat sich wie üblich schnell herumgesprochen.« Susan wusste, dass der Buschfunk in Krindelsdorf meisterhaft funktionierte.

»Nicht zu mir, aber ich bin davon ausgegangen«, verriet ihre Freundin.

»Und wieso?« Susan blieb überrascht stehen. »Das musst du mir jetzt erklären.«

»Du weißt doch, dass ich immer wieder einmal die Geschichte des Ortes recherchiere«, begann die Historikerin. »Noch zu meiner Studienzeit, als das Heimatmuseum renoviert und neu eröffnet worden ist, bin ich von der Gemeinde gebeten worden, einen einführenden Artikel über die Geschichte des Ortes zu schreiben. Dabei bin ich unter anderem über eine alte Legende gestolpert, die auch die Familie Gerstl betrifft. Als ich von Gerstls Mord gehört habe, fiel mir das wieder ein. Ich weiß noch, wie aufregend ich es gefunden habe, dass es tatsächlich noch lebende Nachkommen gibt.« Sie schüttelte flüsternd den Kopf und runzelte nachdenklich die Stirn.

»Nachkommen? Von wem?«, Susan war verwirrt. »Gibt es etwa noch mehr Menschen, die im Wald ermordet worden sind?

»Allerdings«, erwiderte Rosina. »Im Kirchen- und Gemeindearchiv bin ich damals auf mehrere alte Aufzeichnungen gestoßen, die eine alte Legende und etwas über einen Fluch erwähnt haben. Die älteste war ungefähr dreihundert Jahre alt. Ich habe zwar nicht tiefer gegraben, weil ich den Artikel über die Anfänge des Ortes schreiben musste, aber ich bin mir sicher, in den alten Quellen gibt es noch weitere Hinweise. Die Gemeinde hat ein sehr langes Gedächtnis, wie du weißt, und es haben sich unglaublich viele alte Papiere und Aufzeichnungen erhalten«, berichtete sie Susan, die ihren Ausführungen aufmerksam lauschte. »Die Mönche waren schon bei der Gründung des Klosters 1021 sehr penibel, und die Archive sind akribisch verwaltet worden. Es ist jetzt bestimmt schon fünfzehn Jahre her, als man im Keller des Klosters einen verborgenen Raum gefunden hat, der offenbar als Bibliothek oder Archiv gedient hat. Was dort gefunden worden ist, ist bis heute noch nicht restlos katalogisiert und ausgewertet«, ließ sie Susan mit nach oben gezogenen Augenbrauen wissen. »Außerdem gab es immer wieder Menschen hier am Ort, die die wichtigsten Ereignisse schriftlich festgehalten und dafür gesorgt haben, dass nichts in Vergessenheit gerät. Selbst während des Dreißigjährigen Krieges und der beiden Weltkriege. Aber um auf die Legende zurückzukommen: Sie besagt, dass vor fünfhundert Jahren dieser Abt Ägidius eine junge Frau geschändet habe. Einige Zeit darauf, Anfang Dezember, habe man ihn erschlagen im Wald gefunden. Die junge Frau selbst oder ihre Mutter – da waren sich die Quellen nicht einig – habe ihn verflucht. Der Abt scheint das Zölibat nicht sehr ernst genommen zu haben. Alle hundert Jahre solle ein männlicher Nachfahre ihres Peinigers wie er im Wald am sechsten Dezember sterben. Vor zweihundert Jahren musste Gerstls Ururururururgroßvater – ich hoffe, das waren genügend »Urs« – daran glauben, und vor hundert Jahren ist sein Urgroßonkel im Wald erschlagen worden. Beide wurden mit einer Axt getötet, beide ebenfalls am Nikolaustag.«

»Und was war in den Jahrhunderten davor?« Ein eisiger Schauer lief Susan über den Rücken. Zwar glaubte sie nicht an Flüche, aber dennoch war ihr die Legende unheimlich.

»So weit bin ich nicht zurückgegangen«, enttäuschte Rosina ihre Neugier. »Aber ich denke, es wäre eine intensivere Recherche wert.«

»Konnten die Morde, zumindest der vor hundert Jahren, aufgeklärt werden?«, wollte Susan wissen.

»Darüber habe ich nichts gelesen«, bedauerte Rosina. »Es ist echt tragisch, wenn man so darüber nachdenkt. Gerstls Urgroßonkel hatte den Ersten Weltkrieg überlebt, nur um im Krindelsdorfer Wald zwei Jahre später den Tod zu finden. Und was die Morde in den Jahrhunderten davor betrifft, habe ich keine Ahnung. Da müsste ich erst weiter in den Dokumenten recherchieren.«

»Ich kenne diesen Gesichtsausdruck. Du hast Blut geleckt.« Susan ließ ihre Freundin nicht aus den Augen. Rosina war mit Leib und Seele Historikerin, und sie liebte die doch recht aufregende Geschichte des Ortes.

»Auf jeden Fall!«, lachte sie. »Ich möchte mir die Legende unbedingt noch einmal vornehmen. Es ist zwar schon viele Jahrhunderte her, aber ich könnte mir durchaus vorstellen, dass jemand diese Verwünschung am Leben erhalten will«, erklärte sie ihrer Freundin. »Und falls doch jemand etwas gegen Gerstl gehabt hat, dann wäre es noch dazu der perfekte Vorwand für einen Mord. Dem Fluch muss schließlich alle hundert Jahre Genüge getan werden. Ich werde mich auf jeden Fall noch einmal durch die alten Dokumente wühlen.«

»Meinst du, es gibt viele am Ort, die über den Fluch Bescheid wissen?«

»Bestimmt«, nickte Rosina. »Wie gesagt, der Ort hat ein langes Gedächtnis. Du würdest nicht glauben, in wie vielen Familien uraltes Wissen und damit verbundene Pflichten von Generation zu Generation weitergegeben werden«, behauptete die Historikerin. »Solange eine Legende wachgehalten wird, so lange wird es Menschen geben, die nicht nur an sie glauben, sondern womöglich auch alles tun, um sie zu erfüllen.«

»Du klingst schon fast wie Frau Wiesner«, fand Susan.

»Indira mag ein wenig verstiegen sein, aber sie hat Menschenkenntnis. Das übersehen die meisten, die sie für verrückt halten. Ob sie tatsächlich Auren lesen kann, kann ich nicht beurteilen, aber sie hat ein Gespür für den Ort und die Leute um sie herum.« Rosina zwinkerte ihr zu. »Ich könnte mir gut vorstellen, dass sie mit diesem Mord gerechnet hat und mit der Legende bestens vertraut ist.

»Du hältst sie aber nicht für eine Mörderin?«

»Indira? Niemals«, wehrte Rosina lachend ab. »Ich denke auch nicht, dass Gerstl wegen des Fluchs ermordet worden ist. Wenn überhaupt ist die Legende nur ein willkommenes Neben-Motiv, wenn du so willst.«

»Gerstl muss es sich mit irgendjemanden verscherzt haben«, schätzte Susan. »Und Alex sollte schnellstens von der Legende erfahren.«

Der Unheil verheißende Schrei einer Krähe ließ Susan zusammenzucken, und Gänsehaut breitete sich auf ihren Armen aus. Sie hoffte, dass Hirschberg den Mörder bald gefunden haben würde, damit wieder Ruhe am Ort einkehren konnte.

***

Die Marketingagentur Barthel und Partner befand sich direkt an der Münchener Freiheit auf der Leopoldstraße.

Wie immer war auf der belebten Einkaufsstraße im Herzen Schwabings viel los, und Hirschberg hatte Mühe, einen Parkplatz zu finden. Da er und seine Kollegin sich nach ihrem Gespräch mit Kettler gleich auf den Weg nach Krindelsdorf machen wollten, hatten sie es vorgezogen, nicht die öffentlichen Verkehrsmittel zu nutzen. Der Hauptkommissar verzog seinen Mund zu einer neidischen Grimasse, als er sah, wie seine Kollegin ihren Wagen geschmeidig in eine Parklücke direkt vor der Agentur manövrierte. Er selbst wurde erst in einer Seitenstraße fündig.

»Wo bleiben Sie denn, Chef?«, goss Hansen in säuselndem Tonfall Öl ins Feuer.

»Es mag Sie überraschen, aber der normalsterbliche Autofahrer hat nicht so großes Glück wie Sie, Frau Kollegin. Ich weiß wirklich nicht, wie Sie das immer bewerkstelligen, in Windeseile einen Parkplatz zu finden. Sie waren doch nicht etwa heimlich bei Frau Wiesner und haben sich mit übernatürlichen Kräften verbündet?«, witzelte er.

»Sie müssen die perfekte Parklücke einfach beim Universum bestellen«, erwiderte sie, als ob es das Selbstverständlichste auf der Welt wäre. »Ich mache das seit Jahren so.«

»Dann werde ich also das nächste Mal auch den kosmischen Lieferservice bemühen«, schmunzelte er, als sie auf die Agentur zugingen.

Kleine Schneekörner rieselten auf sie herab, als Hirschberg auf den Klingelknopf des Marketingbüros drückte. Der Hauptkommissar blickte sich interessiert im Eingangsbereich um, als sie auf den Empfangstresen zugingen. Ein junge Frau mit dicken brünetten Locken richtete haselnussbraune Augen auf sie. Ihr dezentes Tages-Make-up war perfekt, und sie trug ein dunkelblaues Kostüm mit einer cremefarbenen Bluse.

»Guten Tag. Sie sind Frau Heinrich, nehme ich an?« Hansen zückte ihren Dienstausweis, während die Angesprochene bejahte. »Das ist Hauptkommissar Hirschberg, und ich bin Kommissarin Hansen. Wir haben vorhin telefoniert.«

»Ah, richtig. Das ging ja sehr schnell. Sind Sie hierher geflogen?« Die Sekretärin wirkte verblüfft. »Normalerweise ist der Verkehr beachtlich.«

»Der Verkehr war nicht schlimm, nur die Parkplatzsuche hat fünfzig Prozent von uns ausgebremst«, entgegnete Hirschberg trocken. »Meine Kollegin hat Sie sicher über unser Anliegen informiert. Wir würden gern mit Herrn Kettler sprechen.«

»Er ist gerade in einem Meeting mit Herrn Barthel. Georg hat an einer größeren Kampagne für einen Sportbekleidungshersteller mitgearbeitet, und das könnte leider noch eine Weile dauern. Wie wäre es denn, wenn Sie später wieder …«

»Frau Heinrich, es tut uns sehr leid, aber wir müssen darauf bestehen, Herrn Kettler umgehend zu sprechen. Wir warten hier, während Sie ihn holen. Für das LKA wird er sicher ein paar Minuten erübrigen können. Alles andere würde kein gutes Licht auf die Agentur werfen.« Er lächelte, und seine Stimme klang sanft, doch er würde sich nicht abwimmeln lassen. Die Sekretärin schien zu begreifen, dass die beiden Ermittler nicht einfach von dannen ziehen würden und stand auf.

»Wenn es so dringend ist, gehe ich ihn holen«, seufzte sie und ignorierte das zeitgleich einsetzende Läuten des Telefons.

»Ein wenig frostig heute, Chef? Liegt das etwa an Ihrer bevorstehenden Läuterung durch den Herrn Pfarrer?« Hirschberg konnte Hansens Mundwinkel zucken sehen, und ein leises Lachen entfuhr seiner Kehle. Er schätzte den Hang seiner Kollegin zur Ironie auch dann noch, wenn die Bemerkungen gegen seine Person gerichtet waren. Außerdem hatte sie nicht so ganz unrecht: Er war keineswegs erpicht auf die nachfolgende Unterredung mit Schmalzengruber.

»Ich lasse mich ungern von Menschen abwimmeln, die glauben, ihre Arbeit sei wichtiger als unsere. Nur weil es in ihrem Metier um viel Geld geht.« Barthel und Partner war eine angesehene Marketingagentur mit ausgesprochen exklusiver Klientel. Doch eine Mordermittlung ging vor. Selbst wenn der Agenturinhaber sich über Hansen und ihn beschweren würde, würde er bei Krämer sehr schnell abblitzen, wusste Hirschberg. »Und ja, ich kann mir durchaus Erbaulicheres vorstellen als ein Gespräch mit Hochwürden.«

»Herr Hauptkommissar.« Ein junger Mann mit dunkelblondem Haar und stahlblauen Augen kam gefolgt von der Sekretärin auf sie zu. Er war fast so groß wie Hirschberg, und trainierte Muskeln zeichneten sich unter seinem Hemd ab. Es wäre für ihn ein Leichtes, eine Axt zu schwingen, schätzte der Hauptkommissar. »Ich bin Georg Kettler.« Hirschberg kannte den jungen Mann vom Sehen. Er ergriff dessen ausgestreckte Hand. »Ich nehme scharf an, es geht um das Ableben des Krindelsdorfer Semmel-Imperators.« Kettler presste seine Lippen aufeinander.

»Sie wirken nicht besonders erschüttert und kommen gleich auf den Punkt«, stellte Hansen mit nach oben gezogenen Augenbrauen fest.

»Frau Kommissarin, ich brauche dieses Praktikum und vor allem eine exzellente Beurteilung, damit ich nach dem Abschluss einen guten Job finden kann. Und außerdem möchte ich nicht mehr Zeit als unbedingt nötig an dieses Ekel verschwenden«, entgegnete er eisig, und er verschränkte die Arme vor der Brust.

»Können wir uns irgendwo ungestört unterhalten?«, fragte Hirschberg mit einem Blick auf die Sekretärin, die ungeniert die Ohren spitzte. Informationen aus erster Hand über einen Mord zu erhalten, kam nicht jeden Tag vor.

»Konferenzraum 2 müsste frei sein, oder?«, vergewisserte sich Kettler bei ihr, und diese nickte. Die Enttäuschung war ihr anzusehen. »Folgen Sie mir, bitte.« Er führte die beiden in einen Raum mit einem runden weißen Tisch. In der Ecke neben dem Fenster befand sich ein Whiteboard. Kettler bot ihnen an, Platz zu nehmen.

»Sie scheinen noch immer ziemlich wütend auf Herrn Gerstl zu sein,« eröffnete Hirschberg die Befragung mit einer Feststellung. »Sie geben ihm die Schuld daran, dass Ihr Vater sein Geschäft aufgeben musste, nicht wahr?«

»Wie würde es Ihnen denn gehen, wenn so ein dahergelaufener Brezenbäcker, der auch nicht mit Zauberlauge arbeitet, die Konkurrenz, in dem Fall meinen Vater, mit allen, selbst noch den fragwürdigsten Mitteln aus dem Geschäft drängen würde?« Farbe schoss in seine Wangen, und seine Hände ballten sich zu Fäusten. Kettler hatte den geschäftlichen Misserfolg und den Selbstmord seines Vaters noch immer nicht verwunden. Vor Hirschberg stand ein sehr zorniger junger Mann, und Wut machte Menschen gefährlich.

»Sie sind also fest davon überzeugt, dass Herr Gerstl damals bei Ihrem Vater eingebrochen ist, um Ungeziefer in der Backstube auszusetzen?«, hakte Hansen nach.

»Wer denn sonst?« Er feuerte die Antwort regelrecht

auf sie ab. »Mein Vater war ein äußerst gewissenhafter Bäcker. Niemals wäre er so nachlässig gewesen.«

»Nun ja, da die Kollegen damals keine Anhaltspunkte finden konnten, die gegen Herrn Gerstl gesprochen hätten, könnte es immerhin sein, dass Ihr Vater vielleicht doch selbst …«

»Wie ich gerade sagte: Mein Vater war ein gewissenhafter Bäcker, der niemals gegen die Hygienevorschriften verstoßen hätte! Seine Bäckerei hat guten Umsatz gemacht, und manche Krindelsdorfer wollten ihr Brot lieber bei ihm als bei Gerstl kaufen«, behauptete er. »Und genau das hat diesem Mistkerl nicht gepasst. Eines Abends habe ich einen Streit der beiden mitangehört. Gerstl hat zu meinem Vater gesagt, dass er als Erster, also vor ihm, seinen Laden aufgemacht und daher die älteren Rechte habe. Er solle sein Geschäft andernorts weiterführen. Wenn er das nicht täte, würde er sich schon etwas einfallen lassen.«

»Man sagt viel im Streit, Herr Kettler.« Hirschberg klang beschwichtigend. »Das ist noch lange kein Beweis, dass er etwas mit dem Ungeziefer zu tun hatte.«

»Glauben Sie doch, was Sie wollen, Herr Hauptkommissar! Ich jedenfalls bin fest davon überzeugt, dass er es gewesen ist oder dass er zumindest etwas damit zu tun hatte«, beharrte der junge Mann. »Wenn ich es aber recht bedenke, ist es ja kein Wunder, dass Sie seine Partei ergreifen. Schließlich hat ihm der Richtige ein Alibi gegeben, und der ist jetzt noch dazu Landrat und geht bei Ihnen ein und aus, wie man so hört.«

»Herr Kettler, ich kann sehr gut verstehen, dass Sie den Verlust Ihres Vaters noch immer nicht verarbeitet haben, aber gehen Sie nicht zu weit!« Hirschbergs Stimme war mit einem Mal gefährlich leise, und Kettler erbleichte schlagartig. Provokationen dieser Art würde er sich in Zukunft besser sparen. »Mir gefällt ganz und gar nicht, was Sie da andeuten. Zwingen Sie mich nicht, Schritte wegen übler Nachrede gegen Sie in die Wege zu leiten.« Kettlers ungerechtfertigte Unterstellung machte ihn wütend. »Ich nehme meine Arbeit sehr ernst, genauso wie meine Kollegin Kommissarin Hansen. Ich würde jeden, und ich betone *jeden,* festnehmen, wenn er ein Mörder oder ein Verbrecher ist. Ist das jetzt geklärt?«

»Natürlich«, lenkte der junge Mann nach einem kurzen Moment ein, und er räusperte sich. »Ich wollte Ihnen nichts unterstellen, Herr Hauptkommissar.«

»Wo waren Sie gestern Morgen, sagen wir, gegen sieben Uhr?« Hirschberg zog es vor, die Befragung fortzusetzen, ohne auf seine letzte Bemerkung einzugehen. Er fragte sich missmutig, wie viele Krindelsdorfer ihn insgeheim für Seitlbachs Protegé hielten.

»Auf jeden Fall nicht in der Nähe von Herrn Gerstl«, antwortete Kettler ausweichend.

»Wo waren Sie, Herr Kettler?«, wiederholte Hansen, die nun ebenfalls ungeduldig klang.

»Ich war zu Hause. Im Bett. Es war Sonntagmorgen, da stehe ich nicht vor zehn Uhr auf. Auch nicht, um Alfons Gerstl umzubringen. Ich würde doch nie …« Er verstummte und verschränkte die Arme vor der Brust. »Das würde ich nie tun.« Sein Tonfall ließ Hirschberg aufhorchen, doch Kettlers Gesichtsausdruck gab nichts preis. Der Hauptkommissar war sich aber sicher, dass der junge Mann irgendetwas zurückhielt.

»Kann das jemand bestätigen? Ihr Großvater zum Beispiel?«, wollte Hansen wissen.

»Ich war hier in München in meiner Wohnung. Ich habe eine Studentenbude hier um die Ecke am Pündterplatz. Sie ist klein, aber mein und trotz der Lage erschwinglich, weil sie meinem Großonkel gehört. Er war der Taufpate meines Vaters«, fügte er leise hinzu.

»Das heißt also, Sie waren allein, und niemand kann Ihr Alibi bestätigen?« Das klang sehr dünn in Hirschbergs Ohren. Kettler war zornig und hatte ein Motiv. Manche Ermittler nannten das einen Hauptgewinn.

»So ist es.« Er presste die Lippen aufeinander, und wieder beschlich den Hauptkommissar das Gefühl, dass er ihnen nicht die ganze Wahrheit sagte. Kettler verheimlichte ihnen etwas.

»Das sieht leider nicht besonders gut aus für Sie«, bemerkte Hirschberg nüchtern. »Sie haben kein Alibi und haben eine Stinkwut auf Gerstl. Bestimmt haben Sie auch gewusst, dass es sein weihnachtliches Ritual war, sich am Nikolaustag einen Baum im Krindelsdorfer Wald zu schlagen. Es wäre also ein Leichtes für Sie gewesen, ihm dort aufzulauern und zu töten. Wenn ich mir Ihre Oberarmmuskeln so ansehen, glaube ich auch nicht, dass Sie Probleme damit hätten, eine Axt zu schwingen.«

»Das habe ich auch nicht«, bestätigte Kettler schulterzuckend. »Ich trainiere regelmäßig, wie Sie sicher auch, aber die Axt schwinge ich nur, wenn ich für meinen Großvater Holz hacke. So wie mein Vater das früher auch getan hat.« Hirschberg konnte die Verbitterung in seiner Stimme hören. »So bedauerlich es für Sie beide auch sein mag, aber Gerstls Mörder werden Sie an anderer Stelle suchen müssen. Ich habe ihm nichts getan.«

»Das Problem ist nur, dass Herr Gerstl offenbar bei allen beliebt gewesen ist. Seine Familie, Freunde und Mitarbeiter sind zutiefst erschüttert, und der Einzige, der etwas gegen ihn zu haben scheint, sind Sie. Und womöglich Ihr Großvater«, setzte Hansen hinzu.

»Lassen Sie Opa da raus«, brauste Kettler auf. »Er hat

nichts damit zu tun! Und was Ihre Annahme angeht, dass er ach so beliebt war im friedlichen Krindelsdorf, da täuschen Sie sich ganz gewaltig!«

»Wie meinen Sie das?«, fragte Hirschberg und ließ ihn nicht aus den Augen.

»Ich gehe einmal davon aus, dass weder Gerstls trauernde Mutter noch seine Ehefrau Ihnen etwas von Beate Fellmeier und ihrem Mann Horst erzählt haben, oder?« Kettler lehnte sich mit einem humorlosen Lächeln zurück. Hirschberg und Hansen wechselten einen Blick.

»Worauf wollen Sie hinaus?«, half der Hauptkommissar ihm auf die Sprünge. Der anfängliche Verdacht der Ermittler, dass die Aussagen der untröstlichen Hinterbliebenen nur Schönfärberei gewesen waren, erhärtete sich.

»Die Fellmeier hatte eine alte Tante, Martha Lechner. Und die ist vor einem guten halben Jahr gestorben.« Kettler klang triumphierend. »Der moralisch aufrechte Herr Gerstl hat sich beizeiten an die alte Lechner rangemacht – aber nicht so, wie Sie jetzt meinen!«, beeilte er sich, richtigzustellen. »Er hat nur einfach den Sohn gespielt, den sie nie gehabt hat. Hat sie zum Arzt gefahren und zum Familienessen eingeladen. Und das alles nur, weil er auf ihr Haus in Krindelsdorf und auf das in Steinhausen scharf gewesen ist.« Steinhausen lag zwar außerhalb von Krindelsdorf, gehörte aber zur Gemeinde. Hirschberg verstand nicht, warum Gerstl ausgerechnet dort, vor den Toren von Krindelsdorf, ein Haus haben wollte. Soweit er wusste, bestand Steinhausen gerade einmal aus vier Häusern. Es war die reinste Einöde.

»Und warum hätte er die Häuser haben wollen?« Der Hauptkommissar blickte Kettler verständnislos an.

»Das Haus in Krindelsdorf wollte er für seine Tochter herrichten, und das in Steinhausen ist das Geburtshaus seiner Mutter. Aber die Familie war so verschuldet, dass sie es verkaufen mussten, und zwar an die Familie Pritzler. Und drei Mal dürfen Sie raten, wie die alte Lechner mit Mädchennamen hieß.«

»Pritzler, nehme ich an«, entgegnete Hansen. Sie und Hirschberg wechselten einen vielsagenden Blick. Seine Kollegin mochte es genauso wenig wie er, wenn man sie belog oder ihnen wichtige Informationen vorenthielt.

»Sie haben es erfasst. Die alte Gerstl wollte unbedingt ihr Elternhaus wiederhaben. Deshalb hat sie ihren Fonsi so lange bearbeitet, muss man schon sagen, bis er einen Weg gefunden hat, ihr den Wunsch zu erfüllen. Er hat der alten, verwitweten und kinderlosen Lechner so viel Honig um den Bart geschmiert, dass sie ihm in ihrem Testament beide Häuser vermacht hat. Und seither streiten die Fellmeier und ihr Mann mit den Gerstls. Das müsste jetzt auch bald vor Gericht gehen«, überlegte Kettler stirnrunzelnd.

»Das heißt, die Fellmeiers haben das Testament angefochten?«, hakte Hirschberg nach.

»Ja, aber es geht den Fellmeiers nicht schnell genug, die Gerichte arbeiten ihnen zu langsam. Vor einer Woche hatten der Gerstl und der Fellmeier beim Brandl eine kleine Auseinandersetzung. Sie müssen tatsächlich aufeinander losgegangen sein. Das zumindest habe ich um einige Ecken herum erfahren.« Der BWL-Student blickte zwischen den beiden Ermittlern hin und her. »Vielleicht sollten Sie doch nicht nur an meine, sondern auch noch an andere Türen klopfen«, schlug er ironisch vor. »Und wenn das dann alles wäre, würde ich gerne wieder ins Meeting gehen. Wie gesagt brauche ich eine gute Beurteilung. Mit etwas Glück bietet mir der Kunde oder auch die Agentur hier einen Job an.«

»Fürs Erste können Sie gehen, Herr Kettler.« Hirschberg erhob sich, und in seinem Kopf überschlugen sich die Gedanken. »Aber wir müssen Sie bitten, sich zu unserer Verfügung zu halten, falls wir weitere Fragen an Sie hätten.«

»Sie wissen ja, wo Sie mich finden können.« Kettler zuckte die Schultern und verließ schnurstracks ihnen voran den Raum. Hirschberg hörte, wie er sich beim Betreten des gegenüberliegenden Konferenzraums bei der Runde für seine Abwesenheit entschuldigte.

»Was halten Sie von ihm, Chef?«, wollte Hansen nach Verlassen der Büroräume von ihm wissen.

»Ich glaube, dass dieser junge Mann etwas vor uns verheimlicht, aber ich bin mir nicht sicher, ob es der Mord an Gerstl ist oder etwas anderes«, gab er nachdenklich zu. »Wütend genug, um ihn umzubringen, ist er sicher, aber er ist auch nicht dumm. Er weiß, dass er einer der Verdächtigen, wenn nicht sogar *der* Hauptverdächtige wäre. Und dass uns die Gerstls den Rechtsstreit mit den Fellmeiers verschwiegen haben, rückt sie auch nicht gerade in ein rechtschaffenes Licht.«

»Ihnen war sehr daran gelegen, Sohn, Ehemann und Vater so darzustellen, als könne er kein Wässerchen trüben«, erwiderte die Kommissarin trocken, als sie auf ihren Wagen zugingen. »Wie ich Krindelsdorf kenne, gibt es bestimmt einige, die Gerstl – und seiner Mutter gleich dazu – ganz offen Erbschleicherei unterstellen. Daher wollten sie den Rechtsstreit uns gegenüber vielleicht lieber unerwähnt lassen. Wir sollten also dringend mit den Gerstls und den Fellmeiers sprechen. Schon wegen der Auseinandersetzung, die unser Opfer mit diesem Fellmeier gehabt hat.«

»Da stimme ich Ihnen zu, Frau Kollegin. Aber zunächst einmal müssen wir sauren Messwein trinken und

Hochwürden aufsuchen«, seufzte Hirschberg, und Hansen ging kichernd auf ihren Wagen zu.

6.

Hauptkommissar Hirschberg und seine Kollegin Hansen bogen nacheinander in den Kirchweg ein, wo sich das Pfarrhaus befand. Hirschberg wollte die Unterredung mit dem Geistlichen so schnell wie möglich hinter sich bringen. Selbst eine Wurzelbehandlung wäre ihm lieber als ein Besuch bei dem stets selbstgerechten und mürrischen Schmalzengruber, fiel ihm resigniert auf. Doch er kam nicht darum herum, den Pfarrer zu behelligen. Sie mussten herausfinden, worum es bei dessen Streit mit Indira Wiesner gegangen war, und vor allem inwieweit Gerstl etwas damit zu tun hatte.

»Alex!« Er wandte sich um, als er die Stimme seiner Frau hörte. Susan kam mit raschen Schritten auf ihn zu. Julian schlummerte selig und süß in seinem Buggy. Seine Pausbacken waren gerötet. »Gut, dass ich euch treffe«, meinte sie in verschwörerischem Tonfall. »Hallo, Frau Hansen. Ich nehme an, ihr wollt zu Hochwürden?«

»Ja, wir müssen ihm ein paar Fragen stellen, weil er angeblich in einen Streit mit Gerstl involviert war. Stimmt etwas nicht?« Hirschberg musterte seine Frau besorgt.

»Es gibt da etwas, was du wissen solltest. Schmalzengruber war heute Morgen schon bei uns, um dir wegen der Ermittlungen Dampf zu machen.« Sie verdrehte die Augen.

»Das hast du geschrieben. Und das ist doch nichts Neues.« Der Hauptkommissar zuckte die Schultern, und Hansen schmunzelte.

»Das nicht, aber da ist noch mehr: Er bekommt heute Abend hohen Besuch von einem vatikanischen Würdenträger, einem Monsignore Bianchi. Er fürchtet, ein Mörder auf freiem Fuß könne einen schlechten Eindruck auf seinen Gast machen.«

»Das ist nicht unser Problem. Das werden wir ihm schon begreiflich machen.« Der Hauptkommissar war entschlossen, falls nötig, den Geistlichen in seine Schranken zu weisen.

»Da ist noch eine weitere Kleinigkeit.« Susan blickte sich rasch um und senkte ihre Stimme. »Dieser Monsignore ist ein alter Freund von Isobel. Er hat damals ihren achtzehnten Geburtstag in Rom mitgefeiert, und er und ihre alte Freundin Cynthia haben es mehr als nur krachen lassen.« Sie berichtete ihm und Hansen, was Isobel und Dornberg ihr anvertraut hatten.

»Grundgütiger«, kicherte die Kommissarin, nachdem sie geendet hatte. »Entschuldigen Sie, Frau Hirschberg, aber das ist wirklich gut!« Sie hatte Mühe an sich zu halten, und Tränen kullerten über ihre Wangen.

»Das darf auf gar keinen Fall die Runde machen«, entfuhr es Hirschberg, und er bedachte Hansen mit einem nahezu flehenden Blick. »Frau Kollegin, bitte beruhigen Sie sich. Wir können uns nicht auch noch mit einem Amok laufenden, das Hölleninferno prophezeienden katholischen Fanatiker rumschlagen!« Es fehlte noch, dass Schmalzengruber einen Kreuzzug startete, sollte er auch nur irgendetwas über Isobels Verbindung zu Monsignore Bianchi läuten hören.

»Und ich habe noch etwas erfahren, ich war fast zwei Stunden mit Rosina spazieren. Sie hat mir von einer alten Krindelsdorfer Legende erzählt, die besagt, dass alle hundert Jahre ein männlicher Nachkomme von Abt Ägidius, der einer jungen Frau seinerzeit Gewalt angetan haben soll, am Nikolaustag getötet wird oder zumindest stirbt. Sie hält es nicht für ausgeschlossen, dass Gerstl einer dieser Nachfahren ist. Vor hundert Jahren wurde nämlich sein Großonkel im Wald ermordet und hundert Jahre zuvor sein Urururgroßvater.« Sie zog vielsagend die Augenbrauen nach oben.

»Ach, sieh einer an.« Ein leises Pfeifen kam über Hansens Lippen. »Will am Ende irgendjemand hier am Ort die alten Sagen und Legenden am Leben halten?«

»Hier ist doch alles möglich«, bemerkte Hirschberg trocken. »Und ausschließen können wir zum jetzigen Zeitpunkt gar nichts. Denkst du, Rosina kann noch mehr über die Legende ausgraben? Schaden würde es sicher nicht.«

»Bestimmt! Sie sitzt zwar gerade an der Biographie über Lola Montez, aber sie hat Blut geleckt. Du kennst sie doch.« Susans Augen blitzten schelmisch. »Würde mich nicht wundern, wenn sie schon dabei ist, zu recherchieren. Vielleicht weiß auch Frau Dachshofer etwas«, überlegte Susan.

»Okay, eins nach dem anderen«, bestimmte Hirschberg. »Wir sprechen jetzt erst einmal mit Schmalzengruber.« Er blickte nach unten, als ein leises Wimmern aus dem Buggy kam. »Ich glaube, da wird jemand wach und Hunger haben.«

»Ja, es wird höchste Zeit, dass ich mit Julian nach Hause kommen. Und eine frische Windel wäre auch nicht schlecht«, vermutete Susan. »Viel Glück euch beiden!«

»Warum nur erinnern Sie mich gerade an den Ritter ohne Furcht und Tadel?«, witzelte Hansen, als sie durch das Eingangstor auf die Tür des Pfarrhauses zugingen.

»Vermutlich deshalb, weil ich mich wie ein Krieger

fühle, der sich in Feindesland begibt, Frau Kollegin.« Hirschberg atmete tief durch.

»Ah, der Herr Hauptkommissar und die Frau Kommissarin!« Therese Hackelgruber, die Haushälterin des Pfarrers, öffnete ihnen mit erhitzten Wangen die Tür. Der Geruch nach Braten drang nach draußen, und Hirschbergs Magen begann zu knurren. Offenbar war die Haushälterin mit den Vorbereitungen fürs Mittagessen beschäftigt. »Sie wolln sicher zum Herrn Pfarrer. Kommen's rein. Er is schon ganz aufgregt, weil doch der Monsignore in ein paar Stunden schon da is«, ließ sie die beiden wissen. »Der kommt doch extra aus'm Vatikan, um wegen dem Abt Ägidius zu recherchiern, und der Herr Pfarrer muss so viel organisieren. Er hat schon sämtliche oide Dokumente und so aus'm Archiv in die Klosterbibliothek bringen lassn. Und i hab's Gästezimmer endlich hergricht! Des war jetzt lang nimmer in Benutzung.« Sie seufzte theatralisch. »Und des mit dem Mord an dem Gerstl, des freut den Herrn Pfarrer natürlich gar net. Net, wo doch jetzt der Monsignore kommt.«

»Uns freut der Mord auch nicht, Frau Hackelgruber. Deshalb werden wir auch alles tun, um den Mörder schnellstmöglich hinter Gitter zu bringen«, versprach Hirschberg. Er klang zuversichtlicher, als er sich fühlte.

»Wenn des jemand schafft, dann Sie zwei!«, war sich die Haushälterin sicher, als sie an die Tür von Schmalzengrubers Arbeitszimmer klopfte, woraufhin ein ungeduldiges »Herein« folgte.

»Guten Tag, Herr Pfarrer.« Hirschberg nickte ihm zu, als er hinter Hansen den Raum betrat. Schmalzengruber sprang regelrecht von seinem Stuhl auf und kam mit raschen Schritten auf die beiden zu.

»Ich begrüße es sehr, dass Sie hier sind, Herr Hauptkommissar.« Sein eisiger Tonfall strafte seine Worte

Lügen. »Da ich Sie bei Ihnen zu Hause nicht angetroffen habe, ist das Mindeste, was Sie …«

»Wir sind aus dienstlichen Gründen hier, Herr Pfarrer«, fiel Hirschberg ihm ins Wort.

»Selbstverständlich sind Sie das.« Der Hobbyexorzist machte eine ungehaltene Handbewegung. »Aus welchen Gründen denn sonst? Ein Mörder läuft hier am Ort frei herum! Und als zuständige Ermittler sind Sie und Ihre Kollegin verpflichtet, die Sorgen und Nöte unserer gottesfürchtigen Gemeinde ernst zu nehmen!«

»Wir sind uns unserer Pflichten durchaus bewusst, Herr Pfarrer«, entgegnete der Hauptkommissar gelassen.

»Wie Ihre Gattin Ihnen vielleicht bereits mitgeteilt hat, erwarte ich heute hohen Besuch aus dem Vatikan.«

»Das hat sie in der Tat.« Hirschberg räusperte sich und verdrängte den Gedanken an Isobels rauschenden achtzehnten Geburtstag in Rom.

»Daher muss ich Sie dringend ersuchen und darauf bestehen, dass Sie diese schändliche Tat schnellstmöglich aufklären und den Schuldigen zur Rechenschaft ziehen!«

»Das haben wir vor, Herr Pfarrer«, versicherte ihm Hansen.

»Ich habe so meine Zweifel, ob Sie beide die Tragweite des Ganzen verstehen.« Er schnaubte verächtlich. »Monsignore Bianchi ist ein bedeutender Würdenträger, der die höchsten moralischen Ansprüche an sich selbst und an andere richtet. Er verkörpert die Werte der heiligen katholischen Kirche wie kaum ein Zweiter! Er ist ein leuchtendes Vorbild für uns alle!« Schmalzengruber klang fanatisch, und Hansen räusperte sich geräuschvoll. Hirschberg selbst hatte große Mühe, an sich zu halten. »Und ich möchte verhindern, dass er ausgerechnet hier – in meiner Gemeinde! – mit den Abgründen der menschlichen Seele konfrontiert wird! Ich muss also darauf bestehen, dass Sie Ihre Ermittlungen nicht so dilettantisch wie sonst führen und den Mörder am besten gestern festnehmen!«

»Herr Pfarrer, meine Kollegin und ich wissen, wie wir unsere Arbeit zu machen haben, und Ihre Zurechtweisungen empfinde ich als Beleidigung. Wenn Sie sich nicht zurücknehmen, werde ich gerne dafür sorgen, dass Monsignore Bianchi von den Entgleisungen Ihrerseits gegenüber uns hart arbeitenden Gesetzeshütern erfährt.« Schmalzengrubers Gebaren machte eine entsprechende Erwiderung erforderlich, fand Hirschberg.

»Ich muss doch sehr bitten, Herr Hauptkommissar! Ich verwehre mich entschieden …«, polterte der Pfarrer los.

»Genau das tun wir auch«, unterbrach Hansen ihn.

»Herr Pfarrer, wie ich Ihnen eingangs erklärt habe, sind wir dienstlich hier.« Hirschberg nutzte Schmalzengrubers Auszeit, um auf den eigentlichen Grund ihres Besuchs zu kommen. »Wir haben erfahren, dass Sie, Frau Wiesner und Herr Gerstl vor ein paar Tagen in Streit geraten sind. Worum ging es dabei?«

»Sie wollen mir doch nicht etwa ernsthaft unterstellen, dass ich …« Schmalzengrubers Gesicht lief knallrot an, und einen Moment lang hatte Hirschberg Angst, seine Augen könnten mit einem lauten Plopp aus den Höhlen fallen.

»Beantworten Sie bitte die Frage, Herr Pfarrer. Oder wollen Sie unsere Ermittlungen behindern?«

»Wir hatten keinen Streit«, presste er einen Moment später hervor. »Ich habe Herrn Gerstl lediglich darauf hingewiesen, dass sein Lehrling, dieser Leon Eisner, mit einer Zigarette vor der Kirche gesessen ist und mich beleidigt hat, als ich ihn aufgefordert habe, zu gehen. Dieser Junge ist ein verdorbenes Subjekt, sage ich Ihnen!«

»Ihr Ton macht die Musik, Herr Pfarrer.« Hirschberg konnte sich lebhaft vorstellen, wie Schmalzengruber mit dem Jungen umgesprungen war. »Herr Gerstl ist oder vielmehr war außerdem nicht sein Erziehungsberechtigter«, warf er ein. »Sollten Sie nicht lieber mit seiner Mutter sprechen, wenn es Probleme gibt?«

»Frau Eisner ist schon seit Jahren keinen einzigen Tag mehr nüchtern gewesen! Und da Gerstl sich des Jungen angenommen hat, schien es mir passend, mit ihm zu sprechen.«

»Irgendwie kommt es mir so vor, als würden Sie Gerstl diesen Akt der Nächstenliebe ankreiden.« Hansens Stimme war ein unschuldiges Säuseln. »Aber das bilde ich mir bestimmt nur ein.«

Schmalzengruber erbleichte vor Zorn. Der Hieb saß, dachte Hirschberg, und er konnte sich einer gewissen Genugtuung nicht erwehren.

»Lassen Sie mich raten: Gerstl wollte nichts von ihren Problemen mit Leon Eisner hören«, schlussfolgerte Hirschberg.

»Dieser Gerstl mag ja ein guter Bäcker und Konditor gewesen sein, aber sein Anstand ließ zu wünschen übrig!«, lautete das harsche Urteil des Pfarrers. »Allerdings ist das kein Wunder, wenn man bedenkt, wie sehr er von seiner Mutter verhätschelt worden ist! Und das bis ins Erwachsenenalter!«

»Und was war mit Frau Wiesner? Warum gab es mit ihr Streit?« Hansen ließ ihn nicht aus den Augen.

»Diese Verrückte!«, schimpfte Schmalzengruber kopfschüttelnd. »Sie wollte Gerstl warnen und hat etwas von einer alten Legende erzählt. Er solle am Nikolaustag nicht in den Wald gehen und sich in Acht nehmen! Sie hat etwas von einem Fluch und zornigen Geistern gefaselt.« Hirschberg und Hansen wechselten einen vielsagenden Blick. »Gerstl hat sie ausgelacht, und ihr gesagt, dass sie sich um ihren eigenen Kram kümmern solle. Zumindest in diesem Fall musste ich ihm zustimmen. Oh Gott!«, entfuhr es ihm plötzlich. »Diese Wiesner darf auf keinen Fall dem Monsignore über den Weg laufen! Was würde das denn für einen Eindruck machen? Diese Wahnsinnige will am Ende seine Aura lesen und erzählt ihm anschließend etwas von bösen Geistern!«

»Der Monsignore wird schon den richtigen Eindruck von Krindelsdorf gewinnen, Herr Pfarrer«, bemerkte Hirschberg nüchtern. »Nur fürs Protokoll: Wo waren Sie gestern Morgen gegen sieben Uhr?«

»Das ist doch …«

»Wo waren Sie, Herr Pfarrer?«

»Ich habe mit Frau Hackelgruber gefrühstückt«, presste der Geistliche widerwillig hervor.

»Des is wahr!«, hörte er die Stimme der Haushälterin vor der verschlossenen Tür des Arbeitszimmers, bevor sie ihren hochroten Kopf herein streckte. »I bin nur grad zufällig an der Tür vorbeikommen, weil i was aus'm Keller gholt hab, und …«

»Schon gut, Frau Hackelgruber«, schmunzelte Hirschberg. Hansen wandte sich ab und hustete verräterisch. »Das wäre dann vorerst alles, Herr Pfarrer. Aber Sie müssen sich selbstverständlich zu unserer Verfügung halten, falls wir noch Fragen hätten.«

»Da es als guter Christ meine Pflicht ist, jedem Menschen behilflich zu sein, werde ich Ihre Arbeit natürlich nach Kräften unterstützen.« Schmalzengrubers Worte klangen wie eine Kampfansage. Hirschberg konnte den unsichtbaren Fehdehandschuh vor seine Füße fallen sehen.

Die beiden Ermittler verabschiedeten sich von ihm und seiner Haushälterin, und Hirschberg war froh, der Enge des Pfarrhauses zu entkommen.

»Frau Wiesner scheint auch einiges über diese Legende zu wissen«, stellte Hansen fest, als die Haustür hinter ihnen ins Schloss gefallen war. »Nicht, dass mich das wundern würde.«

»Wenn jemand etwas über die alten Flüche und Legenden der Gegend weiß, dann sicher Frau Wiesner«, nickte Hirschberg. »Wir müssen sie unbedingt zu ihrem Streit mit Gerstl befragen. Ich habe das Gefühl, dass Schmalzengruber nicht hundertprozentig offen uns gegenüber war. Allerdings glaube ich keine Sekunde lang, dass Frau Wiesner Gerstl getötet hat, nur um eine Legende am Leben zu halten. Sie würde nie ein derart schlechtes Karma auf sich laden.«

»Ich halte Frau Wiesner genauso wenig für eine Mörderin«, stimmte Hansen ihm zu.

»Ein Gespräch mit ihr könnte dennoch hilfreich sein. Aber zunächst sollten wir es bei den Fellmeiers versuchen«, schlug Hirschberg vor.

»Glauben Sie, dass wir die beiden um die Uhrzeit zu Hause antreffen?« Hansen klang skeptisch.

»Einen Versuch ist es wert.« Hirschberg zuckte die Schultern. Vielleicht waren nicht beide Fellmeiers berufstätig, hoffte er.

***

Das mehrstöckige Einfamilienhaus der Fellmeiers lag in direkter Nachbarschaft zur Krindelsdorfer Grundschule in der Schulstraße. Hirschberg drückte auf den Klingelknopf und lauschte. Nichts rührte sich hinter der verschlossenen Tür, an der ein winterlicher Kranz angebracht war.

»Scheint tatsächlich niemand zu Hause zu sein«, fürchtete Kommissarin Hansen. »Die Fellmeiers sind wohl doch beide in der Arbeit.«

»Es wird das Beste sein, wenn ich es gegen Abend noch mal bei ihnen versuche, bevor ich nach Hause fahre«, nickte Hirschberg und wandte sich zum Gehen.

»Ah, die Frau Kommissarin und der Herr Hauptkommissar!«

Die beiden Ermittler blieben stehen, als die ihnen mittlerweile bekannte Stimme, begleitet von einem fröhlichen Hundebellen, an ihr Ohr drang. Franz Leitner steuerte mit einem euphorisch schwanzwedelnden Freddie auf sie zu. Der Labrador flippte stets aus vor Freude, wenn er mit seinem Herrchen Susan und Julian über den Weg lief. Aber er schien auch ein Faible für seine Kollegin Hansen zu haben, fiel Hirschberg amüsiert auf.

»Herr Leitner.« Hansen lächelte. »Das ist ja eine Überraschung! Wie geht es Ihnen und Freddie?«

»Uns geht's immer gut!«, lachte der Rentner. »Seit i im Ruhestand bin, hab i das schönste Leben!«, behauptete er gut gelaunt. »I hab ja schon ein bissl Angst ghabt, muss i zugebn, dass mir meine Frau auf'd Nerven gehn könnt, aber gar net! Wir verstehn uns jetzt fast no besser als damals wie wir uns kennenglernt habn.« Er zwinkerte den Beamten zu. »Die Kinder sind aus'm Haus und machen keinen Ärger mehr. Bestimmt liegts da dran!«

»Das freut uns zu hören«, grinste Hirschberg, auch wenn Leitners Worte ihn daran erinnerten, dass die anstrengenden Jahre mit Julian erst noch vor Susan und ihm lagen.

»Sie sind wieder gut beschäftigt, nehm i an.« Leitners Miene verdüsterte sich, und Freddie, der den Stimmungsumschwung seines Herrchens bemerkte, blickte besorgt zu ihm auf, nachdem er Hansens Finger geleckt hatte.

»Ich fürchte, ja«, bestätigte Hansen. »Jedes Mal, wenn sich ein Mord in Krindelsdorf ereignet, werden wir gerufen, wie Sie sicher schon bemerkt haben.« Der bedeutungsvolle Unterton in ihrer Stimme war unüberhörbar. Und die Kommissarin hatte gar nicht so unrecht. So manches Mal beschlich Hirschberg tatsächlich das Gefühl, der inoffizielle Sheriff des Ortes zu sein.

»Der Herr Landrat wird schon fest drauf bestanden ham, dass Sie zwei den Mord an seinem Freund aufklären, net wahr?« Leitner nickte wissend.

»Ihm ist auf jeden Fall sehr daran gelegen, dass der Schuldige bald hinter Schloss und Riegel ist«, antwortete Hirschberg ausweichend, doch ihm war klar, dass Leitner seine Andeutung verstand. Der ältere Herr war ausgesprochen scharfsinnig und hatte Hansen und ihm schon oft bei ihren Ermittlungen geholfen. Er trug sein Herz auf der Zunge, war aufrichtig und wusste meist, was in Krindelsdorf vor sich ging, ohne dabei seine Nase in fremde Angelegenheiten zu stecken. Menschen wie Leitner begegnete Hirschberg bei seiner Arbeit selten.

»Sagen Sie, Herr Leitner, kennen Sie die Fellmeiers?«, versuchte Hansen ihr Glück.

»Freilich kenn i die Beate und den Horst. I hab mir auch schon denkt, dass Sie mit ihnen irgendwann sprechen wolln«, ließ der Hundefreund sie wissen und tätschelte Freddies Kopf.

»Das muss leider sein«, bedauerte Hirschberg. »Allerdings sind sie nicht zu Hause.«

»Die arbeiten beide in Minga, also in München«, fügte Leitner an die Nicht-Bayerin Hansen gewandt hinzu. »Vor sechse oder halb sieben werden's die kaum daheim antreffen«, vermutete er und wog seinen Kopf abschätzend hin und her.

»Dann werde ich heute Abend noch mal herkommen«, beschloss Hirschberg. »Aber können Sie uns vielleicht etwas über das Verhältnis der Fellmeiers zu Herrn Gerstl sagen?« Der Hauptkommissar hoffte, Leitner würde ein wenig aus dem Nähkästchen plaudern, und er wurde nicht enttäuscht.

»Gstritten ham's, seit Krindelsdorf gegründet worden is«, brach es sarkastisch aus dem Rentner heraus. »Der Fellmeier und der Gerstl waren gemeinsam in der Grundschule und schon da waren's keine Freunde«, erinnerte er sich. »Ganz schlimm is es gwordn, als der Horst die Beate gheirat hat.«

»Weswegen?«, hakte Hansen nach.

»I weiß ja net, ob Sie's schon ghört ham, aber die Großeltern von der Beate ham damals das Elternhaus von der oiden Gerstl kauft, weil der ihre Familie in Geldnot gwesen is. Des hat die Traudl nie verwunden, und sie wollt unbedingt des Haus wieder ham. Als dann die Lechner Martha, also die Tante von der Beate, immer blöder im Kopf gworden is, wenn i es einmal so formulieren darf, hat der Gerstl seinen Weizen blühn gsehn und hat ihr schön getan. In ihren Hintern is er ihr krochn, dass es ganz Krindelsdorf peinlich war, des muss i jetzt so brutal sagn. Meine Frau hat immer gsagt, des is die reinste Erbschleicherei.«

Hirschberg nickte nachdenklich. Leitners Worte bestätigten Kettlers Aussage.

»Die Fellmeiers haben inzwischen gegen Gerstl geklagt, haben wir gehört«, ließ Hirschberg Leitner wissen.

»Ja, aber so a Prozess zieht sie hin. Des werdn Sie bestimmt noch besser wissen wie i.« Leitner runzelte die Stirn. »Soweit i woas, sagn die Fellmeiers ganz zurecht, dass die oide Lechner nimmer klar war im Oberstübchen, nur leider is des vo keinem Arzt offiziell festgestellt wordn.«

»Sie klingen aber so, als wäre da etwas dran«, stellte Hansen fest. »Halten Sie es für möglich, dass Frau Lechner ihre Sinne tatsächlich nicht mehr beisammenhatte, Herr Leitner?«

»Wenn's mi fragn, Frau Kommissarin, hat die Lechner garantiert Alzheimer oder so was ghabt. Vor drei Jahren is sie im Nachthemd und barfuß mitten in der Nacht durch Krindelsdorf glaufen, weil angeblich der Geist vom Abt Ägidius Babys in der Krinn ertränkt hat. Sie hat des verhindern wolln. Als man sie quasi eingfangen hat, hat's immer wieder von dem Fluch angfangen, dass am Nikolaustag alle hundert Jahr einer vo den Nachkommen vom Abt sterbn muss. Und bald wär's wieder so weit. Sie ham bestimmt schon von der Legende ghört, oder?« Er verdrehte die Augen und tippte sich vielsagend mit dem Finger an die Stirn. »Die Wiesner redet ja seit Wochen vo nix anderem.«

»Haben wir, ja« bestätigte Hirschberg. »Aber sagen Sie, Herr Leitner, hat Frau Lechners Familie denn daraufhin nichts unternommen?« Man hätte die arme Frau doch vor sich selbst schützen müssen, dachte er traurig und hoffte, ihm und Susan würde ein solches Schicksal erspart bleiben.

»Schon, aber als drei Tage später der Arzt da war und sich mit ihr unterhalten hat, war sie völlig normal.« Leitner zuckte die Schultern, und Freddie bellte zustimmend. »Sie hat gwusst, welcher Wochentag war und wer Bundeskanzlerin is. Es hat dann gheißn, dass sie vielleicht einfach bloß schlafgwandelt is. Sie verstehen schon.«

»Das ist nicht ungewöhnlich.« Hansen blickte zwischen Hirschberg und Leitner hin und her. »Demenzkranke haben häufig sehr klare Momente, und dann wird es schwierig mit der Feststellung der Pflegestufe und Betreuungsanträgen.«

»Genau! Die Lechner hat dem Arzt nämlich sogar selber gsagt, dass des einfach a Traum war, und dass sie schon als Kind schlafgwandelt is. Der Gerstl hat's danach hoambracht, den hat's nämlich angrufen, weil sie mit ihrer Nichte und ihrem Mann nimmer fahrn wollt. Die wolltn's ja schließlich mehr oder wenig entmündigen lassen.«

»Da war es für Gerstl natürlich leicht, den Retter in der Not zu spielen.« Hirschberg schüttelte den Kopf. Er zweifelte kaum noch daran, dass der Bäcker und seine Mutter sich das Erbe erschlichen hatten.

»Und des alles nur aus dem Grund, weil er seiner Mama ihr Elternhaus zurückholn wollt. Der Gerstl hätt alles für seine Mutter getan«, behauptete Leitner. »Wenn Sie mi fragn, war des Verhältnis zu seiner Mutter schon krankhaft.«

»Das hat allem Anschein nach auch seine Ehe schwer belastet«, bemerkte Hansen.

»Und wie! Sie glaubn ja gar net, wie die Gerstls gstrittn ham wegen der Traudl! Aber i kann die Vroni schon verstehn! Wenn i jeden Tag den oiden Drachn dahoam hätt, würd i wahnsinnig werden! I hätt des net so lang mitgmacht! Aber dem Gerstl war des egal. Der is in sei Backstubn gangen und hat die Tür zugmacht.«

»Herr Leitner, Herr Fellmeier und Herr Gerstl hatten vor Kurzem bei Herrn Brandl eine handgreifliche Auseinandersetzung. Können Sie uns darüber auch etwas sagen? Ging es dabei um das Erbe von Frau Lechner?«, wollte Hirschberg wissen.

»Schon, aber i glaub, der Horst hat auch noch was

Abfälliges über die Vroni gsagt. Hat sie a Schlampn gnannt oder so was.« Leitner kratzte sich nachdenklich am Kinn. »Aber solche Beleidigungen warn bei den Zwei nix Ungewöhnliches. I glaub, wenn die sich net gestrittn hätten, dann wär die Krinn irgendwann austrocknet. Wenn Sie verstehen, was i mein.«

»Ich glaube schon«, lächelte Hansen. »Eine Frage noch, Herr Leitner: was halten Sie von Georg Kettler? Sie kennen ihn doch bestimmt.«

»Den armen Buam kennt jeder am Ort.« Leitner klang traurig. »Der hat des mit seinem Vater nie verwunden.«

»Könnten Sie sich denn vorstellen, dass Gerstl seinen Vater mit unlauteren Methoden aus dem Geschäft gedrängt hat? Dass an Kettlers Vorwürfen etwas dran ist?«, hakte Hirschberg nach.

»Zutraut hätt i es dem Gerstl«, gab Freddies Herrchen zu. »Aber der Seitlbach hat ihm ja a Alibi gebn. Dadurch war er schnell aus'm Schneider. Der Georg und seine Mutter waren aber net davon abzubringen, dass der Gerstl an allem schuld war. Wenn's mi fragen, is die Kettler dann an gebrochenem Herzn gstorbn. Des is jetzt drei Jahr her oder so. Der Georg hat sich dann ganz verbissen in sein Studium gstürzt. Des is seine Art, mit allem fertig zu werdn. Wenigstens hat er no seinen Großvater.«

»Wir haben vorhin mit ihm gesprochen, und er ist noch immer sehr zornig auf Herrn Gerstl«, meinte Hirschberg.

»I weiß. Und ganz schlimm is es letzten Sommer gworden, als der Gerstl seine Tochter und den Georg händchenhaltend an der Krinn erwischt hat.« Leitner zog vielsagend die Augenbrauen nach oben.

»Ach?« Hansen klang überrascht. »Daniela Gerstl und Georg Kettler sind ein Paar?«

»I nehm's an. Der Gerstl hat zwar alles getan, um des zu unterbinden, aber Sie kennen doch die jungen Leut.« Er grinste. »Aufn Kopf gfalln is weder die Daniela noch der Georg. Die werdn schon einen Weg gfundn ham, dass der Gerstl nix mitkriegt.«

»Romeo und Julia auf dem Dorfe.« Ein leises Pfeifen kam über Hirschbergs Lippen.

»Ist es Ihrer Meinung nach möglich, dass Georg Kettler etwas mit dem Mord an Gerstl zu tun hat?«, fragte Hansen den gesprächigen älteren Herrn unverblümt.

»Na! Des glaub i net«, wehrte der ab. »Der Georg is wütend, aber einen Mord, des macht der net.« Er schüttelte vehement den Kopf.

»Wie sieht's mit Gerstls Mitarbeitern aus? Gibt es da vielleicht jemanden, der ihn doch nicht so sehr gemocht hat?«, versuchte es Hirschberg.

»A wo! Des muss i dem Gerstl lassen, er war ein guter Chef, und er hat Leuten eine Chance gebn. Der Leon blüht auf, seit er bei ihm is. Und sogar die Zitzelsbrunner Evi hat er angstellt. Mei Frau sagt immer, die is in jeder Hinsicht schwer vermittelbar, wenn's verstehn.« Er grinste.

»Sie fährt zwei Mal wöchentlich Backwaren aus, nicht wahr?«, vergewisserte sich Hirschberg, während seine Mundwinkel zuckten. Auch Isobel hatte sich in Bezug auf Gerstls Angestellte ähnlich geäußert. Diese sei ein noch hoffnungsloserer Fall als Susans Cousine Mabel, lautete das vernichtende Urteil der englischen Lady.

»Ja, leider. Wie die ihren Führerschein kriegt hat, is mir schleierhaft«, schnaubte Leitner verächtlich. »Als sie dem Heimerl eine Schramme in seinen Wagn gfahren hat, war's ja noch lustig, aber jetzt lasst's ja kein Auto mehr aus! Wir müssen auch immer schaun, dass die

Mülltonne net im Weg is, wenn's mit dem Bäckerwagn bei uns in die Straße einbiegt!«

»Das ist natürlich ärgerlich«, nahm Hirschberg Anteil und gab sich Mühe, sein zuckendes Zwerchfell zu ignorieren.

»Ach, du lieber Gott!«, rief Leitner, als er in der Ferne die Kirchturmglocke hörte. »Jetzt müssen wir aber heim, bevor mei Frau eine Vermisstenmeldung bei Ihren Kollegen aufgibt! Wir backen heute nämlich noch die Lebkuchen. Mei Frau will wieder die ganze Verwandtschaft versorgen!«

»Vielen Dank, Herr Leitner. Lassen Sie sich von uns nicht länger aufhalten. Sie haben uns sehr geholfen«, verabschiedete sich Hirschberg.

»Und grüßen Sie Ihre Frau«, rief Hansen ihm hinterher, bevor sie sich an Hirschberg wandte.

»Wie wäre es denn, wenn ich mich mit Daniela Gerstl unterhalte? Ich könnte mir vorstellen, dass sie mit mir unter vier Augen offener spricht als mit uns beiden. Gerade wenn es um sie und Georg Kettler geht.«

»Keine schlechte Idee, Frau Kollegin. Dann könnte ich zu den Wiesners fahren und hören, was unsere Geisterflüsterin zu ihrem Streit mit Gerstl und der alten Legende zu sagen hat«, entgegnete er trocken.

»Vielleicht habe ich Glück, und ich treffe Sie anschließend mit gereinigter Aura wieder«, kicherte Hansen, als sie auf ihre Wagen zugingen.

7.

Kommissarin Hansen stieg vor dem Haus der Gerstls aus ihrem Wagen und drückte auf den Klingelknopf. Von Hirschberg hatte sie erfahren, dass Daniela Gerstl heute verständlicherweise nicht in die Schule gegangen war, also müsste sie die junge Frau zu Hause antreffen, dachte sie. Es dauerte zwar einige Augenblicke, bis sich Schritte der Tür näherten, aber sie wurde nicht enttäuscht. Gerstls Tochter war bleich, und sie blickte der Kommissarin aus tränenverquollenen Augen entgegen. Ihr blondes Haar war zu einem Dutt nach oben gebunden. Über ihrer Jeans trug sie einen dunkelblauen Pullover, der viel zu groß für sie war.

»Der gehört … hat Papa gehört«, flüsterte sie, nachdem sie Hansens Blick offenbar richtig gedeutet hatte. »Ich möchte ihn irgendwie bei mir haben.«

»Das kann ich gut verstehen.« Hansen konnte Danielas Trauer fühlen. Es widerstrebte ihr, der jungen Frau Fragen zu stellen, aber es blieb ihr nichts anderes übrig. Sie musste ihre Arbeit machen, sagte sie sich. »Es tut mir wirklich sehr, sehr leid für Sie.«

»Danke.« Gerstls Tochter schlang die Arme um sich, als ein Frösteln ihren Körper schüttelte. »Falls Sie zu meiner Mutter oder Oma wollen, haben Sie leider Pech. Die beiden sind nicht da«, erklärte sie Hansen. »Mama ist noch in der Bäckerei, und Oma ist ausnahmsweise bei sich zu Hause. Nehme ich zumindest an.« Sie zuckte die Schultern.

»Ich möchte ehrlich gesagt zu Ihnen, Frau Gerstl«, erwiderte Hansen, und Daniela blickte sie erstaunt an. »Ich weiß, es ist schwer für Sie, aber ich würde Ihnen gern noch ein paar Fragen stellen.«

»Ich habe meinem Vater nichts getan«, beteuerte sie leise. »Und ich wüsste auch nicht, wie …«

»Hauptkommissar Hirschberg und ich haben mit Herrn Kettler gesprochen, Frau Gerstl.« Die Kommissarin blickte ihr fest in die Augen.

»Kommen Sie rein«, seufzte die junge Frau und trat beiseite. Hansen folgte ihr ins Wohnzimmer, wo Daniela Gerstl sich auf einen Sessel fallen ließ und die Beine anzog, sodass sie ihr Kinn auf ihren Knien ruhen lassen konnte. Sie schien wenig erpicht darauf, diese Unterhaltung zu führen.

»Frau Gerstl, wie stehen Sie zu Herrn Kettler?«

»Was hat er Ihnen denn gesagt?«, antwortete die junge Frau mit einer Gegenfrage.

»Ich würde es gern von Ihnen hören. In meinem Job ist es wichtig, jede Seite anzuhören.«

»Georg hat Ihnen gar nichts erzählt, nicht wahr?« Sie warf der Kommissarin einen wissenden Blick zu. »Er würde Ihnen nie etwas erzählen. Seit der Sache mit seinem Vater hat er kein Vertrauen mehr in die Polizei. Es muss also jemand anderes gewesen sein.«

»Spielt das denn eine Rolle?«, erkundigte sich Hansen sanft.

»Für mich schon, denn auf irgendjemanden muss ich mich schließlich noch verlassen können, jetzt da Papa tot ist.« Die junge Frau schüttelte den Kopf. »In diesem Dorf wird so viel getratscht. Jeder weiß alles über jeden, aber wenn es dann einmal wirklich drauf ankommt, dann weiß niemand etwas. So war es bei Georgs Vater, und so wird es jetzt bei meinem Vater sein. Ich kann es gar nicht erwarten, eines Tages von hier wegzukommen. Auch wenn ich Mama nicht allein lassen will«, hauchte sie. Es war offensichtlich, dass sie mit ihren Gefühlen haderte.

»Sie glauben also, dass es sicher jemanden gibt, der gesehen hat, wer Ihren Vater getötet hat, aber nicht mit uns sprechen möchte?«, fuhr Hansen mit der Befragung fort, ohne auf Danielas vorherige Bemerkung einzugehen.

»Zumindest glaube ich, dass es Menschen gibt, die nicht gut auf Papa zu sprechen waren. Die einen Grund gehabt hätten, ihm etwas anzutun.« Sie schluckte. »Ich habe ihn geliebt, Frau Kommissarin, aber ich weiß auch, wie er sein konnte, wenn er etwas gegen jemanden hatte.«

»Georg Kettler war kein Freund Ihres Vaters«, half Hansen ihr auf die Sprünge.

»Georg hat Papa nicht getötet!«, brach es aus ihr heraus. »Das hätte er mir nicht angetan! Niemals! Wissen Sie, wie wir zusammengekommen sind?« Sie wartete erst gar nicht auf eine Antwort, die Hansen ihr ohnehin nicht hätte geben können. »Es ist jetzt über ein Jahr her, da habe ich mir unten an der Krinn den Fußknöchel so verstaucht, dass ich nicht mehr auftreten konnte. Georg kam zufällig vorbei und hat mich nach Hause getragen. Und das obwohl ich die Tochter des Mannes bin, dem er die Schuld am Tod seines Vaters gibt.« Sie blickte der Kommissarin in die Augen. »Er ist ein guter Mensch. Er würde nie jemanden töten.«

»Ihr Freund wäre also auch dann nicht auf Ihren Vater losgegangen, nachdem er versucht hat, Sie beide auseinanderzubringen?«, hakte Hansen nach.

»Georg war natürlich wütend, als Papa uns im Juli an der Krinn erwischt und mir verboten hat, mich weiter mit ihm zu treffen. Dass er der Sohn seines ehemaligen Konkurrenten und fünf Jahre älter ist als ich, war für

Papa unerträglich«, berichtete Daniela. »Und Georg hat nie aufgehört, Papa vorzuwerfen, dass er seinen Vater ruiniert und ihn in den Selbstmord getrieben hat.« Sie schwieg einen Moment. »Es war eine gute Woche vor meinem achtzehnten Geburtstag, als Papa Georg und mich überrascht hat. Er konnte da also noch Verbote aussprechen.« Ein trauriges Lachen kam über ihre Lippen.

»Auf der Zielgeraden haben Sie sich aber sicher nicht an sein Verbot gehalten«, spekulierte Hansen lächelnd.

»Nein. Außerdem war Papa wie ein Vulkan. Wenn er einmal ausgebrochen ist, war es schlimm, aber danach hat sich immer alles schnell wieder gelegt. Ich habe allerdings auch dafür gesorgt, dass er nie wieder etwas von Georg und mir mitbekommt. Es ist ja nicht so, dass wir gleich heiraten wollen.«

»Frau Gerstl, die Frage wird Ihnen jetzt nicht gefallen, aber können Sie sich vorstellen, dass Ihr Vater damals tatsächlich das Ungeziefer in Kettlers Backstube ausgesetzt hat? Dass die Anschuldigungen nicht so ganz aus der Luft gegriffen waren?«

»Papa hat das ganz bestimmt nicht getan«, widersprach Daniela entschieden. »Sie müssen verstehen, dass das nicht seine Art ist … war«, verbesserte sie sich und wischte sich die Augen. »Er hat sicher nicht alles richtig gemacht, aber er war nicht hinterhältig. Verstehen Sie? Er hätte niemandem das Messer in den Rücken gestoßen. Dafür war er zu ehrlich und zu geradeheraus. Aber …« Sie verstummte. Ein schuldbewusster Ausdruck schlich sich in ihre Züge, als ob sie zu viel gesagt hätte.

»Aber?« Hansen hatte nicht vor, sie vom Haken zu lassen, nachdem sie selbst die Tür aufgestoßen hatte.

»Das ist nicht so einfach, Frau Kommissarin. Ich …« Daniela klang gequält.

»Frau Gerstl, wenn Sie etwas wissen, dann müssen Sie es mir sagen.« Hansen klang sanft, aber bestimmt. Auch wenn es auf Nestbeschmutzung hinauslief, dachte sie.

»Ich weiß es zwar wirklich nicht, das müssen Sie mir glauben«, ergab die junge Gerstl sich nach einigem Herumdrucksen in ihr Schicksal, »aber wenn ich die Sache in Herrn Kettlers Bäckerei jemandem zutrauen würde, dann wäre das Oma.«

»Warum glauben Sie das?«

»Papa war das Zentrum ihrer Welt. Ihr Ein und Alles. Mein Großvater ist gestorben, als Papa gerade mal sechs Jahre alt war. Er hatte irgendein Herzleiden, soweit ich weiß. Oma redet kaum über ihn. Fragen weicht sie immer aus. Geliebt hat sie ihn bestimmt nicht, und nach seinem Tod gab es nur noch sie und Papa.« Daniela Gerstl wandte sich zum Fenster, als eine Krähe auf den Außensims flog und zu ihnen hineinblickte. Hansen bekam unwillkürlich eine Gänsehaut, als sie den bohrenden Blick des Vogels bemerkte, und sie zwang sich, sich auf Gerstls Tochter zu konzentrieren. Auch Daniela war das Unbehagen anzusehen, und sie räusperte sich. »Ich hatte immer das Gefühl, dass Mama und ich Oma irgendwie lästig sind. Vor allem Mama. Seit ich denken kann, streiten die beiden. Omas Meinung nach hat Mama noch nicht einmal Papas Hemden richtig gebügelt. Sie hat sie immer aus dem Schrank genommen und noch mal gebügelt.«

»Sie glauben also, dass Ihre Großmutter Ihrem Vater einen Gefallen tun wollte? Dass sie deswegen das Ungeziefer in Herrn Kettlers Backstube ausgesetzt hat?«

»Sie wollte, dass ihr Sohn es zu etwas bringt, dass er

so eine Art Semmel-Imperium aufbaut. So wie die Eltern der verstorbenen Frau Seitlbach.« Hansen nickte. Sie erinnerte sich, dass die verstorbene Frau des Landrats aus einem wohlhabenden Haus gekommen war. Ihre Eltern hatten mehrere Bäckereien im Landkreis betrieben. »Oma hat eine der Filialen geleitet, müssen Sie wissen. Sie fand es schrecklich, dass keines der Kinder, also weder Frau Seitlbach noch ihr Bruder, in die Fußstapfen der Eltern treten wollte. Da mein Vater aber schon von Kindesbeinen an wie ein Weltmeister gebacken hat, war es klar, dass er einmal Bäcker und Konditor wird. Sie hätte alles dafür getan, dass ihr Sohn mindestens genauso erfolgreich wird wie ihre ehemaligen Chefs.«

»Haben Sie jemals mit jemandem über Ihren Verdacht gesprochen?«, wollte Hansen wissen.

»Um Gottes willen, nein!« Die junge Frau schüttelte vehement den Kopf. »Papa hätte mir das nie verziehen. In seinen Augen war Oma unfehlbar. Er hat sie vergöttert, weil sie sich ihr Leben lang für ihn aufgeopfert hat. Ich habe Papa so geliebt, und das tue ich noch«, betonte sie, »aber sein inniges Verhältnis zu Oma werde ich nie verstehen. Sie stand immer zwischen ihm, Mama und mir. Er hat sich irgendwie nie richtig von ihr abgenabelt. Und er hätte auch alles für Oma getan.«

»Gehört dazu auch, sich das Erbe einer alten Frau zu erschleichen?« Hansen war beeindruckt, wie Daniela Gerstl trotz ihrer Trauer die Füße auf dem Boden behielt. Daher wagte sie sich auf gefährliches Terrain.

»Das hat man Ihnen also auch schon erzählt.« Die Schülerin stieß ein verächtliches Lachen aus und umfing mit den Armen ihre Beine. »Ich weiß nicht, wie genau die Sache abgelaufen ist, Frau Kommissarin. Mein Vater hat sich sehr um Frau Lechner gekümmert, die letzten Monate vor ihrem Tod, und dann hat sie ihn in ihrem

Testament recht großzügig bedacht. Aber weder Mama noch ich wollen die Häuser, auch wenn Papa vorhatte, eines davon für mich zu renovieren. Mir hat das Lechner-Haus noch nie gefallen. Und jetzt noch viel weniger. Es ging doch auch sowieso nur darum, Oma glücklich zu machen«, fügte sie leise hinzu. »Ich werde Mama vorschlagen, auf das Erbe zu verzichten. Wir wollen keinen Streit mit den Fellmeiers. Mama und Beate waren einmal sehr gut befreundet, müssen Sie wissen.«

»Ihrer Großmutter wird das nicht gefallen«, fürchtete Hansen.

»Bestimmt nicht, aber um sie geht es nicht. Jetzt nicht mehr.« Daniela klang fast triumphierend. »Jedes Mal, wenn ich etwas tue, was ihr nicht passt, sagt sie mir, ich sei wie meine Mutter. Meine Mutter habe sich auch nie richtig in die Familie eingliedern wollen. Aber jetzt kann sie nicht mehr zu Papa laufen und sich über uns beschweren, wenn ihr etwas nicht passt.«

»Das klingt nicht so, als wäre Ihre Großmutter eine einfache Frau.«

»Das ist ein sogenanntes Understatement, Frau Kommissarin.« Daniela verzog ihren Mund zu einem traurigen Grinsen.

»Frau Gerstl, haben Sie wirklich keine Ahnung, wer Ihrem Vater etwas hätte antun wollen?«

»Wie ich schon sagte, ich glaube es gibt einige, die etwas gegen Papa hatten, aber ich könnte wirklich auf niemanden mit dem Finger zeigen. Und Georg war es ganz bestimmt nicht. Auch nicht Mama. Die hätte eher Oma umgebracht.«

»Ich danke Ihnen sehr, dass Sie so offen mit mir gesprochen haben, Frau Gerstl.« Hansen stand auf. »Ich kann Ihnen nur nochmals sagen, wie leid mir das alles für Sie tut.«

»Finden Sie bitte einfach nur denjenigen, der das getan hat«, bat Daniela die Kommissarin, als sie sie nach draußen begleitete. »Dann hört meine Familie vielleicht auch endlich auf zu streiten«, fügte sie leise hinzu.

***

Das Domizil der Wiesners befand sich am Ortsausgang am Ufer der Krinn. Der Vorsitzende der ökologischen Partei und seine Frau hatten das Haus seiner Großeltern vor einigen Jahren von Grund auf saniert und renoviert, um sich dort niederzulassen. Den Charme von einst hatten die beiden erhalten, fand Hirschberg, als er vor dem Haus aus seinem Wagen stieg. Das efeubewachsene Walmdachhaus mit dunkelblauen Fensterläden und einem Eingangstor im selben Farbton schien einer anderen Zeit zu entstammen. Es hatte etwas Verwunschenes, fand Hirschberg. Würden die Wiesners an Halloween nicht nur selbst gebackene, trockene Öko-Kekse anbieten, würden sie sich vor kleinen Gespenstern und Monstern kaum retten können, schätzte der Hauptkommissar. Ein Beet, das im Frühjahr und Sommer mit seinen Wildblumen Anflugstelle für Bienen war, befand sich neben dem mit Naturstein gepflasterten Weg zur Haustür. Unter dem Dachrinnenablauf an der Hausecke stand eine Regentonne, und außerdem gab es einen altmodischen Pumpbrunnen. Der Klingelknopf wirkte fast wie eine revolutionäre moderne Errungenschaft, dachte Hirschberg, nachdem er ihn gedrückt hatte. Es dauerte nicht lange, bis sich Schritte der Haustür näherten.

»Herr Hauptkommissar!« Wiesner lächelte, als er ihm die Haustür öffnete. Das Gemeinderatsmitglied trug wie immer einen für seine schlaksige Figur viel zu weiten braunen Pullover, schwarze Cordhosen und dunkelgrüne Filzpantoffeln. Sein braunes, ungekämmtes Haar schrie nach professioneller Betreuung durch einen Friseur, und Bartstoppeln sprossen auf seinen Wangen. In seiner Hand hielt er einen giftgrünen, übel riechenden Drink. »Kommen Sie doch bitte herein. Ich nehme an, Sie sind wegen dem armen Herrn Gerstl hier«, schlussfolgerte der Gemeinderat mit düsterer Miene. »Schreckliche Sache. Indira war heute Morgen im Wald, und sie konnte seine unruhige und verwirrte Seele spüren.« Er schüttelte erschüttert den Kopf.

»Vielleicht gelingt es Ihrer Frau ja, ihn zu erlösen«, kam es mechanisch über Hirschbergs Lippen. Frau Wiesners Fähigkeiten mit Skepsis zu begegnen, wäre für seine Befragung sicherlich kontraproduktiv. Ein merkwürdiger Geruch lag in der Luft, und Hirschberg widerstand dem Drang, die Nase zu rümpfen. Er folgte Wiesner in die fast gänzlich in Grün gehaltene Küche. Die Wände waren in einem sanften Hellgrün gestrichen, die Hängeschränke im selben Farbton, und auf dem weißen runden Holztisch befand sich eine grüne Tischdecke. Ein Räucherstäbchen dampfte vor sich. Daher der gewöhnungsbedürftige Geruch, dachte Hirschberg.

»Ich hoffe es sehr, Herr Hauptkommissar. Indira geht davon aus, dass es ihm leichter fallen wird, die irdischen Gefilde hinter sich zu lassen, wenn Sie erst einmal seinen Mörder dingfest gemacht haben«, ließ Wiesner ihn wissen und deutete auf einen Küchenstuhl. »Nehmen Sie doch bitte Platz, Herr Hauptkommissar, und fühlen Sie sich ruhig wie zu Hause«, strahlte Wiesner. »Ihnen ist sicher aufgefallen, dass wir die Küche ganz im Zeichen und in der Farbe des Herzchakras gestaltet haben. Indira findet nämlich, dass die Küche das Herz und die Seele eines jeden Heims ist, daher schien uns die Farbe passend. Möchten Sie auch einen Smoothie? Es ist ein Rezept von Indira zur Stärkung des Immunsystems, jetzt in der kalten Jahreszeit. Und sie als aufrechter Gesetzeshüter brauchen Ihre Kräfte noch mehr als der Rest von uns. Sie sollten sich mit Indira auch einmal über die Stärkung Ihrer spirituellen Fähigkeiten unterhalten«, plauderte Wiesner enthusiastisch weiter. »Bei all den dunklen Kräften, mit denen Sie es tagtäglich zu tun haben, müssen Sie sich schützen.«

»Ich möchte Ihnen beiden keine Umstände machen«, versuchte Hirschberg, das Getränk und die spirituelle Heilung abzuwehren. Es gelang ihm, seine Stimme nicht allzu angewidert klingen zu lassen. Schon beim Anblick der zähen Flüssigkeit verschloss sich seine Kehle.

»Papperlapapp!«, lachte Wiesner und klopfte ihm im Vorbeigehen auf die Schulter. »Das ist gar kein Aufwand!« Er griff nach der Karaffe des Mixers und goss ihm ein großzügiges Glas ein. »Sie haben einen Mord aufzuklären, Herr Hauptkommissar. Je gestärkter Sie auf die Jagd gehen, desto besser!«

»Vielen Dank«, lächelte Hirschberg tapfer, als er nach dem Glas griff. Er unterdrückte seine Abscheu, hielt die Luft an und nahm einen kräftigen Schluck. Der Geschmack ließ ihn erschaudern, und er zog es vor, nichts über die Zutaten zu erfahren. Doch wenn er ehrliche Antworten von den Wiesners bekommen wollte, musste er sich ein wenig auf sie einlassen, wusste er.

»Das Räucherstäbchen riecht sehr interessant«, bemerkte er, als er sein Glas wieder auf den Tisch stellte.

»Oh, das ist Wacholder. Indira räuchert gerade noch den Rest des Hauses mit weißem Salbei. Und ein anschließendes Räuchern mit Wacholder ist unerlässlich. Er schützt nach der Reinigung nämlich vor negativen Energien.« Er nahm seinerseits einen kräftigen Schluck von seinem Drink. »Der Mord an Gerstl hat großes Unheil über Krindelsdorf gebracht, müssen Sie wissen, und der Ort wird derzeit von wirklich bösen Energien heimgesucht. Aber das kann Indira Ihnen viel besser erklären als ich. Ich gehe mal nach ihr sehen.«

Hirschberg sprang wie von Sinnen auf, kaum dass Wiesner die Küche verlassen hatte. Er goss den Inhalt seines Glases in den Ausguss der Spüle, ließ rasch Wasser nachlaufen und hechtete mit dem leeren Glas zurück auf seinen Stuhl. Ein weiterer Schluck, und er hätte sich auf den Boden der Herzchakra-Küche übergeben müssen.

»Entschuldigen Sie, Herr Hauptkommissar, dass ich Sie habe warten lassen.« Indira Wiesner rauschte in einem violetten Pulloverkleid behangen mit Heilsteinen wenige Minuten später in die Küche. Ihr brünettes Haar war zu einem Pferdeschwanz gebunden, und ihre Augen richteten sich auf das leere Glas. »Ah, wie ich sehe, haben Sie etwas für Ihr Wohlbefinden getan. Das ist sehr wichtig in dieser Zeit.« Ihre Züge verdunkelten sich. »Was geschehen ist, ist wirklich grauenvoll, aber ich habe es kommen sehen«, seufzte sie. »Gerstl war ein so uneinsichtiger Mann. Aber so war er schon sein ganzes Leben lang. Ich mache mir ernsthaft Sorgen um sein Karma. Ich bezweifle, dass er all die Lektionen gelernt hat, die das Universum für ihn in diesem Leben vorgesehen hatte. Das hat natürlich Konsequenzen für seine nächste Existenz.«

»Ach ja?« Hirschberg versuchte, neutral zu klingen.

»Allerdings.« Sie nickte nachdrücklich, als ihr Mann durch die Tür kam und sich zu ihnen gesellte. »Jetzt wird er alles im nächsten Leben nachholen müssen.«

»Gerstl war ein besonders schwieriger Fall, müssen Sie wissen, Herr Hauptkommissar. Aber du hast es zumindest versucht, Schatz«, tröstete sie ihr Mann.

»Trotzdem.« Indira Wiesner schüttelte den Kopf. »Ich hätte ihm gegenüber noch entschlossener auftreten müssen.«

»Frau Wiesner, der Grund, aus dem ich hier bin, ist, dass Sie vor einigen Tagen einen Streit mit Gerstl gehabt haben sollen«, räusperte sich Hirschberg. »Dafür gibt es Zeugen. Unter anderem Pfarrer Schmalzengruber, denn er war auch darin verwickelt, soweit ich weiß.«

»Dieser ignorante Kirchenmann.« Indira Wiesner stand kopfschüttelnd auf, um sich ein Glas Leitungswasser zu holen, bevor sie fortfuhr. »Schmalzengruber hat wirklich überhaupt nichts begriffen. Ich fürchte, er ist auch nicht mehr zu retten. Für sein Karma sehe ich schwarz.«

»Was genau hat Schmalzengruber denn nicht begriffen?«

»Das Gesetz der kosmischen Ordnung«, erklärte das Krindelsdorfer Medium ihm geduldig und nahm einen Schluck Wasser. »Sehen Sie, die Familie Gerstl steht seit Jahrhunderten unter einem fürchterlichen Fluch, weil Abt Ägidius, einer von Gerstls Vorfahren, einer jungen Frau Gewalt angetan hat. Das haben mich meine Geistführer vor einigen Monaten wissen lassen. Sobald ich noch mehr darüber in Erfahrung bringen kann, werden Sie es natürlich umgehend erfahren, Herr Hauptkommissar«, versprach sie Hirschberg. »Der dunkle Schatten des Todes muss Gerstl schon seit seiner Geburt begleitet haben. Als ich ihn das erste Mal gesehen habe, wusste ich, dass er nicht besonders alt werden würde. Damals wusste ich aber noch nicht, dass er Teil dieser alten Legende ist. Das habe ich, wie gesagt, erst kürzlich von den kosmischen Kräften erfahren.« Sie seufzte theatralisch. »Wenn er doch nur auf mich gehört hätte, wäre es dieses Mal vielleicht geglückt, den Fluch zu brechen.

Aber er wollte die Gefahr, in der er sich befunden hat, einfach nicht wahrhaben.«

»Verstehe«, hörte Hirschberg sich antworten. »Aber warum der Streit mit Gerstl, Frau Wiesner?«

»Nun ja, er hielt meine Warnung für Humbug. Hat mir unterstellt, ich würde den Verstand verlieren.« Sie zuckte die Schultern. »Nicht jeder ist so aufgeschlossen wie Sie«, fügte sie wohlwollend hinzu, und Hirschberg senkte rasch den Kopf. Sein Gesichtsausdruck hätte ihr vermutlich widersprochen.

»Dieser Fluch besagt, dass alle hundert Jahre ein männlicher Nachkomme von Abt Ägidius sterben muss, nicht wahr?«

»So ist es. Ich sehe, Sie haben Ihre Hausaufgaben gemacht, Herr Hauptkommissar. Und der auserwählte männliche Nachfahre muss immer am Nikolaustag einen gewaltsamen Tod sterben. Alfons Gerstl ist nicht der Erste in seiner Familie, den dieses Schicksal ereilt hat.« Die Geisterflüsterin blickte Hirschberg düster an. »Ich gehe davon aus, dass die Frau, die die Nachfahren des Abtes verflucht hat, tatsächlich große magische beziehungsweise spirituelle Fähigkeiten besessen hat. Womöglich war sie sich dessen aber gar nicht bewusst. Die meisten von uns haben nämlich keine Ahnung, was sie anrichten, wenn sie Flüche und Verwünschungen aussprechen. Jeder Mensch trägt schließlich übersinnliche Fähigkeiten in sich.«

»Und deswegen hatten Sie also Streit mit Herrn Gerstl?«, fragte Hirschberg, ohne auf ihre vorangegangene Bemerkung einzugehen.

»Ich habe versucht, mit ihm zu sprechen. Ihn zur Vernunft zu bringen«, nickte Indira Wiesner. »Schon seit Wochen kann ich die Gefahr fühlen, die bösen Energien, die Krindelsdorf heimsuchen. Es wird noch so einiges auf den Ort zukommen in nächster Zeit«, prophezeite sie, »und es war spürbar, dass sich der Fluch für Gerstl in diesem Jahr ein weiteres Mal erfüllen würde. Ich wollte ihn einfach nur warnen, Herr Hauptkommissar. Aber er wollte ja nicht hören.«

»Alfons hat sich immer schon für unbesiegbar gehalten«, schaltete Wiesner sich ein. »Deshalb hat es mich auch gar nicht gewundert, dass er Indiras Warnung in den Wind geschlagen hat und am Nikolaustag in den Wald gegangen ist, um sich einen Weihnachtsbaum zu schlagen. Mal abgesehen davon, dass es eine ökologisch verantwortungslose Praxis ist, war es in Gerstls Fall sein Todesurteil.«

»In diesem Wald ist im Lauf der Jahrhunderte schon so viel Blut vergossen worden, dass es dunkle Energien immer wieder dort hinzieht«, erklärte Indira Wiesner. »Dennoch hat Herr Gerstl behauptet, dass er sich auf der Lichtung im Wald immer so gut fühlt«, fiel ihr ein. »Er hat mir gesagt, er würde sich dort eins mit der Natur fühlen und den Alltag vergessen. Das lag bestimmt daran, dass sein Vorfahre … Oh.« Sie runzelte die Stirn.

»Stimmt etwas nicht, Frau Wiesner?«

»Psst.« Wiesner hielt sich den Zeigefinger an die Lippen und ließ seine Frau nicht aus den Augen.

»Die junge Frau, das Opfer von Abt Ägidius, sagt mir gerade, dass ihr Name Magdalena war«, antwortete Indira Wiesner nach einer kleinen Weile. »Aber sie ist schon wieder fort, fürchte ich.«

»Sie hieß also Magdalena«, wiederholte Hirschberg. Wieder einmal fragte er sich, ob er es mit einer Übergeschnappten zu tun hatte, oder ob er einfach nur ein engstirniger Skeptiker war.

»Ja, und sie hat meine Annahme bestätigt. Die Lichtung im Wald war Abt Ägidius' Lieblingsplatz, wenn Sie so wollen. Sie hat versucht, mir eine Erinnerung zu schicken, aber ich konnte sie nicht greifen. Ich werde nachher meditieren, um den Kontakt zu ihr wiederherzustellen«, versprach sie ihm. »Vermutlich hat Gerstl nicht zuletzt ungezügelte Lust dort auf der Lichtung gespürt. Das war sein Verhängnis«, fügte sie nachdenklich hinzu.

»Gerstl hat also nicht an den Fluch geglaubt?«, lenkte Hirschberg die Befragung zurück auf ihren Streit mit dem Bäcker.

»Überhaupt nicht. Er hielt ihn für eine Legende und ein Hirngespinst. Er meinte, dass ich verrückt sei, wenn ich glauben würde, dass ihm etwas zustoßen könne. Vielleicht wäre er offener gewesen, wenn er anders erzogen worden wäre, wenn er eine andere Mutter gehabt hätte.« Sie zuckte die Schultern.

»Wie meinen Sie das?«, interessierte sich Hirschberg.

»Die alte Gerstl ist mit Vorsicht zu genießen«, kam Wiesner seiner Frau zuvor. »Sie hat ihr Leben lang alles für ihren Sohn getan. Er war ihr Augenstern. Meine Mutter hat einmal zu mir gesagt, dass Traudl fast erleichtert gewesen sei, als ihr Mann gestorben ist, denn so konnte sie sich voll und ganz auf ihren Alfons konzentrieren.«

»Und natürlich hat sie ihrem Sohn eingetrichtert, dass er unbesiegbar sei, dass ihm niemand etwas anhaben könne. Der einzige Mensch, den sie ihrem Sohn ebenbürtig betrachtet, ist der Herr Landrat«, kam es stirnrunzelnd über Indiras Lippen. »Aber das wohl auch nur, weil sie sehr gut mit seiner Mutter befreundet war.«

»Gerstls Mutter und ihre Schwiegertochter kommen auch nicht besonders gut miteinander aus«, bemerkte Hirschberg.

»Das ist eine Untertreibung.« Indira leerte ihr Glas.

»Traudl ist sehr besitzergreifend.« Wiesner lehnte

sich zurück und schlug die Beine übereinander. »Wenn überhaupt hätte sie sich eine Schwiegertochter gewünscht, die ihren Sohn anbetet und sich gleichzeitig ihr unterordnet. Keine Frau auf der Welt würde das aber tun.«

»Verstehe.« Hirschberg blickte Verständnis heischend zwischen den beiden hin und her. »Es tut mir sehr leid, Sie das jetzt fragen zu müssen, Frau Wiesner, aber …«

»Sie möchten wissen, wo ich zum Zeitpunkt des Mordes war, nicht wahr?« Ein sanftes Lächeln umspielte ihren Mund. »Das ist doch kein Problem, Herr Hauptkommissar. Ich weiß schon, seit ich Sie das erste Mal gesehen habe, dass Sie nur Ihre kosmische Aufgabe erfüllen, und das machen Sie sehr gut. Im Laufe der Geschichte haben natürlich auch Sie viele Fehler gemacht, aber Ihre Aura strahlt. Das kann ich Ihnen versichern. Sie machen alles richtig.«

»Vielen Dank, Frau Wiesner. Und jetzt …«

»Schon gut. An dem Morgen, an dem Gerstl ermordet wurde, bin ich um halb sechs aufgestanden, um mit Jochen Yoga zu machen.« Ihr Mann nickte bekräftigend. »Um halb sieben kam unsere Nachbarin Frau Reihmann, Sie können sie jederzeit diesbezüglich befragen, auf ein Schwätzchen vorbei. Sie ist bis ungefähr zehn Uhr geblieben wie jeden Sonntag.«

»Frau Reihmann und wir sind Frühaufsteher, Herr Hauptkommissar. Auch am Wochenende«, lächelte Wiesner. »Da hat man etwas vom Tag, wenn Sie so wollen.«

»Dann danke ich Ihnen beiden.« Hirschberg erhob sich. Er beschloss, gleich noch nach nebenan zu gehen, allerdings war er sich sicher, dass Frau Reihmann das Alibi der Wiesners bestätigen würde.

»Wenn ich Ihnen noch irgendwie helfen kann, können Sie sich jederzeit an mich wenden«, versicherte ihm Indira Wiesner. »Vielleicht gelingt es Ihnen ja im Rahmen Ihrer Ermittlungen, den Fluch zu brechen.«

Ob er den angeblichen Fluch würde brechen können, wusste Hirschberg nicht, aber er würde alles tun, um Gerstls Mörder zu fassen.

8.

Susan blickte prüfend zum Himmel, als sie mit Julian auf dem Arm den Laden auf Feistls Biobauernhof verließ. Dornberg hatte sie telefonisch gebeten, Kräuterseitlinge und Kürbis zu besorgen. Isobel und er würden früh genug nach Hause kommen, sodass er ihnen ein köstliches Menü zaubern könne, wie er es ausgedrückt hatte. Bei der Aussicht auf Kürbisgnocchi mit Pilzen lief Susan das Wasser im Mund zusammen. Die Nachspeise wollten die beiden aus dem Restaurant mitbringen.

»Vielen Dank, Herr Feistl. Das ist sehr nett von Ihnen«, lächelte Susan, nachdem der Bauer ihre Einkäufe in den Kofferraum gepackt hatte. Seit Dornbergs Eröffnungsdinner, für das er die Waren geliefert hatte, überschlug er sich stets, wenn sie auf den Hof kam. Zumal sie letzten Oktober seiner Frau in einer lebensbedrohlichen Situation zu Hilfe gekommen war.

»Net der Rede wert, Frau Hirschberg! Immer wieder gern!«, wehrte Feistl lachend ab, und seine Schäferhündin Roxy bellte zustimmend. Sie war ihrem Herrchen wie immer auf dem Fuß gefolgt. Susan ging mit Julian rasch in die Hocke, sodass der Kleine die Hündin streicheln konnte. Er jauchzte vor Vergnügen, als Roxy liebevoll sein Händchen leckte.

»Sollen wir auch noch eben Kiki besuchen, Schatz?«, fragte sie Julian, und er gluckste fröhlich.

»Wenn des mal kein Ja war«, stellte Feistl grinsend fest. »Aber die Kiki freut sich a immer so, wenn sie Sie zwei sieht.« Kiki war Susans Lieblingshuhn, das ihr normalerweise immer schon entgegenlief, wenn sie sie sah. Bei eisigen Temperaturen hielten sich die Hühner aber drinnen auf.

»Dann dürfen wir eben in den Stall, Herr Feistl?«

»Sie brauchen doch gar net fragn, Frau Hirschberg! Für Sie und die Dornbergs sind unsere Stalltüren immer offen, wenn i es einmal so sagn darf! Sie und ihr Mann tun doch so viel für Krindelsdorf!« Seine Miene verdüsterte sich. »Das mit dem Alfons ist echt furchtbar. Und des auch noch kurz vor Weihnachten.«

»Allerdings«, stimmte Susan ihm zu. »Waren Sie mit Herrn Gerstl befreundet?«

»Des net. Wissen's, die oide Gerstl war sehr wählerisch, mit wem ihr Sohn sich hat abgeben dürfen und mit wem net.« Er klang ironisch. »Die hat sich aus irgendeinem Grund immer für was Besseres ghalten. Und des nur, weil ihr Urgroßvater einmal Bürgermeister hier am Ort gwesen is. Deswegen war des auch so schlimm für sie, als sie den oiden Gerstl gheiratet hat. Oder vielmehr hat heiraten müssen. Sie hat immer wieder gsagt, dass sie keine Gerstl is, sondern eine Bachinger. Des war ihr Mädchenname, und den hat's nur ungern ablegt, sag i Ihnen.«

»Das hört sich für mich aber nicht so an, als wäre sie sehr verliebt in ihren Mann gewesen«, stellte Susan fest, während sie an Feistls Seite in Richtung Hühnerstall ging. Sie hätte sich niemals vorstellen können, einen Mann zu heiraten, für den sie nichts empfand.

»Ah! Woher denn? Die war überhaupt net verliebt in den armen Hanswurscht. Man soll ja net schlecht über Tote redn, aber der Elmar is schon ein richtiger Depp gwesn!«, urteilte der Bauer abfällig. »Nach einem Starkbierfest sind die zwei bsoffen übereinander hergfallen, und der Alfons war das Ergebnis. Da ham dann heiraten müssen, wie i vorhin schon gmeint hab. Der Elmar hat zwar gar net wolln, und die Traudl noch viel weniger, aber ihre Familie hat drauf bstandn. Ein uneheliches Kind wär eine Schande gwesn. Angeblich hat der oide Bachinger den Elmar sogar mit seiner Schrotflinte durch den Wald gjagt. Der hätt nie zulassen, dass sein Enkelkind unehelich aufd Welt kommt«, bekräftigte er.

»Er hat seinen zukünftigen Schwiegersohn mit der Waffe bedroht?« Susan blieb stehen und starrte ihn ungläubig an. »Ist das auch so eine Legende wie die, dass alle hundert Jahre am Nikolaustag ein Nachfahre von Abt Ägidius sterben muss?«

»Na, des is tatsächlich so gwesen«, bestätigte Feistl mit Nachdruck. »Der oide Bachinger is sehr durchsetzungsfähig gwesen. Wenn er was wolln hat, dann is des auch so passiert. Und die Traudl hat immer gsagt, dass ihr Sohn ganz nach seinem Opa kommt. Die hätt den Alfons noch zur Blutreinigung gschickt, wenn's die Gene von seinem Vater so hätt loswerden können.« Seine Stimme triefte vor Sarkasmus, und Susan unterdrückte ein Kichern. So bissig kannte sie den sonst so umgänglichen Biobauern gar nicht.

»Ja, sie hing wohl sehr an ihrem Sohn«, entgegnete sie, nachdem sie sich geräuspert hatte.

»An Ödipus-Komplex hat der Alfons ghabt! Des sag *i* Ihnen!« Er deutete mit dem Zeigefinger auf sich selbst. »Und von der oiden Legende hat der nie was wissen wolln.«

»Verständlich. Heutzutage glaubt wohl auch kaum jemand noch an so etwas.«

»Leut wie die Wiesner schon«, erwiderte Feistl. »Und dem Cousin vom Gerstl, dem Rammelmeier Hubert, dem kommt die Legende a ganz recht.«

»Inwiefern?« Susan horchte auf, und auch Julian schien den Atem anzuhalten.

»Der Rammelmeier hat ein Busunternehmen in München. Und der bietet Ausflüge ins Umland an für Touristen. Seit die Seitlbach gstorbn is, hat er auch so Mysterytouren, wie er des nennt, im Programm. Sie ham doch bestimmt mitkriegt, dass der Ausflügler und Touristen immer wieder nach Krindelsdorf karrt und ihnen die Tatorte zeigt, wo jemand umbracht wordn is. Es passt ihm a net so recht, dass Ihre Tante und der Herr Dornberg jetzt ausgerechnet da ihr Haus bauen, wo's die Bettina damals erschlagn ham. Die werden da kaum irgendwelche Spinner auf ihrem Grundstück ham wolln, die nach Geistern jagn. Aber in den Wald kann er die Leit jetzt natürlich führn.«

»Dieser Mensch macht also Geld mit den Verbrechen, die hier am Ort geschehen sind.« Susan war angewidert. Sie wusste zwar, dass sich immer wieder Neugierige hierher verirrten, um die Tatorte zu besuchen. Gastwirt Brandl verdiente sich eine goldene Nase mit ihnen, doch Mysterytouren nach Krindelsdorf fand sie selbst doch reichlich geschmacklos.

»Ja, aber jetzt nimmer so viel.« Feistl grinste schadenfroh. »Es heißt, der Rammelmeier hat Geldsorgen. Deswegen hat er auch seinen Cousin um eine höhere Summe anghaut. Aber der Alfons hat seinen Cousin no nie mögn, und deswegen hat er ihm a nix gebn.«

»Lassen Sie mich raten: Die beiden hatten deshalb Streit«, schlussfolgerte Susan.

»Und was für einen!«, bestätigte Feistl mit einem nachdrücklichen Nicken. »I hab des aber bloß zufällig mitkriegt. Des muss letzten Mittwoch oder Donnerstag gwesn sein.« Er kratzte sich nachdenklich am Hinterkopf. »I war mit der Roxy spazieren, und da bin i am

Haus von der oiden Gerstl vorbeikommen. Dass ihr Sohn um die Zeit da war, des hat mi net gwundert, weil er oft bei ihr zum Mittagessen war, aber dass der Rammelmeier auch da gwesn is, des war schon komisch.«

»Warum?«, hakte Susan nach. »Er ist doch immerhin Frau Gerstls Neffe.«

»Ja, aber nur angheirat«, verriet der Bio-Bauer. »Er is der Sohn von der Schwester vom oiden Gerstl und dem Rammelmeier Gustl. Vom Sehen kennen's die zwei bestimmt«, schätzte Feistl. »Sie schaut aus wie eine Schleiereule mit ihren langen grauen Haaren, sagt meine Frau, und er geht am Stock und hat immer so – entschuldigen's bittschön – scheißbraune Hosen und rote Hosenträger an«, beschrieb er das Paar.

»Ich glaube, ich weiß, wen Sie meinen, Herr Feistl«, nickte Susan grinsend. »Ich sehe die beiden manchmal beim Einkaufen. Hätten die Rammelmeiers ihrem Sohn denn nicht finanziell unter die Arme greifen können?«

»A wo!« Er machte eine abfällige Handbewegung. »Die haben's zu nix bracht. Er hat des Gschäft von seinem Vater, der hat eine Schreinerei ghabt, an die Wand gfahrn, und sie is Verkäuferin gwesen. Die kommen grad so über die Runden. I glaub, die habn eher ghofft, dass ihnen ihr Sohn ab und zu was zuschustert, aber der hat eben selber kein Glück ghabt.« Er zuckte die Schultern. »Und die oide Gerstl schaut immer auf die bucklige Verwandtschaft runter, müssen's wissen.«

»Es war für Herrn Rammelmeier bestimmt nicht schön zu sehen, dass sein Cousin so erfolgreich ist.« Neid konnte durchaus zu schweren Konflikten und vielleicht auch zu Mord führen, wusste Susan durch die Arbeit ihres Mannes. Erst recht, wenn Traudl Gerstl gegenüber den Rammelmeiers tatsächlich so arrogant auftrat, wie Feistl es ihr beschrieb.

»Furchtbar war des für den Hubert und seine Eltern! Zumal die oide Gerstl ja immer so angibt mit ihrem Alfons! Die hat keine Gelegenheit ausglassen, der Verwandtschaft unter die Nase zu reibn, dass sie und ihr Sohn was Besseres sind. Die is a solches Gifthaferl, i sag's Ihnen! Die hat einmal bei uns einkaufen wolln. Da war die so ekelhaft, nix hat ihr passt, da hat meine Frau einen Besen gnommen und hat's ausm Laden gjagt.« Feistl lachte hämisch bei der Erinnerung, und Julian stimmte mit ein. »D'Frau hat ihr hinterher grufn, dass sie nimmer kommen braucht, weil's bei uns eine Flugverbotszone für Drachen gibt!«

»Gut zu wissen«, kicherte Susan, die sich nur allzu gut vorstellen konnte, wie Frau Feistl mit einem Besen bewaffnet unliebsame Gestalten von ihrem Hof jagte.

»Meine Frau is goldwert«, lobte Feistl seine bessere Hälfte. »I hab noch nie bereut, dass i sie gheirat hab. Und des können net viele Männer nach über vierzig Jahren Ehe sagn«, scherzte er.

»Ja, Sie haben großes Glück mit Ihrer Frau! Aber sie meinten, Herr Gerstl und sein Cousin hätten Streit gehabt«, erinnerte ihn Susan, die sich Informationen für Hirschberg und Hansen erhoffte.

»Ja, genau! I bin also am Haus von der Gerstl vorbeikommen, und das Küchenfenster, müssen's wissen, geht direkt zur Straße raus, und es war nur gekippt. Und da hab i ghört, wie der Rammelmeier und der Gerstl sich anbrülln. Der Alfons hat seinen Cousin einen Versager gnannt, dem er ganz sicher kein Geld gibt. Er wär der gleiche Depp wie sein Vater, hat der Alfons gmeint. Und die oide Gerstl hat bös glacht daraufhin. Des hätten's hören sollen!« Er schüttelte den Kopf. »A so ein böses Weibsbild! Aber gut! Der Rammelmeier hat den Gerstl daraufhin angschrien, dass er vor lauter Arroganz schon gar nimmer sieht, was um ihn herum passiert, und dass es mit Leut wie ihm immer ein schlimmes Ende nimmt.«

»Interessant.« Susan fragte sich rasch, ob Rammelmeier dieses schlimme Ende womöglich selbst herbeigeführt hatte.

»Und dann hat der Rammelmeier plötzlich von der oiden Legende gsprochen und gsagt, dass es mit etwas Glück sowieso nimmer lang dauert, bis der Alfons seine Strafe kriegt. Denn es sei ja bald Nikolaus. Des Jahr soll laut dem Fluch wieder ein Gerstl ins Gras beißen, hat er gsagt. Und er selber wird des sicher net sein.«

»Das klingt ja fast wie eine Drohung.« Susan starrte ihn an.

»Find i auch, wenn i jetzt so drüber nachdenk.« Feistl legte seine Stirn in grüblerische Falten.

»Wie hat Gerstl reagiert?«

»Ausglacht hat er ihn, und seine Mutter hat no lauter glacht. Wenn er echt an die Legende glaubn würd, dann wär er noch ein größeres Rindviech, als er immer dacht hätt, hat der Alfons zum Hubert gsagt. I bin dann ganz schnell weitergangen, weil i gmerkt hab, dass der Rammelmeier wie ein geprügelter Hund aus dem Haus raus wollt. I hab dacht, dass er ja net wissen muss, dass i alles ghört hab.«

»Das verstehe ich«, nickte Susan, als sie vor dem Hühnerstall angekommen waren.

»Aber wissen's, Frau Hirschberg, i könnt mir vorstellen, dass der Rammelmeier jetzt wieder ein besseres Gschäft macht. Immerhin is jetzt sei eigener Cousin umbracht wordn und noch dazu wegen einem alten Fluch.« Er zog vielsagend die Augenbrauen nach oben.

»Danke für Ihre Offenheit, Herr Feistl. Ich werde meinem Mann von Herrn Rammelmeier und seiner Auseinandersetzung mit Herrn Gerstl berichten«, entgegnete

Susan, als sie von fröhlichem Gackern begrüßt wurden, und Julian begeistert aufjauchzte.

***

Nach einem Abstecher zurück ins Büro, wo er und Kommissarin Hansen von LKA-Präsident Krämer bereits erwartet worden waren, stieg Hauptkommissar Hirschberg nun vor dem Haus der Fellmeiers aus seinem Wagen. Dieses Mal schien er Glück zu haben, denn er konnte Licht im unteren und oberen Stockwerk sehen. Er hoffte, dass eine Befragung des Ehepaars ihn weiterbringen würde, denn Krämer hatte durchblicken lassen, dass Landrat Seitlbach sehr an einer schnellen Aufklärung des Mordes an seinem Jugendfreund gelegen war. Dessen Familie, allen voran seine Mutter, sollte nicht länger als nötig leiden und in Ungewissheit leben müssen, hatte er dem LKA-Präsidenten bei ihrem gemeinsamen Mittagessen im *Vincobel's* erklärt. Gleichsam habe Seitlbach Krämer versichert, dass Hirschberg sein vollstes Vertrauen genieße. Einen fähigeren Ermittler als ihn könne man nicht einmal mit einer Lupe finden, habe der Landrat gescherzt. Dass im *Vincobel's* laut Krämer zudem seine Aufstiegschancen offen erörtert worden seien, verursachte Hirschberg Magendrücken. Die Eheleute Dornberg würden sicher keine Gelegenheit auslassen, seine Karriere voranzutreiben. Er seufzte. Bevor er auf die Klingel drückte, hielt der Hauptkommissar einen Moment inne. Krämer hatte schon vor einiger Zeit durchblicken lassen, dass er ihn für den einen oder anderen höheren Posten vorschlagen werde, sobald sich die Gelegenheit ergeben würde. Sein beruflicher Aufstieg schien gesichert. Hirschberg war innerlich im Zwiespalt, denn einerseits liebte er seine Arbeit und erst recht den Triumph, wenn er einen Mörder zur Strecke gebracht hatte. Doch andererseits wusste er auch, dass er sich früher oder später beruflich verändern musste. Ginge es nach Isobel, würde das schon vorgestern der Fall sein, dachte er genervt. Der ehrgeizige Realist in ihm, der mit dem passionierten Ermittler rang, nahm sich vor, sich darüber Gedanken zu machen, wohin die Reise für ihn in nächster Zeit gehen würde. Doch jetzt hatte er zunächst einen Mord aufzuklären, sagte er sich.

»Ja, bitte?« Eine schlanke Frau mittleren Alters öffnete ihm die Tür. Sie trug eine schwarze Hose mit beigem Oberteil und schwarze Pumps. Frau Fellmeier schien gerade erst nach Hause gekommen zu sein. Vermutlich konnte sie es nicht erwarten, ihren Feierabend zu genießen, doch darauf konnte Hirschberg keine Rücksicht nehmen. Ihre grünen Augen blickten ihn misstrauisch an.

»Frau Fellmeier, ich bin Hauptkommissar Hirschberg.« Er zückte seinen Dienstausweis, den sie im Schein des Dielenlichts nur geflissentlich betrachtete. »Es tut mir sehr leid, Sie und Ihren Mann jetzt noch stören zu müssen, aber ich muss dringend mit Ihnen sprechen.«

»Beate, wer ist denn da? Will sich wieder ein Nachbar beschweren, weil Lea zu laut Musik gehört hat, als wir noch in der Arbeit waren?«, hörte Hirschberg eine resignierte Männerstimme begleitet von Schritten, die sich der Tür näherten. »Wenn das jetzt wieder der Fall ist, hat sie Hausarrest, und wir …« Fellmeier hielt inne und blinzelte. Er runzelte die Stirn. Seine Miene verfinsterte sich, als er seine braunen Augen, die Hirschberg an die eines Bären erinnerten, auf den unverhofften Gast richtete. »Ich kenne Sie. Sie sind doch dieser Hauptkommissar, nicht wahr? Der Großneffe vom alten Hirschberg. Jedes Mal, wenn wir ihm beim Einkaufen oder Spazierengehen über den Weg gelaufen sind, hat er von Ihnen erzählt. Er war sehr stolz auf Sie. Es hat uns deshalb gar nicht gewundert, dass er Ihnen sein Haus vermacht hat.«

»Das hat sich damals sehr schnell hier herumgesprochen«, erinnerte sich Hirschberg lächelnd. »Aber wie ich eben schon sagte, tut es mir sehr leid, Sie um diese Uhrzeit stören zu müssen«, kam er zurück auf den Grund seines unangemeldeten Besuchs. »Ich nehme an, Sie sind gerade erst nach Hause gekommen, aber ich muss Ihnen dennoch ein paar Fragen stellen.«

»Lassen Sie mich raten: Es geht um diesen Erbschleicher Gerstl.« Fellmeiers Stimme klang eisig.

»Da liegen Sie richtig.« Der Hauptkommissar ließ sich von seiner feindseligen Haltung nicht aus der Ruhe bringen. »Ich weiß, dass Sie mit Herrn Gerstl im Clinch lagen und sicher nicht gut auf ihn zu sprechen sind. Deshalb werden Sie auch sicher verstehen, warum ich mit Ihnen beiden sprechen muss. Immerhin ist er ermordet worden.«

Bevor einer der Fellmeiers etwas sagen konnte, wollte sich die Tochter des Hauses an ihnen vorbei nach draußen drängen.

»Wo denkst du, gehst du hin, Lea?« Ihr Vater stellte sich ihr in den Weg.

»Ich wollte mich mit Linus auf dem Weihnachtsmarkt treffen. Habe ich euch doch gesagt.« Die Tochter verdrehte aufmüpfig die Augen. Wie ihre Mutter hatte sie dunkles Haar, nur trug sie es lang.

»Das kommt überhaupt nicht infrage!«, bestimmte Beate Fellmeier. »Du hast morgen Schule und übermorgen eine Lateinarbeit. Ich möchte wetten, dass du noch keinen Strich dafür gelernt hast. Ich bin heute im Büro übrigens von der Schule angerufen worden, weil du die dritte Stunde geschwänzt hast. Darüber sprechen wir anschließend. Ich habe morgen in der Mittagspause ein Gespräch mit deiner Lehrerin. Vermutlich muss ich mich auf einige Überraschungen gefasst machen.« Beate Fellmeier bedachte ihre Tochter mit einem vorwurfsvollen Blick. »Und jetzt lernst du vor dem Abendessen besser noch deine Vokabeln, denn ich frage dich nachher ab.«

»Oh Mann! Ihr seid solche Spießer!«, rief die Gescholtene aufgebracht. »Es gibt noch was anderes außer Schule!«

»In dein Zimmer, Lea. Jetzt.« Ihr Vater war unnachgiebig, und sein Tonfall zeigte Wirkung. »Und dein Handy bleibt hier. Du hast genug zu tun. Wenn du am Wochenende auf Linus' Geburtstagsfeier willst, dann arbeitest du jetzt besser.« Er nahm ihr das Smartphone ab, und seine Tochter stapfte maulend nach oben.

»Das steht Ihnen alles noch bevor«, seufzte Beate Fellmeier an Hirschberg gewandt. »Es gab eine Zeit, da war sie ein richtig süßes Kind. So wie Ihr Sohn.«

»Das bringt die Pubertät nun einmal mit sich«, entgegnete Hirschberg lächelnd. »Ich werde Sie auch nicht länger als nötig aufhalten«, versprach er. »Damit Sie schnellstmöglich mit Ihrer Tochter Latein lernen können.«

»Kommen Sie herein, Herr Hauptkommissar.« Beate Fellmeier trat beiseite, um ihn einzulassen. »Wir waren gerade noch einkaufen«, erklärte sie ihm, als sein Blick auf die prall gefüllten Papiertüten im Eingangsbereich fiel. »Wir sind noch nicht dazu gekommen, alles zu verstauen.« Die Fellmeiers führten Hirschberg in ihr Wohnzimmer und boten ihm an, auf der weißen Couch Platz zu nehmen. Auf dem Glastisch befand sich ein Adventskranz mit goldenen Kerzen.

»Also, was können wir für Sie tun, Herr Hauptkommissar?«, kam Fellmeier auf den Punkt, als er sich ihm gegenüber auf einen schwarzen Ledersessel fallen ließ. »Ich glaube kaum, dass wir Ihnen weiterhelfen können.«

»Nun ja, Sie hatten kein besonders gutes Verhältnis zu Herrn Gerstl, deshalb interessiert es mich natürlich, wo Sie beide gestern Morgen so zwischen sechs und sagen wir acht Uhr waren.« Hirschberg blickte zwischen dem Ehepaar hin und her. Beate Fellmeier schien die Frage unangenehm zu sein. Ob aus Schuld oder aus Unbehagen, als Verdächtige zu gelten, konnte er nicht beurteilen.

»Im Bett. Wir schlafen am Wochenende immer aus. War es das?« Fellmeier machte eine ausladende Handbewegung.

»Horst, sei nicht so unhöflich«, hielt seine Frau ihn an. »Der Herr Hauptkommissar kann für die Situation nichts. Er muss nur seine Arbeit machen. Uns war doch auch klar, dass man ihm früher oder später von unseren Problemen mit Alfons erzählen würde.«

»Schon gut«, Fellmeier atmete tief ein und aus. »Sie müssen verstehen, Herr Hauptkommissar, dass uns dieser Rechtsstreit sehr belastet.«

»Das kann ich natürlich nachvollziehen«, gestand Hirschberg den beiden zu. »Ihre Tante, Frau Fellmeier, hat Herrn Gerstl ihr Haus in Krindelsdorf und das in Steinhausen vermacht, soweit ich informiert bin. Stimmt das?«

»Alfons hat es sich erschlichen! Er hat es schamlos ausgenützt, dass Martha ihre Sinne nicht mehr beisammenhatte«, brach es aus ihrem Mann heraus, bevor die Angesprochene antworten konnte. »Mit Sicherheit haben er und seine Mutter ihr ihren letzten Willen diktiert! Martha wusste doch gar nicht mehr, was sie tat!«

»Tante Martha war fast neunzig Jahre alt, Herr Hauptkommissar, und sie war schwer dement.« Beate

Fellmeier setzte sich auf die Couch und verknotete ihre Finger in ihrem Schoß. »Sie war schon seit einigen Jahren immer wieder ein wenig verwirrt, aber richtig schlimm wurde es nach der OP. Sie hatte einen Oberschenkelhalsbruch«, fügte sie erklärend hinzu, und Hirschberg nickte. Es kam oft vor, dass ältere Menschen nach einer Vollnarkose geistig nicht mehr auf der Höhe waren. Erst recht, wenn sich ohnehin bereits Defizite manifestiert hatten. »Sie hatte Ausfälle, konnte sich an Namen ihr vertrauter Gesichter nicht mehr erinnern. Sie verstehen schon.«

»Eines Tages war ich für sie einkaufen«, schaltete ihr Mann sich ein. »Als ich die Sachen aufräumen wollte, habe ich gesehen, dass sie Bücher in den Kühlschrank gelegt hat. Manchmal hat sie auch dreckiges Geschirr in die Badewanne gestellt. Die Essensreste fingen dann an zu schimmeln.«

»Haben Sie denn keinen Arzt hinzugezogen?«, wollte Hirschberg wissen. »Man hätte doch einen Betreuer für sie bestellen können.«

»Das hatten wir vor.« Beate Fellmeier zuckte die Schultern. »Aber Tante Martha hat sich mit Händen und Füßen geweigert, einen Arztbesuch auch nur in Betracht zu ziehen. Eine Weile hat sie uns nicht einmal mehr ins Haus gelassen. Wenn sie etwas gebraucht hat, hat sie Alfons angerufen. Und der hat ihr natürlich gesagt, dass mit ihr alles in Ordnung sei.« Hirschberg hörte die Verbitterung in ihrer Stimme.

»Dabei lassen sich die ersten Anzeichen von Alzheimer oder Demenz medikamentös behandeln. Ich bin Internist und habe mich extra mit Experten beraten. Ich kenne einige Kollegen, die sich auf Alzheimer spezialisiert haben, sehr gut«, fügte Fellmeier hinzu. »Natürlich lässt sich der Krankheitsverlauf nicht stoppen, aber zumindest kann man ihn verzögern. Ich hätte für Martha sogar einen Termin bei Professor Gruber bekommen. Er ist eine Koryphäe auf dem Gebiet, aber wie meine Frau schon sagt, ihre Tante hat sich auf ganzer Linie geweigert. Ihr fehle schließlich nichts.«

»Dann ist sie niemals begutachtet worden?«, hakte Hirschberg nach, und er erinnerte sich an Leitners Bericht.

»Doch, einmal. Nachdem sie im Nachthemd durch den Ort gelaufen ist. Und ausgerechnet an dem Tag, als der Arzt mit ihr gesprochen hat, war sie so klar wie seit Jahren nicht mehr. Sie hat ihm gegenüber behauptet, sie sei einfach nur schlafgewandelt. Das liege schließlich in der Familie.« Beate Fellmeier schüttelte den Kopf. »Es ist grauenvoll, wenn man sich über klare Momente einer demenzkranken Angehörigen nicht einmal freuen kann, weil man weiß, dass sie nur trügerisch sind und noch dazu schlimme Folgen haben.«

»Der Arzt konnte nichts feststellen.« Ihr Mann beugte sich nach vorne. »Und Alfons und seine Mutter haben sich ins Fäustchen gelacht.«

»Es ging um das Elternhaus von Traudl Gerstl, nicht wahr?«

»Genau«, bestätigte Beate Fellmeier. »Meine Großeltern haben es vor Jahrzehnten gekauft, als die Bachingers, also Alfons Großeltern, in finanzielle Schwierigkeiten geraten waren. Das hat seine Mutter nie verwunden. Das Haus zu verlieren, war für sie eine Schande, und natürlich haben sich die Leute das Maul über die Bachingers zerrissen. Traudl wollte es unbedingt zurückhaben, und ihr Sohn hätte alles getan, um Mutti glücklich zu machen.« Ein humorloses Lachen entfuhr ihrer Kehle.

»Und jetzt ist es im Nachhinein erst recht schwierig, wenn nicht sogar unmöglich, zu beweisen, dass die Tante meiner Frau geistig umnachtet war, als sie Gerstl die Häuser vermacht hat. An manchen Tagen hätte ich diesen Menschen echt umbringen können«, presste er zornig hervor, und er hielt sich erschrocken die Hand vor den Mund, als seine Frau erbleichte. »Ich meine, ich habe das in der Wut gedacht, aber ich hätte das natürlich nie getan«, beteuerte er sogleich.

»Das mag sein, Herr Fellmeier, aber Ihr Rechtsstreit mit Gerstl und Ihr Zorn auf ihn könnte man Ihnen als Motiv auslegen«, machte Hirschberg ihm klar.

»Wir waren gestern Morgen zu Hause, Herr Hauptkommissar!«, rief die besorgte Ehefrau. »Es war Sonntag, und wir konnten ausschlafen. Wir sind erst gegen zehn Uhr aufgestanden.« Sie sah ihren Mann an, und dieser nickte.

»Wir hatten zwar unsere Probleme mit Alfons, aber wir haben nichts mit seinem Mord zu tun. Ich bin Arzt. Ich rette Leben und nehme keins. Egal, wie wütend ich auch auf jemanden sein mag.« Fellmeier blickte ihn aufrichtig an.

»Ich möchte Ihnen beiden wirklich gern glauben, aber wenn ein Ehepaar sich gegenseitig ein Alibi gibt, dann ist das immer ein Dilemma für einen Ermittler.« Hirschberg war sich unschlüssig, ob die beiden die Wahrheit sagten. Immerhin war Fellmeier Arzt. Er hätte sicher gewusst, wie er die Axt schwingen musste, um eine todsichere Sache daraus zu machen, dachte er.

»Es hätte uns doch gar nichts genutzt, ihn umzubringen«, meinte Beate Fellmeier. »Jetzt erbt seine Familie. Und wir müssen mit ihnen weiterstreiten.« Sie blickte ihm in die Augen. »Glauben Sie mir, wenn ich jemanden umgebracht hätte, dann nicht ihn, sondern seine Mutter«, platzte es aus ihr heraus.

»Beate!« Ihr Mann klang gequält.

»Ist doch wahr, Horst! Sie hat ihn doch angestachelt! Von allein wäre Alfons, so hinterhältig er auch war, doch gar nicht auf die Idee gekommen, Tante Martha so einzuwickeln und über den Tisch zu ziehen. Das hat dieses böse Weibsbild ihm doch eingeredet! Diese Frau ist die Pest, Herr Hauptkommissar! Sie macht alles kaputt, wenn sie etwas haben will. Auch meine Freundschaft mit Vroni.«

»Sie sind mit Frau Gerstl befreundet?«, hakte Hirschberg nach.

»Ich *war* mit ihr befreundet«, stellte Frau Fellmeier richtig. »Das Schwiegermonster hat so lange gehetzt, bis wir uns in die Wolle bekommen haben. Vroni meinte zu mir, sie müsse schließlich mit Traudl leben. Da meine Familie ihrer Schwiegermutter das Elternhaus genommen habe, könne sie nicht mehr mit mir befreundet sein. Das war vor fünfzehn Jahren.« Sie schwieg einen Moment, bevor sie fortfuhr. »Eigentlich wundert es mich, dass noch niemand die alte Gerstl vor den Bus geschubst hat.«

»Solche Äußerungen entlasten Sie nicht wirklich, Frau Fellmeier«, bemerkte Hirschberg. »Und ich weiß auch, dass Sie, Herr Fellmeier, vor Kurzem eine handgreifliche Auseinandersetzung mit Herr Gerstl gehabt haben.«

»Ich bitte Sie, Herr Hauptkommissar!«, rief Fellmeier. »Alfons und ich hatten einen kleinen Streit. Er hat damit geprahlt, dass er Tante Marthas Haus hier in Krindelsdorf für seine Tochter renovieren lassen möchte. Er war sich sicher, dass der Rechtsstreit zu seinen Gunsten ausgehen würde. Da sind mit mir einmal die Pferde durchgegangen, und ich habe ihn weggeschubst, als er sich mir in den Weg gestellt hat. Aber das war alles. Ich bin dann sofort nach Hause gegangen«, beteuerte der Internist.

»Na schön. Und Sie beide bleiben bei Ihrer Aussage, dass Sie zum Zeitpunkt des Mordes an Herrn Gerstl hier zu Hause gewesen sind?«

»Wir waren nicht einmal in der Nähe des Waldes«, wiederholte Fellmeier. »Motiv hin oder her: Wir waren es nicht, Herr Hauptkommissar.«

»Also gut. Das wäre dann vorerst alles.« Hirschberg stand auf. »Ich danke Ihnen, dass Sie sich die Zeit genommen haben, mit mir zu sprechen. Ich muss Sie aber bitten, sich zu meiner Verfügung zu halten, falls sich noch Fragen ergeben sollten.«

»Sicher. Ich bringe Sie noch zur Tür.« Auch Fellmeier erhob sich, und brachte ihn nach draußen, während seine Frau nach oben ging, wohl um ein paar Takte Latein mit ihrer Tochter zu reden.

Hirschberg konnte den Zorn des Ehepaars zwar verstehen, doch wenn sie tatsächlich etwas mit dem Mord an Gerstl zu tun hatten, würde er das herausfinden und die beiden zur Verantwortung ziehen.

9.

Hirschberg schloss die Haustür auf, und Picasso schoss sogleich aus der Küche auf ihn zu. Er war erleichtert, dass der Mops sich seit Kurzem nicht mehr in seine Hosenbeine verbiss. Offenbar hatte Dr. Moser in seiner Eigenschaft als Hundeflüsterer doch etwas bewirkt, gestand Hirschberg ihm zu. Für seinen horrenden Stundensatz konnte er sich aber ruhig auch ins Zeug legen, dachte er, während er sich seine Schuhe von den Füßen streifte. Picasso ließ ihn dabei nicht aus den Augen und spitzte die Ohren, als Gelächter von draußen an sein Ohr drang. Allabendlich zog es die Krindelsdorfer trotz des schrecklichen Verbrechens auf den Christkindlmarkt.

Picasso war für das bevorstehende Familiendinner von Isobel der Jahreszeit angemessen herausgeputzt worden. Er trug knallrote Hundesöckchen und einen dazu passenden Anzug mit Rudolf dem Rentier auf dem Rücken. Seine neue Mutter ließ sich so einiges einfallen, dachte Hirschberg amüsiert, als er in seine Hausschuhe schlüpfte und mit dem Mops in die Küche ging. Dornberg stand mit erhitzten Wangen am Herd und strahlte, als er ihn sah. Die Aromen ließen Hirschberg das Wasser im Mund zusammenlaufen, und sein Magen begann zu knurren.

»Alex! Wie schön, dass du schon zu Hause bist!«, freute sich Dornberg. Er hob den Deckel eines Topfes an und schnupperte. »Du hattest sicher einen anstrengenden Tag und musst ganz ausgehungert sein! Es gibt Kürbisgnocchi mit Kräuterseitlingen, und ich habe Minestrone und Fischsuppe für die Vorspeise aus dem *Vincobel's* mitgebracht. Herr Krämer und Günther waren übrigens hin und weg von der Fischsuppe.« Er zwinkerte ihm zu. »Und ich kann dir sagen, dein Arbeitsenthusiasmus erfährt in den höchsten Kreisen Würdigung.«

»Ja, Herr Krämer hat so etwas erwähnt, als ich vorhin mit ihm gesprochen habe.« Hirschberg goss sich ein Glas Rotwein ein.

»Vom ersten Moment an, als ich dich kennengelernt habe, wusste ich, dass dein seliger Großonkel nicht übertrieben hat«, behauptete der Pornotycoon mit erhobenem Zeigefinger. »Mir war sofort klar, dass du es enorm weit bringen würdest! Und du weißt ja, wie sehr ich Pflichtgefühl und beruflichen Enthusiasmus schätze. Zuverlässigkeit ist eine Eigenschaft, die ich von allen meinen Mitarbeitern erwarte. Du möchtest gar nicht glauben, wie viele Darsteller ich schon feuern musste, weil sie gedacht haben, es ginge in meinen Filmen nur um Sex.«

»Du drehst Pornos, Vincent«, warf Hirschberg ein und nahm einen ordentlichen Schluck Barolo. »Da geht es in aller Regel um Sex.«

»Ja, aber doch nicht nur, Alex«, widersprach er ihm. »Ich lege großen Wert auf eine anspruchsvolle Rahmenhandlung und vor allem darauf, dass meine Darsteller ausgeruht und unverkatert am Set erscheinen. Disziplin ist das höchste Gut, wenn es um geschäftlichen Erfolg geht! Aber da du so ein brillanter Ermittler bist, müssen Isobel und ich uns um dich keine Sorgen machen.« Er klopfte ihm anerkennend auf die Schulter. »Unsere Nichte könnte keinen besseren Ehemann haben!«

»Hallo, Schatz!« Susan kam mit Julian auf dem Arm

in die Küche, und der Kleine streckte sogleich die Arme nach seinem Vater aus. »Wie war dein Tag?«

»Anstrengend, und es ist noch kein Ende abzusehen«, murmelte er in ihr Ohr, als er sich nach unten beugte, um ihr einen Kuss zu geben. »Die Zahl der Verdächtigen steigt, aber hauptsächlich für den Mord an Traudl Gerstl«, kam es ironisch über seine Lippen.

»Was? Ist die jetzt etwa auch ermordet worden?!« Isobel erschien im Türrahmen. Sie trug ein rotes Etuikleid und bot wie immer einen spektakulären Anblick. In der Hand hielt sie ihr Smartphone.

»Nein, aber allem Anschein nach hat ganz Krindelsdorf und der halbe Landkreis etwas gegen sie«, stellte Hirschberg richtig. »Selbst ihre Enkeltochter wundert sich laut Hansen, dass noch niemand versucht hat, ihre Großmutter aus dem Weg zu räumen.«

»Sie muss tatsächlich ein wenig schwierig sein«, bemerkte Dornberg. »Günther kommt zwar sehr gut mit ihr aus, aber uns gegenüber spricht er ja ganz offen. Gerstls Mutter möchte man nicht zur Feindin haben, meint er.«

»Selbst er hat einen gewissen Respekt vor ihr«, stimmte Isobel ihrem Mann zu. »Günthers Vorteil aber ist, dass er in ihren Augen höchstes Ansehen genießt, und wie sollte das auch anders sein? Er ist gebildet und hat einen erfreulichen politischen Ehrgeiz«, lobte sie ihren Freund. »Ihr dürft mir glauben, dass ich in meinem Leben viele hochrangige Persönlichkeiten kennengelernt habe, die nicht einmal ansatzweise über Günthers Format verfügt haben. Er wird es eines Tages ganz sicher nach Berlin schaffen. Erst recht mit Nicole an seiner Seite.«

»Da ist wohl wahr, Liebes«, betonte Dornberg mit einem verklärten Lächeln. »Ein Mensch ist erst dann richtig erfolgreich, wenn seine Seelenverwandte oder sein Seelenverwandter mit dem gleichen Ehrgeiz gesegnet ist und voll und ganz hinter ihm steht. Ich wünschte, jedem wäre so viel Glück beschieden wie mir.« Er griff nach Isobels Hand und küsste sie.

»Oh, Vincent, ich bin jeden Tag dankbar, dass ich dir begegnet bin«, säuselte seine Frau, bevor sie sich wieder an Hirschberg wandte. »Aber um auf diese Gerstl zurückzukommen: Laut Günther muss sie schon immer überzeugt davon gewesen sein, dass er es zu etwas bringen würde. Deshalb lag ihr auch sehr viel an seiner Freundschaft mit ihrem Sohn.«

»Die meisten seiner anderen Freunde muss sie aber vergrault haben«, warf Susan ein. »Herr Feistl hat mir gegenüber etwas in der Richtung erwähnt. Und seine Frau hat Frau Gerstl einmal sogar vom Hof gejagt.« Sie kicherte.

»Wenn Frau Feistl das getan hat, dann hatte sie ganz sicher gute Gründe dafür«, mutmaßte Dornberg mit gerunzelter Stirn. »Sie und ihr Mann sind ausgesprochen bodenständig und integer. Sie sind hervorragende Geschäftspartner«, hob er die Qualitäten der Feistls hervor. »Und auch Günther betrachtet diese Gerstl keineswegs durch eine rosarote Brille.«

»Allerdings, Darling. Und auf Günthers Menschenkenntnis ist Verlass! Er ist immerhin Politiker!«

»Das allein macht ihn also zum Menschenkenner, Isobel?« Hirschberg musterte sie amüsiert.

»Aber selbstverständlich, Alex!«, rief sie. »Als Politiker muss man ein Gespür für Menschen haben. Zumindest wenn man seine Position halten will. Bei jeder Wahl wird schließlich auch eine Entscheidung für den Menschen hinter der Politik getroffen. Deshalb ist es Nicole auch so wichtig, dass Günther immer gut ausstaffiert ist.

Natürlich zählen die inneren Werte und vor allem die politischen Inhalte, aber wie wichtig der äußere Eindruck ist, kann nicht oft genug betont werden! Denkt doch nur daran, wie wichtig uns eure Garderobe auf unserer Hochzeit war.«

»Wir legen auch größten Wert auf die gepflegte Erscheinung unserer Belegschaft im *Vincobel's*«, stützte Dornberg die Ausführungen seiner Frau. »Selbst die Mitarbeiter unserer Security haben wie aus dem Ei gepellt zu sein! Ihr müsst uns unbedingt versprechen, dass ihr unsere Unternehmensphilosophie eines – hoffentlich noch ganz fernen – Tages beibehalten werdet!«

»Vincent, Alex und ich haben beide einen Job, den wir lieben und …«

»Susan, wie ich dir immer wieder sage: Familie und das Familiengeschäft gehen vor! Solange es uns gut geht – und glaube mir, das wird noch eine ganze Weile so sein! –, könnt ihr tun und lassen, was ihr wollt, aber eines Tages werdet ihr erwachsen werden müssen. Das Leben ist schließlich keine Spielwiese.« Isobels Stimme triefte vor Vernunft, und Hirschberg hatte Mühe, die Augen nicht zu verdrehen.

»Liebes, wir sollten die Unterhaltung zu einem späteren Zeitpunkt führen, wenn es aktueller wird. Jetzt ist es erst einmal wichtig, dass Alex' Arbeit im LKA entsprechend gewürdigt wird.« Dornberg klopfte Hirschberg ein weiteres Mal anerkennend auf die Schulter. »Aber keine Sorge, Alex! Die Weichen sind gestellt! Auf unsere Unterstützung kannst du voll und ganz zählen!« Bevor der Angesprochene etwas hätte erwidern können, wandte sich der Pornomanager an seine Frau. »Liebes, hast du eigentlich Lorenzo erreicht? Er soll wissen, dass unsere Tür hier für ihn offensteht, falls ihm bei Schmalzengruber die Decke auf den Kopf fällt und ihm am Ende der Messwein wieder hochkommt.«

»Aber er kann nicht auch noch hier wohnen«, entfuhr es Hirschberg mit einem Anflug von Panik. Einmal abgesehen von ihrer ohnehin schon stark beeinträchtigten Privatsphäre durch ein dauerturtelndes Luxuspaar und einen erziehungsbedürftigen Mops, würde das gravierende diplomatische Spannungen zwischen dem Pfarrhaus und den Hirschbergs nach sich ziehen.

»Wo denkst du denn hin?« Isobel schüttelte den Kopf und nahm von Dornberg einen Aperitif entgegen. »Die beengten Räumlichkeiten hier sind Lorenzo weiß Gott nicht zuzumuten. Und das Gästezimmer belegen schließlich schon wir. Aber falls er eine Auszeit braucht und etwas qualitativ Höherwertiges als nur Nullachtfünfzehn-Messwein trinken und etwas Exquisiteres als Frau Hackelgrubers Hausmannskost essen möchte, dann kann er jederzeit zu uns kommen, habe ich ihm versichert.«

»Es darf unter gar keinen Umständen herauskommen, dass ihr euch kennt!«, rief Susan. Julian hob seinen Kopf von der Schulter seines Vaters und blickte seine Mutter mit großen Augen an. »Schmalzengruber würde einen Aufstand machen! Erst recht, wenn er von Lorenzos heimlicher Familie erfährt! Das wäre viel schlimmer als der Ausbruch des Vesuvs!«, prophezeite sie. »Krindelsdorf würde das noch schlechter verkraften als Pompeji.«

»Deshalb werden wir auch sehr diskret sein«, versicherte ihr Dornberg. »Dass er sich mit Rosina treffen möchte, weil sie ebenfalls Historikerin ist, ist eine wunderbare Gelegenheit, sich mit ihm in der Öffentlichkeit zu zeigen. Das erweckt den Anschein der Harmlosigkeit.«

»Ist sein Doppelleben denn wirklich nie ans Licht gekommen?«, erkundigte sich Hirschberg, als er Julian in seinen Kinderhochstuhl setzte und ihm das Lätzchen umband. »Alex, für einen so hervorragenden Ermittler bei der Mordkommission bist du manchmal wirklich herrlich naiv«, seufzte Isobel theatralisch. »Was glaubst du denn, wie viele katholische Geistliche irgendwo Frau und Kinder haben? Sie dürfen es nur nicht öffentlich zugeben. Lorenzos Entscheidung für eine Laufbahn im Vatikan war durchaus rational.« Sie zuckte die Schultern. »Seiner Familie fehlte es an Geld, aber es wäre eine Schande gewesen, wenn dieser brillante Geist sich nicht hätte bilden können! Nicht wahr, Darling?«

»Absolut!«, pflichtete ihr Mann ihr bei. »Er ist unglaublich intellektuell und belesen. Sehr am Tagesgeschehen interessiert. Er meinte zu mir, dass man sich an das katholische Brimborium durchaus gewöhnen könne. Und außerdem habe er sich stets seiner Mutter und Nonna verpflichtet gefühlt. Ein Mann, der seine Mutter und Großmutter ehrt und überdies sein Wort hält, ist ein Ehrenmann, der meinen höchsten Respekt genießt! Allerdings überlegt Lorenzo mittlerweile doch ernsthaft, auszuscheren«, ließ Dornberg sie wissen. »Und ich bin mir sicher, Mutter und Nonna würden ihm verzeihen.«

»Er will die katholische Kirche verlassen? Obwohl er es zum Monsignore gebracht hat?« Susan klang ungläubig.

»Nun ja, seine Bücher verkaufen sich hervorragend. Er ruht mittlerweile auf einem mehr als nur bequemen finanziellen Pölsterchen. Lorenzo könnte sich mit seiner Familie ein fantastisches Leben aufbauen.« Ein verträumtes Lächeln umspielte Isobels Mund. »Dann hätte dieses Versteckspiel – so romantisch es auch sein mag – endlich ein Ende!«

»Hat er denn schon viele geschichtliche Werke verfasst?«, wollte Hirschberg wissen. »Und kann man sich damit wirklich eine goldene Nase verdienen?«

»Natürlich hat er einige herausragende historische Fachbücher veröffentlicht, nicht zuletzt über den Bruch Heinrichs VIII. mit der katholischen Kirche. Damals musste er eine Weile in England recherchieren, und Cynthia und er hatten eine wunderschöne Zeit«, schwärmte sie. »Der Reiz des Verbotenen ist nicht zu unterschätzen! Nicht wahr, Darling?« Sie strich Dornberg über die Wange.

»Du hast ja so recht, Liebes. Ich denke so gern daran, wie wir …«

»Schon gut«, rief Susan. »Wir können es uns vorstellen. Lorenzo macht also ein Vermögen mit seinen Geschichtsbüchern und …«

»Nicht doch, Darling«, fiel ihre Tante ihr ins Wort. »Ich spreche doch von seiner erotischen Literatur.«

»Was?«, fragten Susan und Hirschberg wie aus einem Mund.

»Warum seid ihr so überrascht? Schon Hildegard von Bingen hat sich ausführlich mit dem weiblichen Orgasmus auseinandergesetzt, und der Papst hat damals auch nicht gleich einen Herzinfarkt bekommen, hat Lorenzo mir einmal erzählt«, berichtete Isobel sachlich. »Und wenn ich bedenke, dass es tatsächlich einen speziell gefertigten Stuhl zur Überprüfung gab, ob die päpstlichen Kronjuwelen vorhanden sind, finde ich Lorenzos Autorentätigkeit doch vergleichsweise harmlos.«

»Er schreibt natürlich unter Pseudonym, denn im Vatikan darf sich das auf keinen Fall herumsprechen. Aber ein Talent wie das seine darf nicht verschwendet werden! Gerade sein Debüt ›Das Kreuz der Lust‹ war ein Bestseller. Dornberg Productions ist sehr an einer Verfilmung interessiert.« Dornberg zwinkerte Susan und Hirschberg zu. »Auch darüber sollten wir dringend mit ihm sprechen, Liebes.« Es war offensichtlich, dass der Pornoproduzent Profit witterte.

»Unbedingt, Darling.« Isobel drückte seine Hand.

»Was?«, wiederholte Hirschberg, der es noch immer nicht fassen konnte.

»Und sein Amt hat er nur wegen seines Versprechens noch nicht niedergelegt?«, hörte er Susan fragen.

»Wie gesagt, Lorenzo ist ein Ehrenmann!«, wiederholte Dornberg und blickte sie aufrichtig an. »Er fühlt sich seinem Wort noch immer verpflichtet. Und du weißt doch, dass in Italien die Familie über allem steht.«

»Andererseits habe ich ihm letztens auch zu bedenken gegeben, dass seine Mutter und seine Nonna sicher möchten, dass er glücklich ist. Ich kann es direkt fühlen.« Isobel blickte gen Himmel. »Ihr kennt ja meine spirituelle Ader. Die beiden würden es ihm gewiss verzeihen, wenn er die katholischen Ketten endlich sprengen würde. Zumal Cynthia und er eine hinreißende Tochter haben, und außerdem wird er bald Großvater.« Sie nahm einen Schluck von ihrem Kir Royal und wandte sich an Dornberg. »Ich sage dir, Darling, wir müssen dringend nochmals mit ihm sprechen. Wir wissen doch beide, wie sehr ihm diese katholische Engstirnigkeit zusetzt.«

»Allerdings«, nickte Dornberg. »Wir müssen ihn definitiv darin bestärken, seinen eigenen Weg zu gehen. Es wird sich bestimmt die Gelegenheit dazu ergeben, wenn er sich in München mit Cynthia trifft. Jetzt ist er ja doch mit der Biographie dieses Abtes beschäftigt. Du weißt ja, dass er die Geschichte wie Rosina lebt und atmet. Da hat er für andere Dinge keinen Kopf.«

»Ihr beide werdet auch ganz sicher begeistert von

ihm sein!«, versprach Isobel an ihre Nichte und Hirschberg gewandt, als sie sich an den Tisch setzten. »Ihr lernt ihn übermorgen Nachmittag auf dem Weihnachtsmarkt kennen. Alex, es wäre schön, wenn du auch da wärst. Wir haben ihm schon so viel von dir erzählt, und Lorenzo interessiert sich sehr für deine Arbeit! Er plant nämlich derzeit ein neues Buch mit dem Titel ›Gefängnis der Leidenschaft‹. Da dir Justizvollzugsanstalten ja nicht fremd sind, kannst du ihm vielleicht ein wenig Input geben.«

»Isobel, Kommissarin Hansen und ich stecken mitten in einer Mordermittlung«, rief Hirschberg. »Ich kann mir nicht einfach einen Nachmittag freinehmen, um einem katholischen Würdenträger bei einer Tasse Glühwein dabei zu helfen, einen Softporno zu schreiben.« Er fragte sich, ob das nur in seinen Ohren komplett verrückt klang.

»Eigentlich sind seine Bücher gar nicht so soft«, warf Dornberg nachdenklich ein. »Sein Erstling spielt im 17. Jahrhundert, und ich kann euch sagen, der Gutsherr ist …«

»Vincent, Julian sitzt mit am Tisch«, erinnerte ihn Susan. »Vielleicht könnten wir das ein anderes Mal erörtern.«

Oder noch besser gar nicht, dachte Hirschberg.

»Sicher, Susan. Du hast ganz recht«, stimmte ihr der Pornotycoon sogleich zu. »Das ist noch zu früh für unseren kleinen Engel.« Er strich Julian über den Kopf.

»Aber da wir gerade von deiner Arbeit gesprochen haben: Habt ihr denn schon eine Spur, Alex?«, erkundigte sich Isobel.

»Es gibt einige, die nicht gut auf Herrn Gerstl zu sprechen sind, aber wie ich vorhin schon gesagt habe, kommt vor allem seine Mutter bei den Leuten schlecht weg.« Hirschberg plauderte zwar nicht gern aus der Fallakte, aber er war froh um den Themenwechsel.

»Laut Günther hat sie die Ehe von Gerstl und seiner Frau doch sehr belastet«, nickte Dornberg.

»Ja, das hat seine Frau mir gegenüber auch durchblicken lassen«, verriet Hirschberg.

»Das Verhältnis zwischen Müttern und Söhnen ist oft mit Vorsicht zu genießen«, urteilte Isobel. »Auch du musst aufpassen, Susan«, mahnte sie ihre Nichte. »Der Ödipus-Komplex ist weiter verbreitet, als man glauben mag. Erst recht, wenn der Sohn ein Einzelkind ist.«

»Tante Isobel, ich habe eine völlig gesunde Beziehung zu Julian.« Hirschberg konnte die Zähne seiner Frau knirschen hören.

»Bis jetzt ist mir auch noch nichts Negatives aufgefallen.« Sie tätschelte ihre Hand. »Aber so etwas kann nun einmal passieren. Wenn ich da an Imogen Carter und ihren degenerierten Sohn denke!« Sie schlug die Hände über dem Kopf zusammen.

»Wer ist Imogen Carter?«, wollte Hirschberg wissen.

»Sie war die Witwe von Colonel Carter, eines Freundes meines Vaters. Sie hat ihren Sohn Austin so sehr an sich gebunden, dass er niemals eine Frau gefunden hat. Keine Beziehung hat das erste Dinner mit dieser Schreckschraube überdauert.« Sie schüttelte den Kopf. »Imogen hat jede noch so entzückende Frau in die Flucht geschlagen. Als ihr Sohn dann in den 80ern anfing, diese grauenvollen Bilder zu malen, haben meine Eltern sich ernsthaft Sorgen gemacht. Ich kann mich noch gut an dieses unsägliche Werk mit dem Titel ›Die Eunuchisierung des Mannes durch den modernen Feminismus‹ erinnern. Eine dünne Spargelstange, die schätzungsweise ein verkümmerter Phallus sein sollte, wird durch einen Fleischwolf gedreht. Man musste kein

Psychiater sein, um zu erkennen, dass Austin endgültig den Verstand verloren hatte. Deshalb hat es mich auch nicht gewundert, dass man einige Jahre später die halb verweste Leiche seiner Mutter auf ihrem Lieblingssessel im Wintergarten gefunden hat. Daraufhin ist Austin eingewiesen worden, aber es war natürlich nichts mehr zu retten.« Sie zuckte die Schultern.

»Das ist ja furchtbar!« Susan klang geschockt.

»Eben! Deswegen möchte ich ja, dass du auf dich achtest! Du brauchst dein eigenes Leben, und ihr solltet euch auch um ein Geschwisterchen für den kleinen Mann kümmern«, lächelte Isobel und wandte sich an Julian. »Möchtest du ein Geschwisterchen, Darling?« Julian gluckste fröhlich. »Seht ihr? Wenn das mal kein Ja ist!«

»Überlass unsere Familienplanung bitte uns«, forderte Hirschberg sie auf. »Ihr habt selbst genügend zu tun. Ihr müsst schließlich euer Haus in Krindelsdorf einrichten und euch um Picasso kümmern.«

»Oh ja!«, rief Isobel. »Und wenn Lorenzo das nächste Mal herkommt, kann er schon bei uns übernachten! Wir haben ein wirklich geräumiges Gästequartier!«

»Gut zu wissen«, säuselte Susan und drückte Hirschbergs Hand.

»Liebes, würdest du bitte die Gläser auffüllen? Ich bringe jetzt die Gnocchi. Alex muss sich stärken, denn es liegt morgen garantiert wieder ein anstrengender Tag vor ihm!«, vermutete Dornberg.

***

Traudl Gerstl starrte mit weit geöffneten Augen in die Dunkelheit. Nicht nur die Trauer um ihren Sohn, sondern auch der hässliche Verdacht, den sie hegte, ließen sie nicht zur Ruhe kommen, und ihre Hände ballten sich zu Fäusten. Wenn sie recht hatte, würde sie alles daransetzen, um Fonsis Tod gesühnt zu sehen! Blinde Wut überkam sie mit einem Mal, während das stete Ticken des Weckers auf ihrem Nachttisch in ihren Ohren dröhnte. Etwas Neumodisches mit leuchtenden Ziffern, die das Schlafzimmer doch nur unnötig erhellten, war nichts für sie. Ein Smartphone, wie jenes, das ihre Enkeltochter jeden Morgen aus dem Schlaf holte, erst recht nicht. Nein, sie hing an der Rarität mit dem erbarmungslosen Läuten, und solange sie noch lebte, würde der Wecker mit dem aufziehbaren Uhrwerk seinen Dienst erfüllen.

In dieser Nacht aber lullte das monotone Ticken sie nicht wie sonst in den Schlaf, sondern schien sie stattdessen zu verhöhnen. Traudl glaubte, niemals wieder einschlummern zu können. Tränen brannten in ihren Augen. Der Mensch, der ihr alles bedeutet hatte, war nicht mehr an ihrer Seite. Ihr Sohn war tot, lag vermutlich mit einem Zettel am Zeh in einem Kühlfach in der Rechtsmedizin. Etikettiert, hallte es in ihrem Kopf, und sie hielt sich die Ohren zu, als könne sie so ihre Gedanken verstummen lassen.

Alfons war ihr Fels in der Brandung gewesen. Schon als kleines Kind hatte sie ihren zupackenden Vater in ihm wiedererkannt. Ihr Fonsi war ein richtiger Bachinger gewesen, kein verweichlichter Gerstl wie sein Vater, dachte sie abfällig. Einmal hatte sie zu viel getrunken, hatte sich gehen lassen und war in den Armen dieses Nichtsnutzes gelandet! Ihre Selbstvorwürfe waren bis heute nicht verstummt. Und dann hatte er sich auch noch aus dem Staub machen wollen, als er gehört hatte, dass sie schwanger war. Eigentlich wären sie und Fonsi von Anfang an besser ohne Elmar dran gewesen. Ihren Sohn hatte sie doch eh allein großgezogen. Eine Hilfe war Gerstl ihr wahrlich nicht gewesen, und oft war er nach der Arbeit gar nicht erst nach Hause gekommen, sondern hatte in anderen Schlafzimmern die Nacht verbracht. Was ihr ganz recht gewesen war. Sie hatte das Bett von vornherein nicht mit ihm teilen wollen. Ihr Vater aber hätte es nie zugelassen, dass sie nach ihrem Ausrutscher ein uneheliches Kind in die Welt setzte. Bei den Bachingers sei so etwas noch nie vorgekommen, und seine Tochter werde nicht damit anfangen, hatte er Traudl erklärt. Dann hatte er sich seine Schrotflinte gegriffen, um den werdenden Vater an seine Verpflichtungen zu erinnern. Die Schande wäre für die Familie zu groß. Der Pfarrer werde sein Enkelkind nicht naserümpfend über das Taufbecken halten, nur weil dieser Deckhengst seinen Hosenstall nicht habe zulassen können. Noch heute hörte sie ihn schimpfen, als wäre es gerade einmal gestern gewesen. Es war das einzige Mal, dass sie ihren Vater enttäuscht hatte, und es war nie wieder vorgekommen. Der alte Bachinger, wie ihn die Krindelsdorfer nannten, war als stolzer Großvater kurz vor Fonsis achtzehntem Geburtstag gestorben. Anders als ihren Mann, der ihr stets vorgeworfen hatte, sie würde den gemeinsamen Sohn verziehen, vermisste sie ihren Vater bis zum heutigen Tag. Fonsi war seinem Großvater so ähnlich gewesen. Die einzigen beiden Männer, die ihr jemals etwas bedeutet hatten, waren nun aber fort, und Traudl Gerstl fühlte sich im Stich gelassen. Ihre Schwiegertochter wollte nichts von ihr wissen, und Daniela zeigte keinerlei Respekt vor der Familie. Ihre Enkeltochter war alles andere als eine gestandene Bachinger. Daniela kam viel zu sehr nach ihrer Mutter, die, anstatt ihr die Flausen auszutreiben, sie noch in allem, was sie wollte, bestärkte. Fonsi hatte seiner Tochter ein schönes und geräumiges Heim für später schaffen wollen. Statt aber dankbar zu sein, plante Daniela, Krindelsdorf nach dem Abitur den Rücken zu kehren. Sie wolle so weit weg von hier wie nur irgendwie möglich, hatte sie ihr vor ein paar Stunden entgegengeschleudert. In Traudls Augen war sie ein undankbares Gör. Nur leider hatte ihr Sohn das nie sehen wollen. Was seine Tochter betraf, war er auf beiden Augen blind gewesen. Wenn Traudl ihrem Sohn eines vorwarf, dann, dass er bei Daniela nicht härter durchgegriffen hatte. Aber Alfons hatte die Erziehungsratschläge seiner Mutter in den Wind geschlagen, hatte ihr sogar verboten, sich einzumischen. Er hätte einen Sohn gebraucht, fand Traudl, keine Tochter, die ihm doch nur auf der Nase herumtanzte. Und vor allem hätte er sich eine andere Frau suchen müssen! Vroni hatte sich von Anfang an zwischen ihren Sohn und sie gedrängt.

Traudl seufzte und gab auf. Wenn sie noch eine Minute länger liegenblieb, würde sie den Wecker noch vor lauter Trauer und Zorn an die Wand schleudern, fürchtete sie. Sie schlug die Decke zurück und schwang die Beine aus dem Bett. Schaudernd schlüpfte sie in ihre Hausschuhe. Das Zimmer war ausgekühlt, und die Heizung musste sie erst wieder aufdrehen. Es war fast fünf Uhr, stellte sie fest, nachdem sie die Nachttischlampe angeknipst hatte. Ihr Körper verlangte nach dem Schlaf, den ihr Geist ihm die ganze Nacht verweigert hatte. Der Streit am vergangenen Tag hatte sie mehr aufgewühlt, als sie vor sich selbst zugeben wollte.

Missmutig zog sie sich an und ging nach unten in die Küche. Sie war seit jeher Frühaufsteherin, und ob der Tag nun noch eine Stunde früher als sonst begann, war ihr einerlei. Ihr Vater hatte sie gelehrt, dass das Leben diejenigen strafte, die zu spät aufstanden, weshalb sie stets um sechs auf den Beinen war. Auch ihrem Fonsi hatte sie Disziplin anerzogen. Jeden Abend war er an ihren Lippen gehangen, wenn sie ihm eine Gutenachtgeschichte erzählt hatte. Immer eine aus dem wahren Leben und mit einer Lektion. Darauf hatte sie großen Wert gelegt. Die Familiengeschichte der Bachingers gab in dieser Hinsicht viel her. Ihr Junge sollte wissen, wie zielstrebig sich seine Vorfahren an die Spitze gekämpft hatten. Er sollte es zu etwas bringen, und die Reinhardts hatten sie ermutigt, ihn eine Konditorenlehre machen zu lassen, nachdem sie sein Talent erkannt hatten. Er war ein wahrer Künstler gewesen, wenn es um Teig ging, erinnerte sie sich. Schon mit zehn Jahren hatte er Kuchen und Plätzchen wie ein Weltmeister gebacken, um seiner Mama eine Freude zu machen. In der Backstube war er in seinem Element gewesen. Er hatte sich seinen Erfolg hart, nach Bachinger-Art, erarbeitet. Traudl hätte es niemals zugelassen, dass sich ihm irgendjemand in den Weg stellt. Erst recht nicht dieser Kettler. Ihre Hände ballten sich zu Fäusten, nachdem sie die Kaffeemaschine angestellt und die Rollläden in der Küche nach oben gezogen hatte. Noch war es stockfinster, und sie konnte die Kälte regelrecht klirren hören. Eiszapfen hingen an den Straßenlaternen.

Traudl kniff die Augen zusammen, als eine neue Woge der Trauer sie überwältigte. Ihr ganzes Leben lang hatte sie ihren Sohn vor allem und jedem beschützt, und doch hatte er ausgerechnet an ihrem Lieblingsplatz so ein Ende finden müssen. Zudem stellte sich ihre Schwiegertochter nun nach Fonsis Tod offen gegen sie. Wäre er noch am Leben, hätte Vroni das nie gewagt.

Traudl goss sich eine Tasse Kaffee ein und setzte sich an den Küchentisch, während sich die Gedanken in ihrem Kopf überschlugen. Sie fühlte sich hintergangen und verraten. Und jetzt, da er tot war, musste sie mitansehen, wie Vroni das zunichtemachte, was ihr Sohn für sich selbst und seine Mutter erkämpft hatte. Ihr Fonsi hatte alle Register gezogen, um ihr Elternhaus zurückzubekommen, er hatte getan, was nötig war. Doch nun hegte ihre Schwiegertochter die Absicht, sowohl das alte Bachinger-Haus als auch das Haus von Martha Lechner den Fellmeiers einfach zurückzugeben. Das Erbe auszuschlagen. Weder Daniela noch ihr selbst liege etwas an den Häusern. Traudl war auf ihre Worte hin die Luft weggeblieben. Eiskalt hatte Vroni ihr weiter erklärt, dass sie nichts dagegen würde tun können. Daniela und sie seien Fonsis Erben, und sie brauche erst gar nicht mit einem Schreiben des Nachlassgerichts zu rechnen. Außerdem würde sich so einiges ändern, nun, da Fonsi nicht mehr am Leben war. Dem Ärger, den sie schon bei der Hochzeit ihres Sohnes prophezeit hatte, war nun Tür und Tor geöffnet.

Was seine Frau und seine Tochter betraf, war ihr Sohn von seinem Instinkt im Stich gelassen worden, aber er hatte sich ja nichts von ihr sagen lassen wollen. Nicht wenn es um die beiden ging. Sie, seine Mutter, sei Fonsis böser Geist gewesen, hatte ihre Schwiegertochter ihr vorgeworfen, bevor sie ihr mehr oder weniger befohlen hatte, ihr Haus zu verlassen.

Mit dem Tod ihres Sohnes verlor Traudl nun also alles. Ihr Elternhaus sogar zum zweiten Mal. Warum sie sich denn so habe, hatte Daniela sie gefragt. Sie könne doch eh nichts mit ins Grab nehmen.

»Wenn dein Vater das gehört hätte …«, murmelte Traudl jetzt vor sich hin, als sie sich daran erinnerte. Sie fasste einen Entschluss. Sie musste der Enge ihres Hauses eine Weile entfliehen. Die Atmosphäre drohte, sie zu ersticken.

Nachdem sie ihre Winterschuhe geschnürt und ihre dicke Jacke angezogen hatte, griff sie nach ihrer Taschenlampe, die sie in der kalten Jahreszeit immer neben der Tür auf den Schuhschrank legte. Oft war sie wie heute frühmorgens unterwegs, wenn es noch stockfinstere Nacht war. Ein eisiger Wind schnitt ihr ins Gesicht, und sie zog sich ihre Kapuze über den Kopf. Alles schien wie immer, als sie durch den noch schlafenden Ort Richtung Wald ging. Doch für sie war nichts mehr, wie es einmal gewesen war. Sie hätte nie gedacht, dass man ihr den heiß geliebten Sohn eines Tages auf so grausame Weise entreißen würde.

Auch hatte sie niemals an diesen Fluch glauben wollen, von dem ihr Schwiegervater immer wieder erzählt hatte, wenn er zu tief ins Glas geschaut hatte. In ihren Augen gab es keine Flüche und Verwünschungen. Die dokumentierten Todesfälle hielt sie für einen Zufall. Als ihr Neffe Hubert mit diesem Unsinn bei ihr aufgetaucht war, hatten Fonsi und sie schallend gelacht.

Doch nun war ihr Sohn am Nikolaustag einem Mörder zum Opfer gefallen, und ihr Gelächter war ein für alle Mal verstummt. Die Stimme ihres Schwiegervaters, der seine getöteten Vorfahren aufzählte, begleitete sie seit Fonsis Tod auf Schritt und Tritt. Konnte es tatsächlich sein, dass ihr Sohn für eine jahrhundertealte Schuld hatte bezahlen müssen? Hatte der Fluch sich tatsächlich erfüllt, oder würde sich der Verdacht, den sie einfach nicht abschütteln konnte, letzten Endes bewahrheiten? Sie musste sich überlegen, wie sie nun am besten vorging, um den Mörder ihres Sohnes zur Verantwortung zu ziehen, dachte sie entschlossen. Ein letztes Mal wollte Traudl für ihren Sohn kämpfen. Seitlbach hielt große Stücke auf den Hauptkommissar, fiel ihr ein. Vielleicht sollte sie sich ein Herz fassen und mit ihm sprechen, überlegte sie.

Am Waldrand hielt sie einen Moment inne. Sie war

immer so gern mit Fonsi hier gewesen, um Pilze zu sammeln oder im Winter auf dem zugefrorenen See Schlittschuh zu laufen. Das hier war ihr beider Seelenort, und Traudl hatte sich hier immer sicher und geborgen gefühlt. Wenn sie Fonsi also noch einmal nah sein wollte, dann würde das nur an diesem Ort gehen.

Traudl Gerstl seufzte und schaltete die Taschenlampe an. Sie bahnte sich ihren Weg durch die Dunkelheit bis zu der Lichtung, auf der ihr Sohn den Tod gefunden hatte. Sie fühlte einen Kloß im Hals, doch sie musste sich von ihm verabschieden.

Als sie hinter sich jemanden durch den Schnee stapfen hörte, drehte sie sich um. Der Schein einer Kopftaschenlampe blendete sie, und bevor sie wusste, wie ihr geschah, wurde ihr die Lampe aus der Hand geschlagen. Zwei Hände, die sich um ihren Hals legten, erstickten ihren Aufschrei.

10.

Hauptkommissar Hirschberg unterdrückte ein Gähnen. Schon früh hatte er sich heute auf den Weg gemacht, um Hubert Rammelmeier in dessen Münchener Busunternehmen aufzusuchen. Er stieg aus seinem Wagen und ging auf seine Kollegin Hansen zu, die wie üblich überpünktlich war und ihn mit einem strahlenden Lächeln begrüßte. Sie trug eine rote Mütze mit Bommel und einen dazu passenden Schal. Die Kälte hatte natürliches Rouge auf ihre Wangen gezaubert. Ihr schwarzer Wintermantel und die festen Stiefel hielten sie sicher warm, dachte Hirschberg. Im letzten Winter war sie auf der Suche nach Renate Piero-Schusters Mörder in ungeeigneten Schuhen über das bayerische Land gestapft und trotz einer starken Erkältung bei den Ermittlungen zur Hochform aufgelaufen, erinnerte er sich. Da sie dieses Jahr fit war und ihr Schuhwerk dem bayerischen Winter angepasst hatte, sollte sich der Mörder erst recht in Acht nehmen, schmunzelte er.

»Guten Morgen, Frau Kollegin. Hat Herr Rammelmeier noch nicht geöffnet?«, erkundigte er sich und nickte in Richtung Eingang.

»Doch, bestimmt. Ich habe uns außerdem telefonisch angekündigt. Ich wollte nur eben auf Sie warten und noch ein wenig frische Luft schnappen«, antwortete sie. »Die trockene Heizungsluft ist nicht gut für meine Nasenschleimhäute.«

»Ja, das ist lästig.« Hirschberg sprach aus Erfahrung. War die Luft im Haus zu trocken, konnte auch er schlecht durch die Nase atmen, was vor allem nachts seinen Schlaf störte, wenn es sein Sohn einmal nicht tat.

»Sie wirken gut gelaunt heute Morgen«, stellte Hansen fest. »Hat Onkel Vincent Sie wieder kulinarisch verwöhnt?«

»Das, und Julian hat heute bis fast sechs Uhr durchgeschlafen«, freute Hirschberg sich. »Vielleicht wird es ja langsam besser mit den Zähnen«, hoffte er. »Und ich war tatsächlich so erledigt gestern Abend, dass mir nicht mal der hohe Besuch aus dem Vatikan den Schlaf geraubt hat.« Er berichtete der Kommissarin von Monsignore Bianchis heimlichem Broterwerb.

»Wissen Sie, meine Nonna wäre entsetzt, wenn sie das wüsste. Schon wegen des Gelübdes der Armut. Und sollte Pfarrer Schmalzengruber davon Wind bekommen …« Sie beendete den Satz mit einem Kichern.

»Der darf das nie erfahren«, beschwor sie Hirschberg, als er die Tür des Busunternehmens aufdrückte. »Meine Frau hat da ganz recht: Einen derartigen Vulkanausbruch überlebt Krindelsdorf nicht!«

»Guten Morgen. Kann ich Ihnen helfen?« Ein junger Mann mit schwarzen Locken kam lächelnd auf sie zu.

»Guten Morgen, Herr …«

»Kreil«, antwortete Rammelmeiers Mitarbeiter sogleich.

»Das ist Kommissarin Hansen, und ich bin Hauptkommissar Hirschberg«, stellte Hirschberg seine Kollegin und sich vor. »Wir möchten zu Herrn Rammelmeier.«

»Ich habe vorhin angerufen«, meldete sich Hansen zu Wort. »Ich glaube, ich habe mit Ihnen gesprochen, nicht wahr?«

»Richtig«, bestätigte Kreil und bat sie, ihm nach hinten ins Büro zu folgen. Nach kurzem Klopfen gewährte ihnen Rammelmeier Zutritt zu seinem Büro.

»Hubert, das hier sind Hauptkommissar Hirschberg und Kommissarin Hansen. Du weißt ja Bescheid.«

»Ja, sicher.« Rammelmeier erhob sich und fuhr sich mit der Hand durch sein braunes Haar. Er war an den Schläfen ergraut, und Hirschberg fielen die Falten auf seiner Stirn auf. Eine gewisse Ähnlichkeit mit seinem ermordeten Cousin war unverkennbar, fand er. Nur war Rammelmeiers Bauch gewölbter, und er schien ein paar Zentimeter kleiner zu sein als Gerstl. »Nehmen Sie doch bitte Platz.« Er deutete auf die zwei Stühle vor seinem Schreibtisch, auf dem sich zahllose Unterlagen wild stapelten. Inmitten des Papierwustes befand sich eine Tasse Kaffee und ein Teller mit einer angebissenen Breze. Seine Büroführung ließ zu wünschen übrig, fand Hirschberg. Ein wirklich erfolgreicher Geschäftsmann wie Dornberg hätte sich beim Anblick der Unordnung die Haare gerauft, mutmaßte er. Doch der Busunternehmer schien schmerzfrei, was das Chaos in seinem Büro anging. Er warf seinem Mitarbeiter einen vielsagenden Blick zu. Dieser verstand und verließ den Raum.

»Herr Rammelmeier, wie Sie sich vorstellen können, haben wir ein paar Fragen bezüglich des Mordes an Ihrem Cousin«, begann Hirschberg.

»Die ganze Sache ist schrecklich. Es schnürt mir die Kehle zu, wenn ich daran denke«, erwiderte Rammelmeier und griff nach der Breze. Trotz zugeschnürter Kehle schien sein Appetit gesegnet. Hirschberg wechselte einen ironischen Blick mit seiner Kollegin. Vielen Menschen war nicht bewusst, wie sehr ihre Taten ihren Äußerungen doch widersprachen. Bei einer polizeilichen Vernehmung konnte das verhängnisvoll sein. »Vroni und Daniela sind am Boden zerstört. Dass das auch noch so kurz vor Weihnachten passiert, ist eine Tragödie.« Seine Worte wurden begleitet von Schmatzen.

»Sie scheinen aber im Vorfeld fast damit gerechnet zu haben, und offen gestanden wirken Sie auf mich auch nicht besonders betroffen«, versuchte Hirschberg, ihn aus der Reserve zu locken. Susan hatte ihm bis ins kleinste Detail von ihrer Unterhaltung mit Biobauer Feistl erzählt. Finanzielle Probleme und ein familiärer Zwist konnten ein explosiver Cocktail sein und durchaus zu Mord führen.

»Ich bin mir nicht sicher, ob ich Ihnen folgen kann.« Der Busunternehmer setzte eine Unschuldsmiene auf. »Und um das klarzustellen: Fonsi war mein Cousin, und die Situation ist auch für mich grauenvoll. Nur habe ich ein Geschäft zu führen und kann nicht so ohne Weiteres in lähmende Trauer verfallen«, wies er Hirschbergs Feststellung zurück.

»Herr Rammelmeier, wir wissen, dass Ihr Busunternehmen rote Zahlen schreibt«, entgegnete Hansen, die von Hirschberg über Feistls Bericht informiert worden war. »Sie bieten Mysterytouren ins Münchener Umland und gerade nach Krindelsdorf an, wo Sie aufgewachsen sind. Sie führen Ihre Klientel zu den diversen Verbrechensschauplätzen und haben damit in der Vergangenheit doch recht ordentlich verdient. In letzter Zeit lief es aber weniger gut, und noch dazu wird einer der Krindelsdorfer Tatorte zukünftig auch nicht mehr zu besichtigen sein, weil dort ein luxuriöses Anwesen gebaut wird.«

Hirschberg sah, wie Farbe in Rammelmeiers Wangen schoss. Er erinnerte ihn plötzlich an einen kleinen Jungen, der mit der Hand in der Keksdose erwischt worden war.

»Vor ein paar Tagen hatten Sie einen heftigen Streit

mit Herrn Gerstl. Dafür gibt es Zeugen«, fuhr Hirschberg fort, als Rammelmeier nicht sofort antwortete. »Sie wollten Ihren Cousin um Geld bitten, doch der hat abgelehnt.«

»Ich bitte Sie, Herr Hauptkommissar! Das war doch nur eine kleine unbedeutende Meinungsverschiedenheit. Haben Sie denn keine Verwandten, mit denen manchmal schwer auszukommen ist?«, spielte Rammelmeier die lautstarke Auseinandersetzung herunter, und Hirschbergs Gedanken wanderten einen Moment lang zu den Dornbergs. Hansen senkte den Kopf, doch Hirschberg konnte ihre Mundwinkel ganz deutlich zucken sehen. Rammelmeier wartete nicht auf eine Erwiderung. »Ich habe ein paar finanzielle Schwierigkeiten. Ich war dumm genug anzunehmen, dass mein Cousin mir aus der Patsche helfen würde. Als er abgelehnt hat, war ich natürlich frustriert, und ich habe mir die Freiheit genommen, meinem Zorn Luft zu machen. Aber mehr war da nicht.«

»Wie ich gerade sagte, gibt es Zeugen für Ihren Streit. Sie sollen Ihrem Cousin gedroht haben.« Hirschberg ließ ihn nicht aus den Augen.

»Ich soll Alfons gedroht haben?«, rief er, und das Rot auf seinen Wangen verfärbte sich noch dunkler. »Wer behauptet so etwas? Den verklage ich auf üble Nachrede! Ich bin ein friedfertiger Mensch! Ich würde niemals …«

»Vielleicht ist ›gedroht‹ der falsche Ausdruck«, lenkte der Hauptkommissar ein. »Aber Fakt ist, dass Sie Ihren Cousin an die alte Legende erinnert haben. Dass er womöglich bald einem Mörder zum Opfer fällt und Sie dann kein Problem mehr mit ihm hätten«, wiederholte Hirschberg das, was Susan von Feistl erfahren hatte.

»Das war doch nur so dahingeplappert in der Wut.« Er schüttelte den Kopf und rutschte unruhig auf seinem

Stuhl hin und her, während er sich am Bauch kratzte. »Wissen Sie eigentlich, wie das ist, wenn die angeheiratete Tante den Cousin ständig gegen den Rest der Familie aufbringt? Fonsi und ich hätten Freunde sein können, wäre diese Giftspritze nicht gewesen, die meinen Onkel ins Grab gebracht hat.« Rammelmeier klang anklagend. »Wenn sich mein Onkel nicht im Suff mit dieser fleischgewordenen Boshaftigkeit eingelassen hätte, dann wäre meiner Familie viel erspart geblieben. Es ist kein Wunder, dass er so früh gestorben ist! Schon bei ihrer Hochzeit konnte sie ihre Witwenschaft doch kaum erwarten! Und ich sagen Ihnen, wenn man mit so einer Frau verheiratet ist, muss der Tod eine wahre Erlösung sein!«

»Herr Rammelmeier, Ihr Cousin ist ermordet worden. Und zwar so, wie es in dieser Legende beschrieben wird«, kam Hansen wieder auf den Grund ihres Besuchs zu sprechen. »Und Tatsache ist, dass Sie Streit mit ihm hatten, ihm den Tod prophezeit haben und jetzt obendrein vermutlich wieder ein besseres Geschäft machen, weil es einen neuen Verbrechensschauplatz im Krindelsdorfer Wald gibt, nicht wahr?«

»Sie glauben doch nicht etwa ernsthaft, dass ich meinen Cousin getötet habe, um eine alte Legende am Leben zu halten und mein Geschäft zu beleben?« Rammelmeier starrte sie an.

»Es gibt immer wieder Motive, die auf den ersten Blick sehr weit hergeholt scheinen«, bemerkte Hirschberg nüchtern.

»Das ist doch absurd!« Rammelmeier schüttelte den Kopf. »Fonsi und ich hatten Streit, das gebe ich ja zu, aber ich würde doch niemals einen Mord begehen! Erst recht nicht an meinem eigenen Fleisch und Blut!«

»Ja, aber Ihr Cousin wollte doch nicht viel mit Ihnen zu tun haben. Er hat Sie bestimmt nicht als sein Fleisch und Blut betrachtet«, provozierte ihn Hansen. »Er fühlte sich doch eher der Familie seiner Mutter verpflichtet, nicht wahr?«

»Doch nur, weil Traudl ihn gegen die ganze Familie aufgehetzt hat!«, polterte Rammelmeier los. »Das hat sie ihm doch schon mit der Muttermilch eingeflößt! Sie hat sich immer für etwas Besseres gehalten! Die Gerstls waren nichts wert. Nur die Bachingers.« Seine Verbitterung war unüberhörbar.

»Sie hat einen Keil zwischen Sie und Ihren Cousin getrieben«, stellte Hirschberg fest.

»Wir waren fast gleich alt, aber sie wollte nicht, dass wir zusammen spielen«, erinnerte er sich. »Nur der Günther, also der heutige Herr Landrat, war gut genug. Weil die Bachingers und die Seitlbachs seit jeher befreundet waren.« Rammelmeier blickte zwischen den beiden hin und her. »Traudl hat auch keine Gelegenheit ausgelassen, Alfons und Vroni auseinanderzubringen. Die Ringelhofers, also Vronis Familie, waren auch nie gut genug. Wussten Sie, dass meine Tante vor ungefähr drei Jahren heimlich, also hinter Alfons' Rücken, einen Vaterschaftstest hat machen lassen? Sie geht ja ein und aus bei ihrem Sohn. Da hat sie seine und Danielas Zahnbürste mitgehen lassen.«

»Sie hat geglaubt, dass Daniela nicht seine Tochter war?« Hirschberg horchte auf.

»Daniela kommt zu sehr nach ihrer Mutter. Das fängt bei der Blutgruppe an und hört bei der Haarfarbe auf.« Rammelmeiers Tonfall war sarkastisch. »Sie konnte keine edlen Bachinger-Gene in Daniela erkennen. Das Geld hätte sie sich aber sparen können. Der Test hat Alfons' Vaterschaft eindeutig bewiesen.«

»Woher wissen Sie das?«, wollte Hansen wissen.

»Ich bin eines Abends in die Bäckerei gekommen,

weil ich mit Alfons etwas besprechen wollte. Da habe ich gehört, wie er seine Mutter angeschrien hat, wie sie das habe tun können. Er muss den Brief mit dem Testergebnis bei ihr gefunden haben«, fügte er hinzu. »Es war das erste Mal, dass er seiner Mutter die Hölle heiß gemacht hat. Der Fonsi hing an seiner Tochter, müssen Sie wissen.«

»Und all das hat ihrem Verhältnis dennoch nicht geschadet?« Hansen klang genauso ungläubig, wie Hirschberg sich fühlte.

»Traudl ist raffiniert«, entgegnete Rammelmeier eisig. »Sie hat ein paar künstliche Tränen verdrückt und beteuert, dass sie doch nur das Beste für ihren Fonsi gewollt habe. Dass es ihr immer nur darum gegangen sei, zu verhindern, dass er verletzt würde. So hat sie ihn dann wieder erweicht. Immerhin ist sie ja seine Mami.« Er lachte humorlos.

»Wissen Gerstls Frau und Tochter von dem Test?«, erkundigte sich Hirschberg.

»Ich weiß es nicht.« Rammelmeier zuckte die Schultern. »Das Verhältnis zwischen Vroni und ihrer Schwiegermutter war von Anfang an vergiftet, aber das hätte das Fass für Vroni sicher zum Überlaufen gebracht. Ich hatte immer das Gefühl, dass sie Alfons wirklich liebt, weshalb sie seine Mutter erträgt. Allerdings kann ich bis heute nicht verstehen, was sie in ihm gesehen hat.«

»Hatten Sie eigentlich keine Angst, dass dieser Fluch auch Sie treffen könnte?« Hirschberg war neugierig. »Immerhin ist Ihre Mutter eine Gerstl und Sie somit auch ein männlicher Nachfahre.«

»Ach kommen Sie, Herr Hauptkommissar! Das ist doch nur eine Legende!« Rammelmeier machte eine wegwerfende Handbewegung, doch Unsicherheit flackerte in seinen Augen auf. »Sie werden das doch nicht etwa glauben!«

»Sie haben die Legende aber während Ihres Streits mit Herrn Gerstl erwähnt. Das klingt für mich schon danach, als würden Sie diesem Fluch doch mehr Bedeutung beimessen, als Sie zugeben möchten«, beharrte der Hauptkommissar.

»Und für Ihre Mysterytouren kommt sie ganz gelegen«, sprang Hansen ihrem Chef zur Seite.

»Ich glaube, Sie haben sich zu lange mit Frau Wiesner unterhalten«, seufzte Rammelmeier. »Mich hat sie auch gewarnt, am Nikolaustag besonders vorsichtig zu sein.«

»Herr Rammelmeier, wo waren Sie denn am Nikolaustag morgens zwischen ungefähr sechs und halb acht?«, wollte Hirschberg wissen.

»Zu Hause. Ich bin gegen sieben Uhr aufgestanden, habe mir einen Kaffee gemacht und bin dann ins Bad.« Der Busunternehmer blickte ihn aufrichtig an. »Hören Sie, ich wohne nicht in Krindelsdorf, sondern in Moosach, wie Sie beide sicher längst herausgefunden haben. Ich war also nicht einmal in der Nähe des Walds!«

»Gibt es dafür Zeugen, die Ihr Alibi bestätigen können?«, wollte Hansen wissen.

»Ich lebe in Scheidung, Frau Kommissarin. Noch vor einem knappen Jahr hätten meine zukünftige Ex-Frau und meine beiden Söhne meine Aussage bestätigen können, aber jetzt wohne ich allein. Also nein, das kann niemand bestätigen. Sie werden mir das schon glauben müssen.«

»Wir müssen gar nichts glauben, Herr Rammelmeier. Sie hatten Streit mit Ihrem Cousin, haben ein Motiv und augenscheinlich kein Alibi. Das sieht nicht gut aus«, erklärte ihm Hirschberg.

»Ich habe meinen Cousin nicht getötet«, beteuerte

Rammelmeier. »Wenn ich überhaupt jemanden umgebracht hätte, dann seine Mutter! Und da bin ich auch ganz bestimmt nicht der Einzige!«, behauptete er und schnaubte verächtlich.

»Na schön.« Hirschberg stand auf, und Hansen tat es ihm gleich. »Wir müssen Sie bitten, sich zu unserer Verfügung zu halten, Herr Rammelmeier. Es kann durchaus sein, dass sich im Lauf der Ermittlungen weitere Fragen ergeben.«

»Sie wissen ja, wo Sie mich finden können.« Der Busunternehmer begleitet sie nach draußen.

»Glauben Sie ihm?«, erkundigte sich Hansen, als sie zurück zu ihren Wagen gingen.

»Ich bin mir ehrlich gesagt nicht sicher«, gab Hirschberg zu. »Er wirkte ehrlich, als er sagte, dass er den Mord an seinem Cousin nicht begangen hat. Aber er ist wütend, und Gründe, Gerstl etwas anzutun, hätte er genügend. Zumal er mit dem Mord auch seine verhasste Tante treffen würde.«

»Wir sollten noch mal mit Frau Gerstl senior sprechen. Es würde mich interessieren, ob ihr Sohn ihr den heimlichen Vaterschaftstest tatsächlich verziehen hat, oder ob es doch Konflikte gab deswegen.« Hansen runzelte die Stirn. »Ich kann mir nicht vorstellen, dass Gerstl das so einfach vergessen hat.«

»In dieser Familie herrscht alles, nur nicht Frieden«, nickte Hirschberg.

***

Susan lief die Treppe hinunter. Es war bereits kurz nach zehn, und es war eine ganze Weile her, seit sie das letzte Mal so lange geschlafen hatte. Nachdem ihr Mann an diesem Morgen aufgestanden war, um nach München zu fahren und Hubert Rammelmeier zu verhören, war sie tatsächlich noch einmal eingeschlafen. Hirschberg hatte sich um Julian gekümmert, als dieser wach geworden war, ihn aber anschließend nicht wie sonst zu ihr ins Bett gelegt. Wenn ihm ein anstrengender Ermittlungstag mit spätem Feierabend bevorstand, genoss er es, morgens ein wenig Zeit mit seinem Sohn zu verbringen, wusste Susan.

Der verführerische Duft nach Zimt und Mandeln stieg ihr in die Nase, und das Wasser lief ihr im Mund zusammen, als sie die Küchentür öffnete. Dornbergs Wangen waren erhitzt. Julian lachte fröhlich, kaum dass er seine Mutter erblickte. Isobel, die in ihrem dunkelblauen Pulloverkleid und den dazu passenden Pumps den Eindruck erweckte, den Seiten der Vogue entstiegen zu sein, fütterte ihn mit Brei. Picasso, der an diesem Morgen einen weißen Anzug mit einem festlich geschmückten Tannenbaum auf dem Rücken und grüne Söckchen trug, bettelte vergeblich um ein zweites Frühstück. Die Ernährungsumstellung wirkte sich zwar positiv auf seine körperliche Verfassung aus, seiner Laune aber versetzte der geänderte Speiseplan noch immer einen nachhaltigen Dämpfer.

»Guten Morgen, Darling«, lächelte die englische Lady, während sie Julians Mund mit dem Lätzchen säuberte. »Wir dachten, wir lassen dich ausschlafen. Wie ich gehofft hatte, hat das deinem Teint sehr gut getan.«

»Das ist sehr lieb von euch«, dankte ihnen Susan und ignorierte die letzte Bemerkung ihrer Tante. Es brachte auch seine Vorteile mit sich, die Verwandtschaft zu beherbergen, dachte sie innerlich schmunzelnd, als sie ihrem Sohn einen Kuss gab. »Das duftet übrigens herrlich, Vincent!«

»Nicht wahr? Ich bin extra um vier Uhr aufgestanden, um die Mandel-Zimt-Stollen mit Rumrosinen zu backen«, freute sich Dornberg über das Lob. »Ich möchte Lorenzo und Cynthia jeweils einen mitgeben, und natürlich gibt es auch zwei, drei Stollen für euch. Es dauert, sie zu backen, aber gegessen sind sie schnell«, stellte er mit einem Blick auf die Stollen fest. »Außerdem möchte ich im Vincobel's zum Espresso und Cappuccino anstelle eines ordinären Kekses ein kleines Stückchen davon anbieten. Das Vincobel's soll sich schließlich von der breiten Masse abheben.«

»Das tut es doch bereits, Darling«, versicherte ihm Isobel in verzücktem Tonfall. »Dir kann niemand das Wasser reichen. Du glaubst gar nicht, wie stolz ich wirklich jeden Tag aufs Neue auf dich bin. Ich bin die glücklichste Frau auf der Welt!«

»Du bist meine Inspiration, Liebes.« Vincents Tonfall war verklärt. »Ohne dich an meiner Seite würde ich das alles nicht schaffen. Wenn ich etwas in meinem Leben bedauere, dann ist es der Umstand, dass ich dich nicht früher getroffen habe.«

»Wann fahrt ihr nachher ins Restaurant?«, beendete Susan ihr Liebesgesäusel.

»Wir wollten spätestens in der nächsten halben Stunde losfahren. Es gibt noch so einiges zu besprechen, denn morgen richten wir gleich mehrere Weihnachtsfeiern aus. Wir werden uns allerdings beeilen müssen, da wir um vier mit Lorenzo auf dem Weihnachtsmarkt verabredet sind.« Dornberg klang geschäftig.

»Du hast unsere Verabredung mit Lorenzo doch nicht etwa vergessen, Susan?« Ihre Tante klang alarmiert. »Er kann es nämlich kaum erwarten, dich und Rosina kennenzulernen, und …« Das Läuten an der Haustür unterbrach sie.

»Erwartet ihr jemanden?«, wollte Susan wissen.

»Keineswegs«, verneinte Dornberg.

»Hoffentlich ist es nicht wieder Schmalzengruber«, stöhnte Susan, als sie zur Tür ging.

»Guten Morgen, Frau Hirschberg.« Indira Wiesner schenkte ihr ein strahlendes Lächeln. Sie trug einen moosgrünen Wintermantel und schwarze geschnürte Stiefel mit Absatz, die Susan aus irgendeinem Grund an das Schuhwerk einer Hexe erinnerten. Der dunkelblaue Schal um ihren Hals war vermutlich selbst gestrickt und passte zu ihren Lapislazuli-Ohrringen. »Sie haben wie immer eine so helle, freundliche Aura. Ich sehe Güte und Unschuld, die doch um das Böse weiß«, fügte sie philosophisch hinzu.

»Frau Wiesner. Das ist ja eine Überraschung.« Susan fiel auf ihre vorangegangenen Worte keine passende Erwiderung ein. »Kann ich Ihnen irgendwie helfen?«

»Es tut mir sehr leid, Sie so zu überfallen, aber da ich die Aura Ihres Mannes gründlich in Augenschein nehmen konnte, als er bei uns war, weiß ich, dass er verlässlich und integer ist«, lächelte die Krindelsdorfer Esoterikerin. »Sie haben wirklich den perfekten Mann, Frau Hirschberg. Und es ist schön zu fühlen, wie sehr Ihre Seelen im Einklang sind. Aber das waren sie natürlich schon vor Tausenden von Jahren.«

»Ach ja?«, krächzte Susan.

»Sie erinnern sich natürlich nicht mehr daran, denn das sieht die kosmische Ordnung nur unter bestimmten Voraussetzungen vor, aber mir wurde tatsächlich ein Blick in Ihre vielen früheren Leben gestattet, um mir zu zeigen, dass ich Ihnen beiden vertrauen kann.«

»Natürlich können Sie das«, hörte Susan sich antworten. Sie hatte nicht die geringste Ahnung, was Indira Wiesner an diesem Morgen zu ihnen führte oder was sie geraucht hatte. Es ging sicher nicht um das Lesen ihrer Aura oder um ihre angeblichen früheren Existenzen.

»Ich muss zugeben, dass Sie mich wirklich beeindruckt haben, Frau Hirschberg. Dass Sie sich damals als Vestalin auf ihn eingelassen haben und mit ihm davongelaufen sind, war wirklich sehr mutig«, lobte sie Susan.

»Was?«

»Eine Vestalin war im alten Rom eine Priesterin der Göttin Vesta, Susan«, erläuterte Isobel, die mit raschen Schritten zur Tür kam. »Die armen Frauen waren verpflichtet, auf ewig Jungfrau zu bleiben. Ich könnte gar nicht stolzer auf dich sein, dass dein früheres Ich aus diesem frauenverachtenden System ausgebrochen ist!«

»Ich weiß nicht, ob ...« Susan hatte das Gefühl, dass nun auch ihre Tante den Verstand verloren hatte.

»Aber ich habe schon immer gewusst, dass großes Potenzial in dir schlummert«, behauptete die englische Lady. »Wissen Sie, Frau Wiesner, in unserer Familie gibt es eine ganze Reihe bemerkenswerter Persönlichkeiten, darunter sehr viele außergewöhnliche Frauen. Es ist mir sehr wichtig, dass meine Nichte diese Tradition fortsetzt.«

»Das tut sie, Frau Dornberg. Seien Sie unbesorgt«, versicherte ihr Indira Wiesner.

»Es tut mir leid, aber ich weiß nicht so ganz, wie ich ...«, versuchte Susan ihr Glück, den Grund für Wiesners Besuch herauszufinden.

»Natürlich nicht, Frau Hirschberg, aber das ist nicht weiter dramatisch. Auch Sie werden die höhere Ebene eines schönen Lebens, wie ich immer sage, noch erreichen. Und Ihr Dasein als Vestalin war beileibe nicht ihre wichtigste Existenz«, erklärte ihr Indira Wiesner. »Wenn Sie möchten, können wir uns selbstverständlich irgendwann eingehender über ihre früheren Leben unterhalten.

Es gibt da auch tatsächlich einen Vorfall im sechzehnten Jahrhundert, den ich nicht so ganz verstehe …« Sie runzelte die Stirn, während Susan sie hilflos anstarrte. »Aber im Moment gibt es Dringenderes zu besprechen.«

»Ich muss Sie nur leider enttäuschen«, würgte Susan heraus. »Mein Mann ist nicht hier. Er …«

»… hat ein Verbrechen aufzuklären, ich weiß. Aber vielleicht könnte ich *Sie* einen Moment sprechen, und Sie geben mein Anliegen dann einfach an ihn weiter. Er vergöttert Sie nämlich und würde alles für Sie tun, aber das wissen Sie bestimmt. Es erfüllt mich immer wieder mit Ehrfurcht, wenn ich eine Seelenverwandtschaft wie die Ihre und auch die Ihrer Tante mit Herrn Dornberg sehe.«

»Ach ja?« Isobel schien an ihren Lippen zu hängen.

»Aber selbstverständlich, Frau Dornberg! Schon zu Anbeginn der Menschheit hat die Leidenschaft zwischen Ihnen beiden gelodert. Und es freut mich, dass Sie die karmischen Schwierigkeiten überwunden und sich doch wieder gefunden haben. In Ihrem nächsten Leben werden Sie es sicher wieder früher schaffen«, prophezeite sie. »Sofern Sie natürlich bereit sind, die Lektionen dieses Lebens zu verinnerlichen.«

»Aber selbstverständlich sind wir das, Frau Wiesner«, beteuerte Isobel. »Vincent und ich sind uns darüber bewusst, wie wichtig inneres Wachstum ist.«

»Wie wäre es denn, wenn Sie hereinkommen und mir sagen, worum es geht«, schlug Susan vor, bevor ihre Tante noch länger in Wiesners karmischem Zug mitfahren konnte.

»Sehr gern.« Sie streifte sich ihren Wintermantel von den Schultern und folgte ihnen in die Küche. »Ihr Kleiner ist wirklich zauberhaft! Das Schlimmste mit seinen Zähnen ist vorerst überstanden«, eröffnete sie Susan, als ihr Blick auf Julian fiel, dessen Mund ein großes »O«

formte, bevor er sie angrinste. »Ab jetzt werden die Nächte wieder ruhiger.«

»Gut zu wissen«, antwortete Susan.

»Möchten Sie eine Tasse Kaffee, Frau Wiesner?«, bot Dornberg ihr an.

»Nein danke, Herr Dornberg. Koffein stört meine Verbindung zum Universum, und gerade jetzt ist es wichtig, dass ich meine Sinne beisammenhabe.« Sie seufzte. »Ich habe nämlich gehört, dass Pfarrer Schmalzengruber Besuch aus dem Vatikan hat.«

»Das ist richtig«, bejahte Susan. »Monsignore Bianchi ist hier, um einige alte Dokumente über Abt Ägidius zu studieren …«

»Und genau deshalb haben mich meine spirituellen Berater hierhergeschickt«, unterbrach Indira Wiesner sie. »Ich habe die unmissverständliche Botschaft empfangen, dass mir nur hier bei Ihnen geholfen werden kann.« Sie blickte stirnrunzelnd zwischen Dornberg und Isobel hin und her. »Es könnte sogar sein, dass ich wegen Ihnen beiden hier bin«, murmelte sie vor sich hin.

»Um was geht es denn, Frau Wiesner?« Susan war noch immer ratlos.

»Nun ja, dieser Abt Ägidius war nicht unbedingt ein sehr freundlicher Zeitgenosse, wenn Sie verstehen. Vielleicht haben Sie ja auch schon das eine oder andere über ihn gehört.«

»Ja, aber wie können wir Ihnen nun helfen?«, wollte Susan wissen.

»Sehen Sie, die Kräfte des Universums finden grundsätzlich einen Weg, mir wichtige Dinge mitzuteilen«, entgegnete Wiesner. Susan fragte sich nicht zum ersten Mal, ob sie komplett übergeschnappt war.

»Aber was hat das alles mit Pfarrer Schmalzengrubers Gast zu tun?«, fragte Isobel.

»Er muss auf der Hut sein«, warnte die Geisterflüsterin. »Dieser Ägidius war kein guter Mensch, seine negative Energie ist noch immer spürbar. Wenn sich der Monsignore jetzt also auf die Suche nach ihm begibt …« Sie erschauderte theatralisch. »Ich fühle ganz deutlich, dass der Abt eines gewaltsamen Todes gestorben ist, deshalb konnte er auch nicht weiterziehen. Vor ein paar Jahren hatte ich die Gelegenheit, alte Aufzeichnungen im Landesarchiv zu sichten, als ich etwas über den Grund und Boden erfahren wollte, auf dem unser Haus steht. Zur Zeit des Abtes Ägidius wurde unser Grundstück zum ersten Mal urkundlich erwähnt. Eine Witwe namens Mathilde bewohnte dort ein kleines Häuschen mit ihren beiden Töchtern, eine davon hieß Magdalena. Ihren Namen hat mir die junge Frau übrigens genannt, als Ihr Mann bei uns war«, erklärte sie an Susan gewandt. »Mathilde war als Heilerin und Seherin tätig. Da die arme Magdalena dem Abt zum Opfer gefallen war, hat sie, nachdem er getötet worden war, ihre spirituellen Kräfte genutzt, um seine Seele zu verdammen. Mehr noch: Sie hat ihn und seine Nachkommen verflucht. Die alte Legende geht also tatsächlich auf den Abt und Mathilde zurück. Diese negative Energie setzt mir unglaublich zu. Auch Mathilde ist nämlich noch hier, und sie ist eine sehr wütende Seele. Sie und der Abt müssen endlich weiterziehen! Ich werde alles tun, um einen Weg zu finden, sie auf ihre kosmische Reise zu schicken«, fügte die Esoterikerin entschlossen hinzu.

»Der Monsignore ist, soweit ich weiß, extra geschickt worden, um so viel wie möglich über das Leben dieses Abtes herauszufinden«, entgegnete Susan, ohne auf ihre Ausführungen weiter einzugehen. »Immerhin hatte das Krindelsdorfer Kloster doch große Bedeutung im Mittelalter. Es wird also nicht einfach sein, ihn von den Recherchen abzubringen. Und auch Rosina wollte ein wenig über die alte Legende recherchieren.«

»Den Kirchenmännern wird nicht gefallen, was sie finden werden«, spekulierte Wiesner stirnrunzelnd, und ihre Augen verengten sich zu Schlitzen. »Aber mit Rosina an der Seite des Monsignores könnte es vielleicht gelingen, die Finsternis zu vertreiben.«

»Rosina könnte helfen?«, hakte Isobel interessiert nach.

»Aber ja. Rosina ist eine ganz besondere und lichterfüllte Seele. Sie ist fast so etwas wie Ihr guter Stern, Frau Hirschberg«, fügte sie an Susan gewandt hinzu. »Sie war noch in jedem Leben an Ihrer Seite. Ihr Karma ist rein und nahezu gesegnet. Sie wird wissen, was zu tun ist.« Ein Strahlen erhellte Indira Wiesners Züge. »Sehen Sie, die Macht des Universums und des Karmas gibt es schon seit Anbeginn der Zeit, lange vor den Weltreligionen.« Sie verdrehte die Augen. »Diese Religionsführer, oder wie auch immer man sie nennen mag, haben die spirituelle Welt noch nie verstanden. Auch haben die meisten von ihnen sich über die Jahrhunderte hinweg weltlichen und auch durchaus fleischlichen Sünden hingegeben. Wer sich an seine eigenen Prinzipien nicht hält, genau das aber von anderen verlangt, verdirbt sein Karma.«

»Da muss ich Frau Wiesner rechtgeben«, stimmte Isobel ihr zu. »Es würde mich sehr wundern, wenn dieser Abt nicht ab und zu eine Nonne in seiner Kammer vernascht hätte. Und dass Rosina ein wunderbarer Mensch ist, darin sind wir uns doch alle einig.«

»Nicht nur in seiner Kammer und nicht nur an Nonnen hat sich dieser Abt vergangenen.« Indira Wiesner freute sich sichtlich darüber, von Isobel Schützenhilfe zu bekommen.

»Das mag ja alles durchaus sein«, räusperte sich Susan. »Ich glaube aber kaum, dass Lo…« Isobel holte laut Luft und bedachte ihre Nichte mit einem warnenden Blick. »Dass Monsignore Bianchi sich vor dem Abt fürchtet«, korrigierte Susan sich rasch. »Er wird sicher seine Arbeit machen.«

»Es wäre schon geholfen, wenn Sie ihn einfach warnen. Das Wort von Ihnen dreien hat bestimmt Gewicht.« Ein tiefgründiges Lächeln umspielte Wiesners Mund, und Susan beschlich das merkwürdige Gefühl, dass die Auraleserin doch so einiges wusste. Auch wenn ihre Quellen gänzlich irdischer Natur sein dürften, dachte sie ironisch.

»Wir werden sehen, was wir tun können, Frau Wiesner«, versprach Dornberg, der sie neugierig musterte, als es erneut klingelte.

»Und wer ist das nun?« Isobel lief im Stechschritt zur Tür.

»Frau Dornberg, wir müssen umgehend mit Hauptkommissar Hirschberg sprechen!« Susans Blut gefror in ihren Adern, als sie Schmalzengrubers Stimme hörte. »Das ist übrigens Monsignore Bianchi.«

»Das dachte ich mir bereits«, entgegnete Isobel trocken, als sie die beiden hereinführte.

»Was wollen Sie denn hier?« Schmalzengruber schien entsetzt, als er Indira Wiesner sah.

»Mein lieber Randolph«, in Bianchis Stimme lag ein beschwichtigender Unterton. »Beruhigen Sie sich.«

Susan konnte verstehen, was Isobels Freundin an ihm attraktiv gefunden hatte. Er war groß und schien sportlich, und sein graues Haar war dicht und gepflegt. In seinen warmen braunen Augen lag ein besorgter Ausdruck.

»Es freut mich sehr, Sie kennenzulernen, Monsignore.

Wie kann ich Ihnen helfen, Herr Pfarrer?«, erkundigte sich Susan.

»Monsignore Bianchi, Frau Hackelgruber und ich waren im Wald spazieren.«

»Ein bisschen Bewegung nach dem Frühstück, bevor ich mich über die alten Dokumente beuge«, erklärte der Monsignore.

»Da haben wir sie gefunden. Auf der Lichtung bei dem See.« Schmalzengruber blickte anklagend in die Runde.

»Wen haben Sie gefunden?« Susans Magen zog sich schmerzhaft zusammen.

»Diese Frau Gerstl. Frau Hackelgruber hat sich bereit erklärt, bei ihr zu warten. Sie meinte, mittlerweile sei sie an einen derartigen Anblick gewöhnt.«

»Sie hat Blutergüsse an ihrem Hals, und ich konnte keinen Puls mehr ertasten.« Bianchis Miene war düster.

»Sie haben Vroni Gerstl tot aufgefunden?«, vergewisserte sich Susan und zog ihr Smartphone aus der Tasche ihrer Jeans.

»Nein, ihre Schwiegermutter. Traudl Gerstl«, stellte Schmalzengruber richtig.

»Die Mutter«, flüsterte Indira Wiesner. »So nimmt das Unheil seinen Lauf«, fügte sie murmelnd hinzu, und Susan musste sich anstrengen, sie zu verstehen.

»Fangen Sie jetzt bloß nicht mit Ihren ketzerischen Geistergeschichten an, Frau Wiesner!« Farbe schoss in Schmalzengrubers Wangen.

»Aber Randolph, beruhigen Sie sich. Sie sollten sich wirklich nicht so aufregen«, beschwichtigte ihn der Monsignore mit einem vielsagenden Blick in Isobels Richtung. »Denken Sie an Ihren Blutdruck. Die Gemeinde braucht Sie. Sie müssen hier die Stellung halten. Der Bischof verlässt sich auf Sie.«

»Ich rufe besser meinen Mann an.« Susan räusperte sich geräuschvoll und drückte auf Hirschbergs Nummer in der Anrufliste. »Vielleicht sollte jemand zurück zu Frau Hackelgruber gehen«, schlug sie vor. »Dann muss die Ärmste nicht allein im Wald mit einer … Ich meine, mit der verstorbenen Frau Gerstl ausharren.« Es waren viel zu viele Menschen in ihrer Küche, fand Susan.

»Susan hat vollkommen recht. Wir können Frau Hackelgruber mit der Sicherung des Tatorts nicht allein lassen. Ich werde mit Ihnen zurück in den Wald fahren und dort auf Alex warten«, bestimmte Dornberg.

»Das wäre eine gute Idee«, stimmte der Monsignore ihm zu, und Schmalzengruber erweckte den Eindruck, in Ohnmacht fallen zu wollen. »Dann können Sie mit Ihrer Haushälterin zurück ins Pfarrhaus gehen, und ich warte mit Herrn Dornberg auf die Polizei.« Er tätschelte die Schulter seines Gastgebers. »Ich sehe doch, wie sehr Ihnen dieser Vorfall zusetzt.«

»Liebes, würdest du bitte im Restaurant Bescheid geben, dass wir heute doch nicht kommen können?«, bat Dornberg seine Frau und runzelte grüblerisch die Stirn. »Es ist ja eigentlich alles für die morgigen Weihnachtsfeiern besprochen. Die Menüfolge steht, und auf Alberto und die Kellner ist Verlass. Wenn du einfach nochmals telefonisch die Details mit ihm und dem Service absprichst, dann kann nichts schiefgehen. Zur Not müssen wir morgen ein wenig früher ins Restaurant. Aber das hier hat jetzt Vorrang.«

»Geh nur, Darling«, lächelte Isobel. »Ich kümmere mich um alles«, versicherte sie ihm.

»Richte Alberto bitte aus, dass er mich jederzeit mobil erreichen kann, falls er noch Fragen hätte.« Dornberg gab ihr einen Kuss und wandte sich an Bianchi und den Pfarrer, dessen Gesichtsausdruck besagte, dass er nicht wusste, wie ihm geschah. »Kommen Sie, meine Herren. Wir sollten keine Zeit mehr verlieren!«

11.

Hauptkommissar Hirschberg stapfte, gefolgt von seiner Kollegin Hansen, durch den verschneiten Krindelsdorfer Wald. Kurz vor dem Ortseingang hatte es wieder begonnen zu schneien, doch weihnachtlich war Hirschberg beileibe nicht zumute. Der viel prophezeite Mord an Traudl Gerstl hatte sich nun tatsächlich ereignet. Doch wie passten der Mord an Mutter und Sohn zusammen, fragte sich Hirschberg, als er sich der Lichtung näherte. Mit der alten Legende waren die Verbrechen gewiss nicht zu erklären. Dornberg und sein Begleiter, den Hirschberg für Monsignore Bianchi hielt, warteten in gebührendem Abstand vor der reglos auf dem schneebedeckten Boden liegenden Gestalt. Hirschberg blickte prüfend auf die Uhr an seinem Handgelenk. Dr. Meißner und die Spurensicherung sollten trotz des Schneefalls bald eintreffen. Allerdings würden die Kollegen kaum brauchbare Spuren finden, fürchtete er.

»Ah, Alex!« Dornberg klang erleichtert. »Es wäre mir bei Weitem lieber, du könntest Lorenzo unter fröhlicheren Umständen kennenlernen.« Er seufzte.

»Trotz allem freut es mich sehr, Monsignore.« Hirschberg reichte ihm die Hand.

»Ach bitte, nennen Sie mich Lorenzo«, lächelte dieser. »Isobels und Vincents Freunde sind auch meine Freunde. Sie haben übrigens eine ganz reizende Frau und einen entzückenden Sohn. Ich kann sehr gut verstehen, warum Isobel und Vincent so sehr an Ihnen allen hängen.«

»Susan ist fast so etwas wie eine Tochter für mich, und sie hätte keinen besseren Ehemann finden können. Und Julian liebe ich wie meinen Enkel«, bekräftigte Dornberg. »Die beiden sind großartige Eltern, Lorenzo.«

»Ich danke euch beiden.« Hirschberg war gerührt. Dornberg ging in seiner Rolle als Onkel wirklich auf. Aus ihm wäre ein sehr guter Familienvater geworden. »Aber, um auf den Grund unserer Anwesenheit zu kommen«, er nickte in Richtung der Ermordeten, »Sie und Pfarrer Schmalzengruber haben Frau Gerstl so gefunden? Sie haben nichts angefasst?«, vergewisserte sich Hirschberg.

»Ich gebe zu, ich habe versucht, ihren Puls zu fühlen«, gestand der Monsignore. »Es hätte ja sein können, dass sie nur bewusstlos ist. Und dabei habe ich die Male an ihrem Hals gesehen.«

»Sieht ganz danach aus, als wäre sie erdrosselt oder erwürgt worden.« Hansen, die neben dem Opfer in die Hocke gegangen war, kam auf die drei zu. »Ich bin Kommissarin Hansen«, stellte sie sich vor.

»Frau Hansen ist eine hervorragende Polizistin, Lorenzo«, lobte Dornberg Hirschbergs Kollegin. »Und ich kann Ihnen versichern, Frau Kommissarin, dass auch *Ihr* Einsatz in den höchsten Kreisen nicht unbemerkt geblieben ist«, fügte er augenzwinkernd hinzu.

»Vielen Dank, aber ich mache nur meine Arbeit, Herr Dornberg«, wehrte die Gelobte lächelnd ab.

»Sie dürfen Ihr Licht nicht unter den Scheffel stellen, Frau Kommissarin – so sagt man doch auf Deutsch, nicht wahr?« Bianchi blickte Dornberg fragend an, und dieser nickte. »Sie und der Herr Hauptkommissar leisten einen wertvollen Beitrag zum Wohlergehen der Gesellschaft!«

»Nichts für Ungut, Lorenzo, aber das sollten Sie Pfarrer Schmalzengruber bei Gelegenheit erklären«, entgegnete Hirschberg gerade trocken, als er Stimmen hörte. Dr. Meißner und die Spurensicherung kamen auf die Lichtung.

»Oh, das werde ich!« Der Monsignore schmunzelte. »Pfarrer Schmalzengruber mag ein Spätberufener sein, aber dennoch ist er ein wichtiger Stützpfeiler der Kirche. Der hiesige Bischof sorgt sich ein wenig, dass Randolph mental zu unflexibel sein könnte. Er müsste die Menschen anders erreichen. Immer mehr Leute wenden der Kirche den Rücken zu.«

»Vielleicht können Sie bei dem Herrn Pfarrer ja etwas bewirken.« Hansen klang entgegen ihrer Worte skeptisch.

»Das glaube ich kaum«, urteilte Dornberg und verdrehte die Augen. »Es tut mir sehr leid, Lorenzo, aber du wirst sehen, dass er viel zu festgefahren ist.«

»Herr Hauptkommissar.« Dr. Meißner gesellte sich zu ihnen. »Trotz des traurigen Anlasses freue ich mich sehr, Sie zu sehen, Herr Dornberg. Meine Frau schwärmt noch immer von ihrem Geburtstagsdinner im Vincobel's und der angenehmen Unterhaltung mit Ihrer Frau.«

»Das freut mich sehr«, strahlte Dornberg. »Grüßen Sie Ihre bessere Hälfte doch bitte ganz herzlich von uns. Wenn Sie wieder bei uns essen möchten, rufen Sie mich einfach an. Für Sie und Ihre Frau haben wir immer einen freien Tisch. Das ist übrigens Monsignore Bianchi«, stellte er seinen Begleiter vor.

»Es freut mich sehr, Monsignore. Ich muss mich aber jetzt um meine Patientin kümmern. Entschuldigen Sie mich bitte.« Er wandte sich um und ging neben Traudl Gerstls Leichnam in die Hocke. Der Tatortfotograf hatte seine Arbeit beendet und trat zur Seite. Hirschberg gesellte sich zu Meißner.

»Der Todeszeitpunkt wird aufgrund der Witterung sicher nur schwer festzustellen zu sein«, fürchtete er.

»Das sehen Sie ganz richtig«, stimmte der Rechtsmediziner ihm zu. »Die Leichenstarre ist noch nicht weit fortgeschritten, aber das kann natürlich auch an der Kälte liegen«, schätzte er. »Es wäre sicher sinnvoll, wenn Sie herausfänden, wann Frau Gerstl das letzte Mal gesehen worden ist.« Er griff in seine Jackentasche und zog ein Brillenetui hervor. Mit der Sehhilfe auf der Nase beugte er sich über ihren Hinterkopf. Die Kapuze ihrer Winterjacke war Traudl Gerstl vom Kopf gerutscht, und sie trug keine Mütze. Meißner öffnete seinen Koffer und kramte eine Pinzette hervor, mit der er etwas aus ihren Haaren befreite. »Das sieht mir nach einem Splitter oder einem Stück Rinde aus.« Er runzelte die Stirn.

»Rinde?« Hirschberg ging in die Hocke und nahm den unscheinbaren Splitter unter die Lupe, während seine Kollegin zum nächstgelegenen Baum ging.

»Chef!«, rief Hansen kurz darauf. »An dem Baumstamm hängt ein weißgraues Haar.« Sie winkte einen Mitarbeiter der Spurensicherung zu sich, der das Haar sicherte.

»Das Labor soll überprüfen, ob es von Frau Gerstl stammt.« Meißner richtete sich auf und betrachtete den Boden eingehend. »Hat es hier heute schon stark geschneit?«

»Als wir unseren Spaziergang gemacht haben, fing es an, kräftig zu schneien«, beantwortete der Monsignore seine Frage. »Ich gebe zu, dass ich die arme Frau Gerstl auch ein wenig vom Schnee befreien musste, um ihren Puls zu fühlen.«

»Das heißt, wenn sie hierher geschleift worden ist, dann sind die Spuren längst wieder schneebedeckt«, mutmaßte der Rechtsmediziner, während er seinen Blick über den Boden schweifen ließ.

»Worauf wollen Sie hinaus?« Sein Tonfall ließ Hirschberg aufhorchen.

»Einen Augenblick bitte, Herr Hauptkommissar.« Meißner signalisierte den Bestattern, Frau Gerstl auf eine Trage zu heben. Hirschberg wartete gespannt, bis der Rechtsmediziner ihren Hals genau untersucht hatte. Ein leises Pfeifen kam nach einigen Augenblicken über seine Lippen. »Sehen Sie das hier?« Er deutete auf einen kleinen, viereckigen Abdruck. »Das könnte von einem Manschettenknopf stammen.«

»Sind das Buchstaben?« Hirschberg zückte sein Smartphone, um ein Foto zu machen. »Das muss ein H sein«, überlegte er. »Der andere vielleicht ein F oder ein E.«

»Möglich«, nickte Meißner, während Hirschberg mehrere Aufnahmen machte.

»Aber wie ist der Abdruck eines Manschettenkopfs auf ihren Hals gekommen?«, wollte Hansen wissen, die ebenfalls einen Blick auf Gerstls Hals warf.

»Ich könnte mir vorstellen, dass der Täter sie gepackt hat«, begann Meißner, ihnen seine Theorie darzulegen. »Er hat sie mit Sicherheit gewürgt, so viel steht fest. Sie war aber in recht guter körperlicher Verfassung für ihr Alter. Daher glaube ich, dass sie sich zur Wehr gesetzt und versucht hat, von ihm wegzukommen. Womöglich hat sie es zu dem Baum da hinten geschafft, wo er sie eingeholt hat. Er hat sie daraufhin wieder gepackt, gegen den Stamm gedrückt und mit seinem Handgelenk und Unterarm Druck auf ihre Kehle ausgeübt. Sie können mir folgen?«

»Durchaus«, nickte Hirschberg. »So könnte dann der Abdruck mit dem Manschettenknopf entstanden sein.«

»Und dann hat er sie hierher zurückgeschleift.« Hansen blickte sich um. »Offenbar wollte der Täter, dass man sie so ziemlich genau an der Stelle findet, wo man auch ihren Sohn gefunden hat.«

»Nur aufgrund des Schneefalls lassen sich, wie Dr. Meißner eben festgestellt hat, keine Schleifspuren mehr erkennen«, ergänzte Hirschberg.

»Jemand scheint es auf die Gerstls abgesehen zu haben«, vermutete Meißner.

»Das, oder jemand will mit kleinen Abweichungen die alte Legende unbedingt am Leben halten«, zog Hansen in Betracht.

»Ich glaube nicht, dass die Morde viel mit der Legende zu tun haben. Sie dient bestenfalls als Vorwand«, warf Hirschberg ein. »Der Mord an Traudl Gerstl wurde ja zumindest von vielen angekündigt.«

»Ach ja?« Meißner zog überrascht die Augenbrauen nach oben.

»Sie war bei ganz vielen Krindelsdorfern ausgesprochen unbeliebt«, erläuterte Hansen. »Womöglich hat der Mörder einfach nur die Gelegenheit beim Schopf gepackt.«

»Zumindest gibt es in ihrem Fall eine Heerschar an Verdächtigen«, kam es seufzend über Hirschbergs Lippen.

»Nicht unbedingt, Herr Hauptkommissar«, meldete sich Meißner zu Wort. »Sie haben den Abdruck eines Manschettenknopfs. Sie sollten herausfinden, wem er gehört. Dann haben Sie vermutlich Ihren Mörder.«

»Der Herr Landrat trägt öfters Manschetten«, fiel Hirschberg ein.

»Aber Alex!« Dornberg musste seine Worte gehört haben. Er kam mit raschen Schritten auf ihn zu. »Das kann doch nicht dein Ernst sein! Du glaubst doch nicht etwa wirklich, dass Günther zu so etwas fähig wäre! Er ist die personifizierte Integrität, und doch nur ein extrem primitiver Geist wäre in der Lage …«

»Vincent, ich glaube zunächst einmal gar nichts«, beschwichtigte ihn der Hauptkommissar und zog ihn am Arm mit sich zurück zu Bianchi. »Ich habe nur überlegt. Ich sehe bei Herrn Seitlbach doch selbst keinerlei Motiv. Und ich fürchte zudem, dass es eine Menge Herren gibt, die Manschettenknöpfe tragen – auch hier in Krindelsdorf. Ich muss euch aber beide bitten, diese Information vertraulich zu behandeln«, schärfte er Dornberg und dem Monsignore ein. »Zu keinem ein Wort! Auch nicht zu Isobel und Susan! Und bitte erst recht nicht zum Herrn Pfarrer! Das muss vorerst streng geheim bleiben«, beschwor er sie.

»Aber natürlich, Alex. Du kannst dich ganz auf uns verlassen. Uns würde nicht im Traum einfallen, deinen Ermittlungen nur in irgendeiner Art und Weise zu schaden«, versicherte ihm Dornberg, der erleichtert schien, dass Hirschberg seinen Freund nicht ernstlich verdächtigte.

»Kein Sterbenswort wird über meine Lippen kommen, Herr Hauptkommissar. Das verspreche ich Ihnen hoch und heilig. Ich muss zugeben, ich finde es wirklich sehr aufregend, eine Mordermittlung so hautnah mitzuerleben. Man kennt das ja sonst nur aus Krimis. Ich nehme an, Vincent hat Ihnen bereits von meiner schriftstellerischen Tätigkeit berichtet. Vielleicht kann ich gewisse Aspekte Ihrer Ermittlung in ›Gefängnis der Leidenschaft‹ einfließen lassen«, überlegte der Monsignore laut, und Hirschberg räusperte sich, um seine zuckenden Mundwinkel im Zaum zu halten. Pietätlosigkeiten hatten an einem Tatort nichts verloren, fand er, doch der Gedanke daran, dass Schmalzengruber keine Ahnung hatte, was der Monsignore tat, wenn der Papst wegsah, amüsierte ihn.

»Dann wünsche ich Ihnen kreatives Schaffen, Lorenzo.« Er räusperte sich geräuschvoll. »Wie wäre es denn, wenn Sie beide sich jetzt auf den Heimweg machten? Falls ich noch Fragen an Sie hätte, Lorenzo, würde ich zu Ihnen ins Pfarrhaus kommen. Vincent, es könnte womöglich spät werden heute Abend. Ich muss …«

»… einen Mörder zur Strecke bringen, ich weiß.« Der Pornotycoon klopfte ihm anerkennend auf die Schulter. »Dieser Ort wäre dem Verbrechen schutzlos ausgeliefert, gäbe es nicht dich und deine Kollegin. Glaubst du, Kommissarin Hansen würde sich über einen selbst gebackenen Stollen und ein paar Plätzchen freuen?«

»Ganz bestimmt sogar, Vincent«, lächelte Hirschberg.

»Ich muss dir wirklich recht geben, Vincent. Der Herr Hauptkommissar hat eine Beförderung mehr als verdient«, bemerkte Bianchi, und Hirschberg horchte auf. Hatten sich seine Karriereaussichten jetzt also auch schon bis in den Vatikan herumgesprochen, dachte er entnervt, als die beiden sich verabschiedeten und zu Dornbergs Wagen gingen.

»Wir bringen Frau Gerstl jetzt in die Rechtsmedizin«, verkündete Meißner, als er auf ihn zukam. »Meinen Bericht bekommen Sie wie immer schnellstmöglich. Hier ist übrigens ihr Hausschlüssel. Er war in ihrer Jackentasche.«

»Danke, Dr. Meißner.« Hirschberg wandte sich an seine Kollegin. »Ich schlage vor, wir sehen uns jetzt erst einmal ein wenig bei Frau Gerstl um, bevor wir Vroni und Daniela Gerstl die traurige Nachricht überbringen müssen.«

***

Hirschberg und Hansen verriegelten ihre Wagen und gingen auf das Haus der Gerstls zu. In Traudl Gerstls Haus waren sie auf nichts Brauchbares gestoßen, deshalb waren sie darauf angewiesen, dass deren Schwiegertochter und Enkelin ihnen weiterhalfen.

»Frau Gerstl scheint zu Hause zu sein«, fiel Hansen auf und deutete auf das geöffnete Garagentor. »Ihr Auto ist zumindest hier.«

»Das träfe sich gut«, antwortete Hirschberg, der hörte, dass sich Schritte der Haustür näherten, noch bevor er auf den Klingelknopf gedrückt hatte.

»Oh mein Gott!« Vroni Gerstl hielt sich die Hand vor den Mund, als sie die Tür öffnete und beinahe in Hirschberg hineingelaufen wäre. »Haben Sie mich erschreckt.« Sie versuchte, ihre Atmung unter Kontrolle zu bringen. Die Autoschlüssel in ihrer Hand ließen Hirschberg vermuten, dass sie auf dem Sprung war.

»Mama, ist was passiert?« Daniela Gerstl erschien hinter ihrer Mutter und blickte ängstlich zur Haustür. Sie öffnete ihren Mund, als sie die beiden Ermittler sah, aber kein Laut kam über ihre Lippen. Es schien offensichtlich, dass sie keine guten Neuigkeiten hatten.

»Frau Gerstl, es tut uns sehr leid, dass wir unangemeldet vor Ihrer Tür stehen, aber wir müssen dringend mit Ihnen und Ihrer Tochter sprechen. Ich fürchte, wir haben schlechte Nachrichten.« Hansens Tonfall war gedämpft, und Vroni Gerstl schluckte.

»Kann das wirklich nicht warten?«, krächzte sie und räusperte sich. »Ich werde am Stand auf dem Weihnachtsmarkt erwartet und muss davor noch eben in der Bäckerei nach dem Rechten sehen. Mein Mann fehlt an jeder Ecke, wie Sie sich sicher vorstellen können, und …« Ihre Hände zitterten auf einmal so sehr, dass ihr die Autoschlüssel entglitten und auf den Boden fielen.

Hirschberg bückte sich, um sie aufzuheben. Ein gehauchtes »Danke« kam über ihre Lippen, als er sie ihr zurückgab.

»Frau Gerstl, wir haben vollstes Verständnis, dass Sie viel zu tun haben jetzt, da Ihr Mann nicht mehr da ist, aber unser Anliegen duldet leider keinen Aufschub. Es geht um Ihre Schwiegermutter.« Hirschberg musterte sie eingehend. Falls er eine verräterische Reaktion ihrerseits erwartet hatte, wurde er enttäuscht.

»Na gut.« Vroni Gerstl schluckte und drehte sich zu ihrer Tochter um. »Dani, kannst du Evi anrufen, dass sie mit Robert am Stand die Stellung hält, bis ich komme? Dann wird das Gebäck heute eben etwas später ausgefahren.«

»Mach ich«, nickte ihre Tochter. Sie schien froh, der Atmosphäre entkommen zu können, wenn auch nur kurz.

»Wir müssen aber auch mit Ihnen sprechen«, hielt Hansen sie zurück. »Bitte kommen Sie nach dem Telefonat zu uns.«

»Ich bin gleich wieder bei Ihnen«, versprach die junge Frau, bevor sie verschwand.

»Kommen Sie ins Wohnzimmer. Sie kennen ja den Weg.« Die Witwe des Bäckers trat beiseite, um sie einzulassen. Hirschberg öffnete seine Winterjacke, da sich ein feuchter Film auf seiner Stirn bildete, kaum dass er das Wohnzimmer der Gerstls betreten hatte. Es war viel zu heiß und stickig für seinen Geschmack. Er hörte, wie seine Kollegin hinter ihm es ihm gleichtat und ebenfalls den Reißverschluss ihrer Jacke aufzog.

»Ich weiß, es ist sehr warm.« Gerstl bot ihnen an, Platz zu nehmen. »Aber meine Tochter und ich frieren unentwegt, seit das mit Fonsi passiert ist. Ich werde überhaupt nicht mehr warm«, flüsterte sie.

»Ich auch nicht.« Daniela Gerstl kam herein und schlang die Arme um sich, als wolle sie ihren Worten den nötigen Nachdruck verleihen. »Ich will auch keinen Weihnachtsbaum«, verkündete sie unvermittelt und presste ihre Lippen einen Moment lang aufeinander. »Ich will nie wieder einen Christbaum.«

»Es ist keine einfache Zeit für uns«, hauchte ihre Mutter, als sie auf einen Sessel sank, und ihre Tochter sich zu ihr auf den Sesselarm setzte. Sie wirkten erschöpft.

»Wenn ich Sie mir so ansehe, habe ich das Gefühl, dass es jetzt noch schlimmer wird. Irgendetwas ist passiert, oder?« Daniela Gerstl schluckte. Sie schien sich für einen harten Schlag zu wappnen. War sie einfach nur pessimistisch nach allem, was passiert war, oder wusste sie, weshalb sie hier waren? Zwischen Großmutter und Enkeltochter gab es viel böses Blut. Dass Daniela mit dem Sohn von Gerstls ehemaligem Konkurrenten liiert war, konnte der herrschsüchtigen Matriarchin nicht recht gewesen sein. War es am Ende zum Streit zwischen Gerstls Mutter und Tochter gekommen? Allerdings hegte Hirschberg große Zweifel, dass die junge Frau stark genug wäre, um ihre Großmutter umzubringen, auch ergab der Abdruck des Manschettenknopfs keinen Sinn. Doch Kettler könnte mit ihr gemeinsame Sache gemacht haben, überlegte er.

»Wir haben leider eine traurige Nachricht für Sie«, bestätigte Hansen ihre Annahme. »Ihre Schwiegermutter beziehungsweise Großmutter ist heute Morgen im Wald auf der Lichtung tot aufgefunden worden. Ziemlich genau an der Stelle, wo man auch Ihren Mann und Vater gefunden hat.«

»Was?« Vroni Gerstl schien wie gelähmt. Sie starrte die beiden fassungslos an. Ihre Tochter schloss die Augen und senkte den Kopf. »Aber … Wie ist das denn passiert? Was …«

»Sie ist keines natürlichen Todes gestorben, Frau Gerstl.« Hirschberg ging zur Couch und setzte sich. »Allem Anschein nach ist sie erwürgt oder erdrosselt worden.«

»Erwürgt? Mit den Händen?«, rief Daniela entsetzt. Sie erbleichte schlagartig.

»Wir müssen den genauen Bericht des Rechtsmediziners abwarten«, antwortete Hirschberg ausweichend. Noch wollte er nicht zu viel darüber preisgeben, auf welche Weise Traudl Gerstl ermordet worden war.

»Wann haben Sie Ihre Großmutter denn zum letzten Mal gesehen?«, erkundigte sich Hansen sanft.

»Das war gestern Nachmittag«, antwortete Daniela wie aus der Pistole geschossen. Ihr Tonfall ließ Hirschberg aufhorchen. Trotz des Schocks klang ihre Stimme auf einmal sehr fest.

»War ihre Großmutter irgendwie anders als sonst? Wirkte sie vielleicht nervöser oder angespannter als gewöhnlich?«, hörte er seine Kollegin fragen.

»Sie war eigentlich wie immer. Höchstens noch streitsüchtiger als sonst.« Daniela starrte einen Moment lang vor sich hin. »Sie konnte ohne Streit nicht leben. Sie musste sich mit jedem anlegen, der ihr über den Weg gelaufen ist. Das war ihr Lebenselixier. Und jetzt war es wohl auch ihre Art, mit Papas Tod umzugehen.«

»Über was haben Sie mit ihr gestritten?«, setzte Hirschberg die Befragung fort.

»Darüber, dass wir uns nach reiflicher Überlegung dazu entschlossen haben, den Fellmeiers zu geben, was ihnen gehört.« Vroni Gerstl klang vehement. »Wir wollen die Häuser nicht! Weder meiner Tochter noch mir liegt auch nur das Geringste am Eigentum der Lechners oder vielmehr der Fellmeiers. Dafür hätte Traudl uns beinahe den Kopf abgerissen! Sie hat regelrecht getobt und hat behauptet, wir würden Fonsis Andenken mit Füßen treten. Wir seien eine undankbare Brut. Können Sie sich das vorstellen?«, platzte es aus ihr heraus. »Sie ist … *war* doch keine junge Frau mehr! Was wollte sie denn mit ihrem Elternhaus? Sie kann es doch schließlich nicht mit ins Grab nehmen! Außerdem gab es niemanden, dem sie das Haus vergönnt hätte. Erst recht nicht meiner Tochter und mir. Der einzige Mensch, der ihr jemals etwas bedeutet hat, war Fonsi. Und der ist tot.«

»Sie war so starrsinnig und unvernünftig«, pflichtete Daniela Gerstl ihrer Mutter bei. »Ich habe nicht verstanden, warum sie sich so darüber aufgeregt hat. Sie hat allen Ernstes von uns verlangt, ihr Martha Lechners Häuser zu überlassen, weil Papa das so gewollt hätte.« Sie schüttelte den Kopf.

»Sie war also hier und hat sich mit Ihnen beiden über die Erbschaft gestritten«, hielt Hansen fest. »Was ist dann passiert?«

»Nichts.« Vroni Gerstl zuckte die Schultern. »Wir haben ihr gesagt, dass unser Entschluss feststeht, woraufhin sie uns beschimpft und uns gedroht hat, dass wir das noch schwer bereuen würden und so weiter. So wie sie es immer gemacht hat, wenn sie ihren Kopf nicht durchsetzen konnte. Nur dieses Mal konnte sie Fonsi nicht mehr auf ihre Seite ziehen.« Sie klang bitter.

»Gegen sechs Uhr ist sie dann wütend nach Hause gegangen. Nachdem sie uns noch mal erklärt hat, dass keine von uns Papa verdient hat. Er hat nie sehen wollen, wie boshaft sie uns gegenüber war.« Danielas Augen wurden feucht. »Aber sonst war er der beste Vater der Welt.«

»Haben Sie eine Ahnung, ob sie vielleicht noch mit jemand anderem Streit gehabt hat?«, erkundigte sich Hirschberg nach einer Weile.

»Sie hatte doch mit so vielen Leuten Streit,« rief Vroni Gerstl und warf die Arme in die Luft. »Sie werden hier an jeder Ecke jemanden finden!«

»Könnten Sie sich vorstellen, dass Sie nochmals mit den Fellmeiers gesprochen hat?«, wollte Hansen unvermittelt wissen.

»Das kann natürlich sein, aber wenn ja, dann hat sie es uns nicht gesagt«, erwiderte Vroni Gerstl. »Sie ist, wie meine Tochter gesagt hat, einfach wütend aus dem Haus gestürmt, nachdem sie nicht wie sonst mit dem Kopf durch die Wand gehen konnte.«

»Und Sie haben danach nichts mehr von ihr gehört?«, vergewisserte sich der Hauptkommissar.

»Nichts mehr«, bestätigte Daniela. »Meine Mutter und ich waren den ganzen Abend zu Hause. Wir mussten endlich damit anfangen, die Todesanzeigen zu schreiben, weil wir sie heute abschicken wollten. Es gibt so vieles, um das wir uns kümmern müssen. Den Streit mit Oma haben wir echt nicht gebraucht. Aber sie hat es darauf angelegt«, fügte sie flüsternd hinzu.

»Und was haben Sie heute Morgen gemacht?« Hirschberg blickte zwischen den beiden hin und her. »Wir müssen diese Frage stellen, wie Sie wissen.«

»Wir waren hier«, antwortete Vroni Gerstl. »Wir schlafen beide nicht besonders gut in letzter Zeit. Gegen acht Uhr sind wir aufgestanden, um gemeinsam zu frühstücken. Wir haben seit gestern Abend das Haus nicht mehr verlassen.«

»Ich gehe diese Woche auch nicht in die Schule«, fügte Daniela erklärend hinzu. »Ich könnte meine Mitschüler im Moment nicht ertragen. Nur die Klassenarbeit am

Freitag werde ich mitschreiben. Das hätte Papa so gewollt.«

»Sie waren also seit Ihrem Streit gestern die ganze Zeit zu Hause«, vergewisserte sich Hansen.

»So ist es«, nickte Vroni Gerstl mit Nachdruck. »Die Angestellten in der Bäckerei kommen auch gut ein paar Stunden ohne mich zurecht. Ich kann mich auf sie verlassen. Sie wissen, was Daniela und ich gerade durchmachen. Und ich bin nun einmal nicht Fonsi, der frühmorgens in die Backstube kommt. Aber ich kümmere mich so gut es geht um alles. Ich müsste auch wirklich langsam los auf den Weihnachtsmarkt. Evi muss das Gebäck ausfahren, und jemand muss die Leute am Stand bedienen. Das schafft Robert nicht allein. Und so ein bisschen Normalität tut mir gut«, gestand sie leise.

»Natürlich.« Hirschberg stand auf. »Sie müssen uns nur für weitere Fragen zur Verfügung stehen.«

»Das werden wir«, versicherte ihm Vroni Gerstl und erhob sich.

»Eine Sache noch.« Hansen hielt sie zurück. »Kennen Sie jemanden mit den Initialen F. oder E. H. beziehungsweise andersherum?«

»Auf Anhieb fällt mir da niemand ein«, antwortete Gerstls Witwe stirnrunzelnd. »Dir, Daniela?«

»Nicht, dass ich wüste.« Ihre Tochter schüttelte den Kopf, bevor sie zu Boden blickte. Sie vermied es, die beiden Ermittler anzusehen. Hirschbergs Instinkt schlug Alarm. Er war sich sicher, dass sie nicht die Wahrheit sagte.

»Ganz bestimmt nicht?«, hakte er nach.

»Nein«, bekräftigte Vroni Gerstl. »Und jetzt muss ich wirklich los.« Sie stand auf und begleitete die beiden hinaus.

»Ihnen brennt doch etwas unter den Nägeln, Frau

Kollegin«, stellte Hirschberg fest, nachdem sie Vroni Gerstl nach draußen gefolgt waren, nun aber außer Hörweite waren.

»Heißt dieser Fellmeier nicht Horst mit Vornamen?«, fragte sie ihn mit nach oben gezogenen Augenbrauen. Hirschberg hätte sich für seine Begriffsstutzigkeit ohrfeigen können. Darauf hätte auch er kommen müssen, schalt er sich.

»Natürlich!«

»Deshalb hätte es mich auch interessiert, ob sie vielleicht am Ende mit den Fellmeiers oder zumindest mit ihm gestern ebenfalls noch Streit hatte. Vielleicht war sie ja nach ihrem Besuch bei Schwieger- und Enkeltochter auch noch bei den Fellmeiers, um ihre Erbschaftsansprüche geltend zu machen«, schlug Hansen vor.

»Mutter und Tochter müssen doch sofort an Horst Fellmeier gedacht haben. Ich hatte nämlich das Gefühl, dass zumindest Daniela uns nicht so ganz die Wahrheit gesagt hat«, ließ er sie wissen.

»Ich auch«, stimmte sie ihm zu. »Vielleicht haben sie ein schlechtes Gewissen wegen der Erbschaft und wollen beide die Fellmeiers schützen. Immerhin waren Vroni und Beate Fellmeier doch einmal beste Freundinnen. Oder es gibt noch einen ganz anderen Grund.«

»Auf jeden Fall müssen wir Horst Fellmeier nochmals auf den Zahn fühlen«, bestimmte Hirschberg und stieg in seinen Wagen. »Bei unserer letzten Unterhaltung war er mir entschieden zu aggressiv.«

12.

Wie jedes Jahr war der Weihnachtsbaum am Eingang des Krindelsdorfer Christkindlmarktes festlich geschmückt. Susan lächelte, als Dornberg, der Julians Buggy schob, mit dem Kleinen vor der mit Lichterketten behangenen Tanne stehenblieb, damit er sie mit großen Augen bestaunen konnte. Es überraschte sie jedes Mal aufs Neue, wie gut der erfolgreiche Pornotycoon mit Kindern umgehen konnte. Oft zog ihr Sohn die Mundwinkel nach unten und begann zu schniefen, sobald Onkel Vincent den Raum verließ. Es würde nicht einfach werden, wenn er und Isobel mit Picasso in den nächsten Tagen abreisten.

Susan hielt Ausschau nach ihrer Freundin, denn Rosina wollte am Eingang des Weihnachtsmarktes zu ihnen stoßen. Monsignore Bianchi erwartete sie am Glühweinstand der Kellerei Krinnaue. Da er Susan und den Dornbergs an diesem Morgen von keinem Geringeren als Pfarrer Schmalzengruber selbst vorgestellt worden war, würde es niemanden verwundern, wenn sie bei einer Tasse Glühwein ein paar Worte wechselten. Zumal der Monsignore darauf erpicht war, sich mit der Historikerin Rosina auszutauschen.

Da nun auch Gerstls Mutter ermordet worden war, hatte Hirschberg alle Hände voll zu tun und konnte sich ihnen nicht anschließen. Susan wusste, dass ein langer Tag vor ihrem Mann lag. In seiner kurzen Nachricht, die sie vorhin erhalten hatte, stand, dass er LKA-Präsident Krämer auf den neuesten Stand bringen und abends nochmals die Fellmeiers aufsuchen müsse. Die Vorstellung, dass Mutter und Sohn mehr oder weniger am selben Ort getötet worden waren, verursachte ihr Gänsehaut. Zwar glaubte sie keine Sekunde an düstere alte Legenden und rachsüchtige Seelen, aber ein Mörder aus Fleisch und Blut, der in Krindelsdorf wieder einmal sein Unwesen trieb, jagte ihr eine Heidenangst ein. Auch kam es ihr so vor, als habe es jemand speziell auf die Familie Gerstl abgesehen. Mochte es sein, dass Vroni und ihre Tochter ebenfalls in Gefahr schwebten, fragte sie sich.

»Hallo, ihr drei!«

Rosina Baumann kam mit dem Kinderwagen auf sie zu und schenkte allen ein strahlendes Lächeln. Julian, der normalerweise ganz aus dem Häuschen war, wenn er sie sah, konnte sich dieses Mal aber nicht von den Lichterketten am Christbaum losreißen. »Wartet ihr schon lange? Ich musste die Kleine nämlich noch wickeln«, erklärte die Historikerin mit entschuldigendem Gesichtsausdruck.

»Erst ein paar Minuten, Rosina«, kam Isobel ihrer Nichte zuvor und gab ihr einen Kuss auf beide Wangen zur Begrüßung. »Ich muss sagen, du siehst aus wie das blühende Leben! Mutter zu sein scheint dir gutzutun!«

»Dem kann ich mich nur anschließen«, pflichtete Dornberg seiner Frau galant bei. »Und diese wundervollen Gene hast du an deine Tochter weitergegeben, wie ich sehe«, lachte er mit einem Blick auf das schlafende Baby.

»Das ist sehr lieb von euch!«, bedankte sich Rosina für die Komplimente. »Es ist genau das, was eine übernächtigte Mutter hören will. Aber sagt mal, ist es wahr? Ist Traudl Gerstl wirklich ermordet worden?«, erkundigte sie sich mit Grabesstimme.

»Leider ja«, nickte Susan. »Und ausgerechnet der Monsignore, Schmalzengruber und Frau Hackelgruber haben ihre Leiche im Wald gefunden. Auf der Lichtung, wo man auch ihren Sohn getötet hat.«

»Ich frage mich, was sie dort zu suchen gehabt hat«, wunderte sich Isobel, bevor sie sich bückte, um Picasso auf den Arm zu nehmen. Dieser bellte eine beleidigt dreinblickende deutsche Dogge an, die mit ihrem Frauchen an ihnen vorbeiging. Die englische Lady tätschelte den Kopf des Mopses. »Auch wenn ich dein Selbstbewusstsein bewundernswert finde und du ganz sicher über mehr Intellekt verfügst, Picasso, muss ich dir doch sagen, dass du es mit diesem Kaliber nicht aufnehmen kannst«, belehrte sie ihn, doch sein Knurren zeugte von nur mangelhafter Einsicht. Für sein Treffen mit dem Monsignore hatte Isobel ihn in Schale geworfen: Picasso trug einen dunkelblauen Anzug mit einer goldenen Christbaumkugel und Tannenzweigen auf dem Rücken. Die Besitzerin der Dogge, die Isobels Worte gehört hatte, rümpfte ihre spitz zulaufende Nase und wandte sich mit einem verächtlichen Blick auf Picasso ab.

»Wir sollten uns besser auf den Weg zum Glühweinstand machen«, regte Susan an. »Der Monsignore wartet sicher schon, und seine Zeit ist begrenzt. Schmalzengruber sollte ihn nicht dabei ertappen, wie er mit dem Feind Bruderschaft trinkt.«

»Früher oder später wird einer der Bewohner des Seniorenheims, das er jede Woche heimsucht, den Herrn Pfarrer von der Bettkante schubsen«, prophezeite Isobel. »Da gehe ich jede Wette ein. Nicht auszudenken, wenn das Letzte, was man im Leben sieht, Schmalzengrubers katholisches Antlitz ist.«

»Wie kommt Alex denn mit den Ermittlungen voran?«, lenkte Rosina das Gespräch wieder auf die Morde.

»Haben er und Kommissarin Hansen schon irgendwelche Anhaltspunkte?«

»Im Fall von Traudl Gerstl scheint es wohl so einige Verdächtige zu geben, weil sie doch recht unbeliebt war«, antwortete Susan achselzuckend. Julian stieß einen Protestschrei aus, da Onkel Vincent sich mit seinem Buggy wieder in Bewegung setzte. Der Kleine hätte offenbar gern noch eine Weile den Baum bewundert.

»Sie hat es sich mit sehr vielen hier im Ort verdorben«, nickte Rosina. »Dass sie diesen Gerstl heiraten musste, darüber ist sie nie hinweggekommen. Zu Marianne hat sie einmal gesagt, dass nur das Starkbier schuld gewesen sei, und sie hat tatsächlich nie wieder getrunken. Aber sie hat ihren Fonsi geliebt, und sie wollte immer nur das Beste für ihren Sohn. Und zimperlich war sie dabei nicht. Die wenigsten Menschen waren außerdem gut genug für ihren Alfons. Ganz besonders nicht seine Frau. Über Danielas Geburt hat sie sich damals gar nicht gefreut.« Rosina seufzte. »Welche Großmutter freut sich denn nicht über ein Enkelkind?«

»Ich kann mir das nicht erklären.« Susan schüttelte den Kopf. »Wie kann man Menschen nur so von sich stoßen?«

»Frau Wiesner glaubt übrigens, dass die Seele von Abt Ägidius für das Unheil hier am Ort verantwortlich ist«, fiel Isobel ein, und der Mops auf ihrem Arm bellte zustimmend. »Angeblich war er kein guter Mensch.«

»Des stimmt!«

Susan blickte zur Seite, als Marianne Dachshofers Stimme an ihr Ohr drang.

»Frau Dachshofer, das ist ja eine Überraschung!«, freute sie sich. »Wie geht es Ihnen?«, wollte sie wissen, nachdem auch ihre Begleiter die ortsansässige Naturheilkundlerin begrüßt hatten.

»Mir geht's immer gleich«, antwortete Dachshofer. »Aber die Morde sind furchtbar! Die Resi hat mir gleich, nachdem sie die Traudl gfundn ham, erzählt, was passiert is. Die oide Gerstl war zwar ekelhaft, aber es hätt net sein müssn, dass sie so sterben muss.«

»Das verdient niemand, Marianne«, stimmte Rosina ihr zu. »Aber dass es die Seele des Abtes war, halte ich für ausgeschlossen.«

»Aber ein guter Mensch war er net, Rosina. Du kennst die Gschichten doch bestimmt noch besser als wir, net wahr?«, rief sie der Historikerin ins Gedächtnis.

»Dass er sich an einer jungen Frau vergangen hat?«, hakte Susan nach. »Indira Wiesner hat uns vorhin davon erzählt, dass die Mutter seines Opfers wohl damals dort gelebt hat, wo heute ihr Haus steht.«

»Ja, das stimmt. Diese Mathilde hat tatsächlich auf dem Grundstück der Wiesners gelebt. Und der Abt soll ihre Tochter sogar getötet haben, meine ich irgendwo gelesen zu haben«, bestätigte Rosina. »Die katholischen Werte hat er nicht unbedingt hochgehalten.«

»Hört ihr!«, rief Isobel triumphierend. »Der Katholizismus war schon immer die reinste Heuchelei! Kein normaler Mensch könnte sich an all die Regeln halten.«

»Es gibt tatsächlich alte, gut erhaltene Aufzeichnungen eines Mönchs. Er war der Medicus des Klosters, um genau zu sein. Er beschreibt, dass Ägidius der Fleischeslust verfallen war und fast jede Nacht junge Frauen in seinen Gemächern hatte. Manche von ihnen hätten mit dem Abt sogar Ehebruch begangen. Dieser Bruder Antonius hat auch von fragwürdigen Sexualpraktiken berichtet. In seinen Aufzeichnungen lässt er kein gutes Haar an Ägidius. Allerdings muss man solche Berichte mit Vorsicht genießen«, gab Rosina zu bedenken.

»Ach ja?« Isobel zog die Augenbrauen nach oben.

»Wir können nicht sagen, wie das Verhältnis von Bruder Antonius zu Ägidius war«, erklärte die Historikerin, als sie auf den Glühweinstand zusteuerten. »Es könnte zum Beispiel gut sein, dass er an Ägidius' Stelle gern Abt geworden wäre und ihn deshalb in ein schlechtes Licht rücken wollte. Schon in der Antike gab es so etwas wie Meinungsmache und politische Propaganda. Denkt zum Beispiel auch daran, wie sehr Marie Antoinette gerade von ihren männlichen Zeitgenossen verunglimpft worden ist. Natürlich war der Lebensstil der französischen Monarchen ausschweifend und rücksichtslos gegenüber dem notleidenden Volk, aber dennoch gibt es keinen Beleg dafür, dass sie die Menschen tatsächlich aufgefordert hat, Kuchen zu essen, wenn sie kein Brot hätten. Das scheint wohl die berühmteste Fake News des achtzehnten Jahrhunderts gewesen zu sein.«

»Du meinst also, dass auch original historische Quellen durchaus unzuverlässig sein können?«, hakte Dornberg interessiert nach.

»Absolut«, bekräftigte sie.

»Dann spinnt sich Frau Wiesner da wohl wieder einmal etwas zusammen«, vermutete Susan.

»Net unbedingt, Frau Hirschberg«, widersprach Dachshofer. »Wenn die Indira so eine Ahnung hat, dann bin i immer vorsichtig. Außerdem hat's seither immer wieder Leut gebn, die den Abt gsehn ham. Und zwar immer in der Nähe vom Haus von den Wiesners. Wie die Rosina grad gsagt hat, is da ja damals des Haus gstandn, wo die Mutter von der jungen Frau glebt hat, die ihn wohl irgendwie magisch gebannt oder verflucht hat.«

»Eine gewisse Mathilde von Melchweiler. Melchweiler war eine Einöde in der Nähe von hier. Zumindest wird vermutet, dass die Frau aus dieser Ecke stammte«, fügte Rosina erklärend hinzu. »Sie muss schlimmste Verwünschungen ausgestoßen haben, als ihre Tochter dem Abt zum Opfer gefallen ist.« Sie runzelte kurz die Stirn.

»Stimmt etwas nicht?«, wollte Susan wissen. Sie kannte diesen Gesichtsausdruck. Ihrer Freundin kam ein wichtiger Gedanke.

»Nein, alles in Ordnung. Mir ist nur gerade eingefallen, dass ich noch etwas mit dem Monsignore besprechen möchte«, ließ sie Susans Neugier unbefriedigt. »Aber jedenfalls soll diese Mathilde den Abt verflucht haben, dass er nach seinem Tod diese Welt erst dann verlassen könne, wenn er seine Missetaten bereut und gesühnt habe.«

»Und der Legende nach heißt's aber, dass der Abt überhaupt net einsichtig war, und da hat die Mathilde dann auch noch seine männlichen Nachkommen verflucht«, brachte Dachshofer die Krindelsdorfer Sagenwelt wieder ins Spiel. »Genügend Kinder werden ja von ihm rumglaufn sein, so wie er's triebn hat. Und i will jetzt zwar net behaupten, dass an der oiden Legende was dran is. Aber: I kann nur immer wieder sagn, wenn die Indira ein schlechtes Gfühl hat, bin i vorsichtig.«

»Das schadet nie, Frau Dachshofer«, stimmte Isobel ihr zu. »Auch ich habe das Gefühl, dass sehr viel schlechtes Karma hier am Ort ist.«

»Da habn's recht, Frau Dornberg! Die Indira hat letztens gsagt, dass Sie durchaus eine spirituelle Antenne ham. Aber jetzt muss i mi beeilen. I muss noch Plätzchen backen, und i wollt noch schnell an den Stand vom Gerstl und nach der Vroni sehn.« Die Heilkundlerin verabschiedete sich und verschwand.

»Ich glaube, da kommt der Monsignore, nicht wahr?« Rosina deutete auf einen hochgewachsenen Herrn, der gerade aus der Eingangstür des Krindelsdorfer Klosters kam.

»Ganz recht«, strahlte Dornberg und winkte seinem Freund, der sogleich auf sie zusteuerte.

»Es freut mich sehr, euch zu sehen«, verkündete Bianchi. »Und Sie müssen Frau Baumann sein.« Er drückte Rosinas Hand und warf einen wohlwollenden Blick in den Kinderwagen. »Sie scheinen wirklich in allem, was Sie tun, zu brillieren, Frau Kollegin. Die Kleine ist bildhübsch!«

»Das war ich nicht allein«, grinste Rosina. »Mein Mann hat mir dabei geholfen.«

»Wohl wahr«, stimmte Lorenzo schmunzelnd zu. »Aber ich muss sagen, ich bewundere Ihre Arbeit, Frau Baumann. Ihre Dissertation hat mich wirklich beeindruckt!«

»Vielen Dank«, freute sich Rosina. »Wie ich höre, wollen Sie die Geschichte von Abt Ägidius recherchieren?«

»Allerdings. Ich habe den Auftrag, seine Biografie für die Jubiliäumsfeierlichkeiten des Klosters im kommenden Jahr zu verfassen.«

»Hätten Sie etwas dagegen, wenn ich Ihnen ein wenig unter die Arme greife?«, erkundigte sich Rosina. »Ich bin zwar mit einer neuen Biographie über Lola Montez beschäftigt, aber ich würde gern einiges nachprüfen. Außerdem habe ich im Grundstudium schon ein wenig über ihn und die alte Legende recherchiert. Ich müsste meine Notizen von damals eigentlich noch irgendwo haben.«

»Es wäre mir eine große Freude, mit Ihnen zusammenzuarbeiten!«, rief Bianchi enthusiastisch.

»Sie müssen sich aber auf einige unschöne Entdeckungen gefasst machen.« Rosina berichtete dem Monsignore von Bruder Antonius und Mathilde von Melchweiler.

»Ich muss sagen, Sie wecken meine Neugier, Frau Kollegin.« Der Monsignore massierte gedankenverloren sein Kinn. »Vor uns liegt bestimmt so manche interessante Stunde. Es mag gut sein, dass die Kirche am Ende nicht begeistert sein wird, aber der Historiker in mir strebt nach der Wahrheit.«

»Darauf sollten wir eine Tasse Glühwein trinken!«, beschloss Isobel und zog Bianchi am Arm mit sich zum Glühweinstand, wo sich bereits einige Krindelsdorfer aufwärmten. »Die Kellerei Krinnaue hat ein hervorragendes Angebot. Ich empfehle den Glühwein mit Rumkirschen!«

»Das klingt ganz exquisit! Die deutschen Weihnachtsmärkte sind wirklich zauberhaft.«

»Da hast du recht, Lorenzo. In England versucht man ja, sie nachzumachen, aber ich muss wirklich sagen, dass sie an die Originale hier doch nicht herankommen«, gab die englische Lady zu.

»Wenn Schmalzengruber wüsste, dass der Monsignore mit uns Glühwein trinkt«, kicherte Rosina an Susan gewandt.

»Er darf das nie erfahren«, beschwor diese ihre Freundin. »Denn dann wären die beiden Morde Krindelsdorfs geringstes Problem«, sprudelte es ironisch aus ihr heraus.

***

Hauptkommissar Hirschberg und seine Kollegin Hansen warteten vor der Tür der Fellmeiers. Nach einer Unterredung mit dem LKA-Präsidenten und einem Telefonat mit Landrat Seitlbach, der sich ebenfalls nach dem Stand der Ermittlungen hatte erkundigen wollen, hatten sich die Ermittler zurück auf den Weg nach Krindelsdorf gemacht. Sie waren zwar etwas früher bei den Fellmeiers als das letzte Mal, aber das Ehepaar schien bereits zu Hause zu sein.

»Frau Kommissarin, Herr Hauptkommissar.« Beate Fellmeier blickte ihnen resigniert, wenn auch wenig überrascht entgegen. Es war klar, warum sie hier waren. »Kommen Sie herein. Wir haben schon mit Ihnen gerechnet, nachdem das mit Traudl Gerstl passiert ist«, bestätigte sie Hirschbergs Vermutung.

»Guten Abend.« Horst Fellmeier legte seine Zeitung beiseite und erhob sich, als Hirschberg und Hansen hinter seiner Frau ins Wohnzimmer kamen. »Es war ja nur eine Frage der Zeit, bis Sie wieder vor unserer Tür stehen«, bemerkte er mit spitzem Unterton. Zum Kreis der Verdächtigen gezählt zu werden, schmeckte den wenigsten, wusste der Hauptkommissar.

»Dass Frau Gerstl ermordet worden ist, hat sich wieder einmal in Windeseile herumgesprochen«, stellte Hansen trocken fest.

Der Kuhstallfunk, wie Isobel es formulierte, funktionierte tadellos in Krindelsdorf, dachte Hirschberg.

»Vroni hat mich angerufen«, nickte Beate Fellmeier und bot ihnen an, Platz zu nehmen. »Sie und Daniela sind trotz ihres schwierigen Verhältnisses zu Traudl erschüttert, wie Sie sich sicher vorstellen können. Es kommt schließlich nicht alle Jahre vor, dass kurz vor Weihnachten die halbe Familie einem Mörder zum Opfer fällt.« Sie schlang die Arme um sich.

»Dann haben Sie und Ihre ehemalige Freundin Vroni Gerstl jetzt wieder besseren Kontakt?«, wollte Hirschberg wissen. Kaum waren Ehemann und Schwiegermutter aus dem Weg, fanden die beiden Freundinnen wieder zusammen. Wenn er darin auch kein starkes Motiv sah, stimmte es ihn doch nachdenklich. Vroni Gerstl und ihrer Tochter stand eine stattliche Erbschaft ins Haus, zudem konnte sich die Witwe ungestört mit ihrer alten Freundin versöhnen. Zudem konnte Daniela in eine ungetrübte Zukunft mit ihrem Freund Kettler blicken. So wurde das Motiv stärker, fand Hirschberg.

»Ja, wir haben uns ausgesprochen«, bestätigte Frau Fellmeier. »Wir konnten in aller Ruhe über alles sprechen. Und Vroni ist wie ich auch der Meinung, dass Traudl von Anfang an einen Keil zwischen uns getrieben hat.«

»Aber deshalb begeht man noch lange keinen Mord«, beeilte sich Fellmeier jeglicher Anschuldigung vorzubeugen. »Die Freundschaft meiner Frau mit Vroni ist schon seit Jahren von Alfons Mutter torpediert worden. Da hätte sie die alte Gerstl doch schon viel früher …« Er vollendete den Satz nicht und schüttelte stattdessen den Kopf. »Sie verstehen, was ich sagen will.«

»Frau Gerstl und ihre Tochter haben zugegeben, dass sie mit Traudl Gerstl gestern Nachmittag Streit gehabt haben. Angeblich ging es um ihre Pläne, die Erbschaft Ihrer Tante auszuschlagen oder vielmehr Ihnen alles zurückzugeben.« Hirschberg wartete auf die Reaktion der beiden.

»Vroni ist im Grunde ihres Herzens ein wirklich anständiger Mensch.« Beate Fellmeier blickte ihm in die Augen. »Sie hat schon früh erkannt, was Alfons und seine Mutter ausgeheckt haben, aber sie konnte nichts dagegen machen. Ich nehme ihr das auch nicht übel«, betonte sie. »Aber weder ihr noch Daniela liegt etwas an den Häusern. Deshalb hat sie mich angerufen, um mir zu sagen, dass wir alles zurückbekommen. Sie meinte, unsere Freundschaft sei ihr wichtiger als alles andere.«

»Auf einmal?«, entfuhr es Hansen.

»Dinge können sich ändern, Frau Kommissarin«, antwortete die Frau des Internisten und verschränkte die Arme vor der Brust.

»Frau Gerstl senior war darüber aber nicht erfreut«, warf Hirschberg ein.

»Diese Frau war nie über irgendetwas erfreut!«, rief Fellmeier. »Sie hat es nie verwunden, dass ihre Familie den Glanz von einst nicht mehr wiederbeleben konnte. Ihr Sohn hat es zwar zu reichlich gebracht, aber ihr Großvater war der Krindelsdorfer Bürgermeister! Der beste Bürgermeister, den der Ort je gesehen hat! Die Bachingers haben ihre Nase immer schon in den Himmel gestreckt, und auf die anderen herabgesehen. Doch Hochmut kommt vor dem Fall, wie es so schön heißt!«

»Fakt ist aber, dass Sie und die Erbschaft Ihrer Tante, Frau Fellmeier, der Grund für den Streit zwischen Ihrer Freundin und ihrer Schwiegermutter gestern Abend waren«, beharrte Hirschberg. »Traudl Gerstl konnte weder ihre Schwiegertochter noch ihre Enkelin dazu bringen, die Häuser Ihrer Tante zu behalten. Der Entschluss der beiden, Ihnen die Immobilien zurückzugeben, hat sie unglaublich wütend gemacht. Ich könnte mir vorstellen, dass Sie auch mit Ihnen die Auseinandersetzung gesucht hat.«

Die Fellmeiers wechselten einen raschen Blick und senkten schweigend die Köpfe. Hirschberg schien ins Schwarze getroffen zu haben.

»Haben Sie beide Frau Gerstl gestern gesehen? Und ist es zum Streit mit ihr gekommen?«, trieb Hansen sie in die Enge. Ihre Stimme klang gebieterisch. Seine zierliche Kollegin verfügte über eine enorme natürliche Autorität, bewunderte Hirschberg. Er sah, wie die Fellmeiers nervös wurden.

»Wir können auch von Tür zu Tür gehen und Ihre Nachbarn befragen«, kündigte Hirschberg an. »Frau Gerstl war wütend, und wenn sie Ihnen einen Besuch abgestattet haben sollte, dann hat das bestimmt irgendjemand mitbekommen«, fügte er gelassen hinzu.

»Schon gut.« Fellmeier gab sich geschlagen.

»Horst!«, rief seine Frau entsetzt.

»Wir haben rein gar nichts zu verbergen, Schatz.« Er legte den Arm um ihre Schultern. »Die alte Gerstl war tatsächlich hier gestern Abend. Sie war unglaublich wütend, hat Sturm geläutet. Zunächst wollten wir nicht aufmachen, aber als sie anfing, uns lautstark zu beschimpfen, da sind wir dann doch nach draußen gegangen, um sie zur Vernunft zu bringen«, gab Fellmeier zu. »Wir müssen wohl nicht extra betonen, wie peinlich uns das vor den Nachbarn war.«

»Sie hat meine Großeltern als dahergelaufene Diebe beschimpft, sie hätten sich ihr Elternhaus unter den Nagel gerissen und die Situation ihrer Familie ausgenutzt. Und Tante Martha sei nichts weiter gewesen als eine senile alte Drudschn«, kam es bitter über Beate Fellmeiers Lippen.

»Eine was?«, fragte Hansen.

»Eine Drudschn ist eine dumme, schwerfällige Frau«, erklärte Hirschberg, bevor er sich wieder an die Fellmeiers wandte. »Aber das muss Sie doch sehr in Rage versetzt haben, nicht wahr?«

»Natürlich waren wir aufgebracht«, brach es aus Fellmeier heraus. »Wie würden Sie sich denn fühlen, wenn so eine verrückte Soziopathin bei Ihnen vor der Tür stünde und Ihnen Derartiges an den Kopf wirft?«

»Dann haben Sie sich also mit ihr gestritten?«, nagelte Hansen das Ehepaar fest.

»Wir haben uns verteidigt, Frau Kommissarin«, stellte Beate Fellmeier klar. »Das ist ein Unterschied. Wenn man angegriffen wird, hat man das Recht, sich zur Wehr zu setzen. Das wird Ihnen jeder Wald-und-Wiesen-Psychologe bestätigen«, schob sie aufmüpfig nach. »Die Frau war doch komplett wahnsinnig! Sie hätten sie hören sollen!«

»Da hat meine Frau recht. Und wir wollten wirklich nur, dass sie aufhört zu schreien, dass sie sich beruhigt und nach Hause geht.« Fellmeier warf die Hände in die Luft.

»Und hat Frau Gerstl aufgehört zu schreien? Haben Sie sie zum Schweigen gebracht, Herr Fellmeier?« Wenn er etwas mit ihrem Tod zu tun hatte, wollte Hirschberg ihn mit dieser Provokation aus der Reserve locken.

»Ich habe ihr gedroht, die Polizei zu rufen, wenn sie sich nicht vom Acker macht. Mehr nicht!«

»Tragen Sie ab und zu Manschettenknöpfe, Herr Fellmeier?«

»Was? Wie kommen Sie jetzt darauf?« Hansens Frage schien den Internisten zu überraschen. Er blinzelte verwirrt.

»Beantworten Sie bitte die Frage, Herr Fellmeier«, forderte Hirschberg ihn auf.

»Ab und zu. Zu besonderen Anlässen. Aber warum ...«

»Auch welche mit Ihren Initialen?«, fiel Hansen ihm ins Wort.

»Nein. Es sind ganz schlichte.« Seine Antwort klang aufrichtig in Hirschbergs Ohren. Dennoch mussten sie Fellmeiers Beteuerung überprüfen.

»Dürften wir einen Blick auf Ihre Manschettenknöpfe werfen?«

»Ich gehe sie holen«, seufzte Beate Fellmeier. »Es sind nur drei Paar.«

»Ich begleite Sie, wenn Sie nichts dagegen haben.« Hansen folgte einer widerwillig nickenden Beate.

»Dürfen Sie das eigentlich?«, erkundigte sich Fellmeier mit unterdrücktem Zorn. »Brauchen Sie dafür nicht einen Durchsuchungsbeschluss oder so etwas?«

»Da Ihre Frau uns gerade ihre Zustimmung erteilt hat, nein«, entgegnete Hirschberg gelassen. »Wo waren Sie denn heute am frühen Morgen?«

»Wir waren alle hier!« Die Tochter der Fellmeiers war unbemerkt ins Wohnzimmer gekommen und blickte Hirschberg vorwurfsvoll an. »Keiner von uns hat die alte Schachtel auf dem Gewissen!«

»Lea! Frau Gerstl ist tot. Sprich bitte nicht so über sie«, wies ihr Vater sie zurecht.

»Ist doch wahr! Sie hat doch einen Riesenterror geschoben wegen der Erbschaft! Sie war ein richtig böses, altes Weib! Erst recht, wenn sie nicht bekommen hat, was sie wollte. Wenn es nicht nach ihrem Kopf gegangen ist! Daniela hat sich doch auch nur mit ihr gestritten. Seit sie mit Georg zusammen ist, ist es richtig schlimm.«

»Es gab oft Streit zwischen den beiden wegen Herrn Kettler?«, vergewisserte sich Hirschberg.

»Andauernd! Was denken Sie denn?« Sie verdrehte die Augen wegen Hirschbergs offenkundiger Begriffsstutzigkeit. »Gestern Abend noch hatten sie einen richtig krassen Streit deswegen.«

»Woher weißt du das, Lea?« Ihre Mutter und Hansen kamen zurück ins Wohnzimmer. Seine Kollegin schüttelte kaum merklich den Kopf. Die Manschettenknöpfe schienen unschuldig zu sein.

»Ich habe mich nach dem Abendessen noch kurz mit Linus getroffen, und …«

»Du hast dich rausgeschlichen? Schon wieder? Du

kennst die Regeln, Lea! Wenn du am nächsten Tag Schule hast und früh aufstehen musst …«, rief ihr Vater.

»Herr Fellmeier, lassen Sie Ihre Tochter bitte ausreden«, unterbrach ihn Hansen. »Was sie zu sagen hat, könnte wichtig sein.«

»Natürlich.« Er fuhr sich mit der Hand durch die Haare und atmete tief ein und aus.

»Erzähl uns bitte, was du mitbekommen hast, Lea«, bat Hirschberg das Mädchen.

»Daniela und Georg treffen sich immer an der Krinn. Linus und ich sind gestern Abend noch ein bisschen spazieren gegangen und kamen auf der Brücke an den beiden vorbei. Die alte Gerstl war auch da.« Sie verzog ihren Mund zu einer geringschätzigen Grimasse. »Sie hat Daniela angebrüllt, weil sie überhaupt kein Schamgefühl habe, sich mit dem Sohn des Konkurrenten ihres Vaters einzulassen. Sie trete sein Andenken mit Füßen und sei genauso undankbar wie ihre Mutter. Ihr heiliger Alfons«, lästerte sie, »hätte etwas Besseres verdient als so eine Tochter und so eine Ehefrau. Der übliche Schwachsinn.«

»Wie haben die beiden reagiert?«, wollte Hansen wissen.

»Daniela hat sie als boshaftes altes Weib bezeichnet, und das völlig zurecht. Ich hätte ihr noch ganz anderes an den Kopf geworfen. Georg und sein Kumpel …«

»Moment!« Hirschberg ließ sie nicht aus den Augen. »Es war noch jemand dabei?«

»Ja, ein Freund von Georg. Er war es auch, der die Gerstl ausgelacht und gesagt hat, dass ihre Boshaftigkeit sie eines Tages noch umbringen wird.«

»Hast du eine Ahnung, wie der Freund heißt?« Daniela Gerstl würde ihnen einiges zu erklären haben, dachte Hirschberg grimmig.

»Nein«, enttäuschte sie die beiden Ermittler. »Da müssen Sie schon Daniela oder Georg fragen. Linus und ich haben auch zugesehen, dass wir abhauen. Wir wollten weder mit den vieren Ärger noch wollte ich, dass meine Eltern merken, dass ich mich rausgeschlichen hatte.«

»Ich danke dir, dass du ehrlich warst, Lea.« Hirschberg warf ihrem Vater einen Blick zu. Er hoffte, Fellmeier würde nicht allzu streng mit seiner Tochter sein. Immerhin könnte ihre Aussage ihn entlasten. »Das wäre dann auch vorläufig alles. Sollten wir doch noch Fragen haben, melden wir uns bei Ihnen.«

»So viel dazu, dass Mutter und Tochter den ganzen Abend zu Hause gewesen sind«, wisperte Hansen ihm zu, nachdem die Haustür hinter ihnen ins Schloss gefallen war.

»Ich schlage vor, wir fahren gleich noch mal zu den Gerstls«, bestimmte der Hauptkommissar, der es ganz und gar nicht leiden konnte, wenn man ihm Lügen auftischte. »Ich möchte wissen, warum Daniela Gerstl uns belogen hat. Sie hätte uns doch sagen können, dass sie und ihr Freund Streit mit ihrer Großmutter hatten. Das ist schließlich kein Geheimnis.«

»Glauben Sie, dass sie etwas mit dem Mord an ihrer Großmutter zu tun hat?« Hansen klang trotz allem skeptisch.

»Ich kann mir nicht so recht vorstellen, dass sie kräftig genug wäre, ihre Großmutter gegen einen Baum zu pressen und zu töten. Sie trägt auch sicher keine Manschettenknöpfe. Aber womöglich möchte sie doch Kettler schützen«, zog er in Betracht.

»Dann fühlen wir ihr doch am besten auf den Zahn«, nickte Hansen und entriegelte ihren Wagen.

13.

Der Bewegungsmelder der Gerstls leuchtete Hirschberg und Hansen den Weg zur Haustür, der sich als Rutschpartie erwies. Mehrere vereiste Stellen hatten sich gebildet, und sie mussten achtgeben, nicht den Halt zu verlieren. Der Hauptkommissar hoffte, dass Daniela Gerstl bei dieser klirrenden Kälte zu Hause und nicht mit Georg Kettler unterwegs war.

»Guten Abend.« Ein wachsamer Ausdruck schlich sich in Vroni Gerstls Augen, als sie ihnen öffnete. »Kann ich noch etwas für Sie tun? Haben Sie weitere Fragen?«

»Frau Gerstl, wir müssen dringend mit Ihrer Tochter sprechen. Ist sie hier?«

»Ja, sie und Georg sind im Wohnzimmer, und …«

»Herr Kettler ist auch hier?«, unterbrach Hansen sie, und Vroni Gerstl nickte. »Das trifft sich sehr gut. Wir müssen nämlich auch mit ihm sprechen.«

»Dann kommen Sie wohl besser herein.« Gerstl ergab sich seufzend in ihr Schicksal. Gewiss hatte sich die Witwe einen halbwegs ruhigen Abend mit ihrer Tochter und deren Freund erhofft, vermutete Hirschberg.

»Zwei Mal an einem Tag?« Daniela Gerstl saß mit Georg Kettler auf der Couch. Dem Hauptkommissar entging ihre plötzliche Nervosität nicht. Ihre Stimme klang angespannt, und ihre Nasenflügel blähten sich. Sie griff nach Kettlers Hand. Im Gegensatz zu seiner Freundin beherrschte er das perfekte Pokerface, was ihn für Hirschberg aber nur noch verdächtiger machte.

»Wenn man uns nicht die Wahrheit sagt, ist es nötig,

dass wir noch mal nachhaken.« Hansen stemmte die Hände in die Hüften.

»Wie meinen Sie das?« Vroni Gerstl klang erschrocken. »Wir …«

»Sie haben uns angelogen. Sie beide. Es hat keinen Sinn, es abzustreiten«, fuhr Hirschberg ihr in die Parade. Er blickte von Mutter zu Tochter, bevor sich seine Augen in Kettlers bohrten, der nun doch unruhig hin und her zu rutschen begann.

»Zumindest Sie waren gestern nach dem Streit mit Ihrer Großmutter nicht, wie Sie und Ihre Mutter uns gegenüber behauptet haben, den ganzen Abend hier zu Hause«, hielt Hansen Daniela vor.

»Wir waren beide zu Hause«, beharrte Vroni Gerstl. »Ich weiß überhaupt nicht, wie Sie darauf kommen, dass …«

»Hören Sie auf«, fiel Hirschberg ihr ungeduldig ins Wort. »Wenn Sie sich gegenseitig ein falsches Alibi geben, dann kommt die Wahrheit immer irgendwie ans Licht. Erst recht, wenn es unverhoffte Zeugen gibt.«

Vroni Gerstl schluckte und sank wie in Zeitlupe auf den Sessel. Sie schien es nicht über sich zu bringen, die beiden Ermittler anzusehen.

»Daniela, wir wissen mittlerweile, dass Sie und Herr Kettler gestern Abend mit einem Freund unterwegs waren und dabei Ihrer Großmutter über den Weg gelaufen sind.« Die Kommissarin klang unnachgiebig.

»Wer hat Ihnen …«, hob Kettler an.

»Das tut nichts zur Sache, Herr Kettler«, erstickte Hirschberg seine Neugier im Keim. »Es wäre beileibe besser gewesen, Ihre Freundin und Frau Gerstl hätten uns gleich die Wahrheit gesagt. Fakt ist, dass Sie beide« er deutete auf Daniela und Kettler, »und auch Ihr Begleiter lautstark Streit mit Frau Gerstl hatten. Und das ausgerechnet an dem Abend, bevor sie ermordet worden ist.«

»Wenn Sie damit etwa andeuten wollen, dass wir etwas mit ihrem Tod zu tun haben, dann liegen Sie völlig falsch!«, brauste Kettler auf. »Sie kommen einfach hier in dieses Haus und …«

»… machen unsere Arbeit, Herr Kettler!«, rief Hirschberg. »Und ab jetzt will ich aus Ihrem Mund nur noch die Wahrheit und sonst nichts hören! Haben Sie das verstanden?«

Kettler erbleichte und nickte.

»Wir wussten, dass Sie uns verdächtigen würden. Aus genau diesem Grund haben wir Ihnen vorhin nichts davon gesagt«, kam seine Freundin ihm zu Hilfe. »Sie ziehen die völlig falschen Schlüsse. Wir haben meiner Großmutter nichts angetan.«

»Mit Ihrem Schweigen haben Sie Ihre Situation nur verschlimmert, Frau Gerstl«, versuchte Hansen, ihr den Kopf zurechtzurücken. »Wären Sie heute Morgen offen zu uns gewesen, hätten wir jetzt nicht das Gefühl, dass Sie etwas zu verbergen haben. Jetzt sind Sie definitiv tatverdächtig.«

»Wir haben nichts getan!«, wiederholte Daniela verzweifelt. Der jungen Frau schien zu dämmern, dass sie einen großen Fehler begangen hatte.

»Die Polizei hat schon einmal geschlampt, nachdem das mit meinem Vater passiert ist«, brach es bitter aus Kettler heraus. Trotz Hirschbergs vorangegangener Warnung konnte er nicht an sich halten. »Wollen Sie es uns da etwa verübeln, dass wir Ihnen nicht trauen?«

»Herr Kettler, das hier ist eine Mordermittlung.« Hirschberg hätte den jungen Mann am liebsten an den Schultern gepackt und kräftig geschüttelt. »Was Ihrem Vater passiert ist, ist tragisch, aber es geht dieses Mal nicht um Ungeziefer in der Backstube und einen etwaigen Einbruch. Zwei Menschen sind getötet worden, und die Spuren führen gerade allesamt zu Ihnen beiden.«

»Das können Sie uns nicht anhängen.« Kettler starrte ihn an. Auch er schien die unsichtbare Schlinge um seinen Hals mit einem Mal zu fühlen. »Wir haben nichts getan. Wir …«

»Und Ihr Begleiter?«, unterbrach Hansen seine Beteuerungen. »Hat der auch nichts getan?«

»Wir brauchen seinen Namen«, meldete Hirschberg sich zu Wort. »Wir müssen auch mit ihm sprechen.«

»Halten Sie Henri da bitte raus. Er hat nichts damit zu tun«, beteuerte Kettler.

»Henri?« Hirschberg zog die Augenbrauen nach oben. »Und weiter?«

»Fischhaber.« Daniela Gerstls Stimme klang ausdruckslos.

»Dani!«, rief Kettler vorwurfsvoll und entzog ihr seine Hand.

»Es hat doch keinen Sinn, Georg!«, verteidigte sie ihre Offenheit. »Sie bekommen es doch so oder so raus. Es ist besser, wir erzählen alles. Wir haben doch nichts verbrochen!«

»Es wäre definitiv klug, wenn Sie mit uns sprechen«, stimmte Hansen ihr zu. »Wenn Sie tatsächlich nichts mit dem Mord an Ihrer Großmutter zu tun haben, können Sie Ihre Situation mit der Wahrheit nur verbessern.«

»Ich war gestern Abend mit Georg verabredet, und Henri wollte dazukommen. Wir wollten auf dem Weihnachtsmarkt einen Glühwein trinken. Ich musste einfach mal raus«, hauchte sie.

»Wer ist dieser Henri Fischhaber eigentlich?«, wollte Hirschberg wissen.

»Ich kenne ihn schon seit unserer Schulzeit. Jetzt studiert er Biologie und Chemie«, antwortete Kettler.

»Das heißt, er ist auch aus Krindelsdorf?« Hirschberg hasste es, potenziellen Verdächtigen alles aus der Nase ziehen zu müssen.

»Seine Mutter hat eine unserer Filialen geleitet, bis Traudl behauptet hat, dass sie Alfons bestohlen, also Geld aus der Kasse genommen habe. Daraufhin hat mein Mann sie auf Drängen seiner Mutter entlassen.« Vroni Gerstl schüttelte den Kopf. »Frau Fischhaber hat aber nichts dergleichen getan. Es hat sich ein paar Wochen später herausgestellt, dass einer seiner damaligen Lehrjungen das Geld gestohlen hat. Traudl hat sich nicht einmal bei ihr entschuldigt.«

»Das heißt also, sie hat Frau Fischhaber beruflich ruiniert? Das könnte ihrem Sohn natürlich ein Motiv geben, sich zu rächen, und …«, spekulierte Hansen.

»Nein, so war das nicht«, widersprach Kettler. »Henri mochte Traudl Gerstl zwar genauso wenig wie der Rest von uns, aber das Ganze ist jetzt schon vier Jahre her. Zudem hat sich die Entlassung für seine Mutter als wahrer Segen entpuppt. Sie konnte die Leitung einer Bäckereifiliale in Freising übernehmen. Sie bekommt jetzt sogar mehr Gehalt und ist zusammen mit Henris Vater von hier weggezogen. Herr Fischhaber hat ein Autohaus in München. Ihm war es egal, ob er von Freising oder Krindelsdorf in die Stadt pendeln muss. Henri hat Danis Großmutter ganz bestimmt nichts angetan.«

»Aber der Streit mit ihr muss doch sehr heftig gewesen sein.« Hirschberg wollte das Paar nicht so schnell vom Haken lassen.

»Jeder Streit mit ihr war heftig.« Daniela klang resigniert. »Mama war nicht gut genug für Papa, und ich habe in ihren Augen meinen Vater sogar verraten, weil ich mit Georg zusammen bin. Und von Henris Eltern hielt sie aus irgendwelchen Gründen auch nichts. Und natürlich haben wir uns auch gegen sie zur Wehr gesetzt. Aber nur mit Worten«, beeilte sie sich hinzuzufügen.

»Und es ist dieses Mal nicht ganz besonders eskaliert?«, bohrte Hansen nach.

»Sie hat uns gegenüber zugegeben, dass sie das Ungeziefer in der Backstube meines Vaters ausgesetzt hat.« Kettler schien sich entschlossen zu haben, seinen Widerstand aufzugeben. »Sie meinte, er wäre sowieso gescheitert, weil er nicht den Biss und die Arbeitsmoral ihres Sohnes gehabt habe. Sie habe die Dinge nur ein wenig beschleunigt. Dass er sich das Leben genommen hat, zeuge doch nur von seiner Charakterschwäche. Sie hat ihre Tat nicht mit einer Silbe bedauert.«

»Sie war noch boshafter als sonst gestern Abend«, erinnerte sich Daniela, während sie die Hand ihres Freundes drückte. »Dass wir die Erbschaft von Frau Lechner zurückgeben wollten, hat sie überhaupt nicht verkraftet. Sie hat gesagt, dass es mit Mama und mir jetzt nur noch bergab gehen würde. Dass wir nichts wären ohne Papa. Gestern Nachmittag hatte ich fast das Gefühl, dass sie vollkommen verrückt ist.« Die junge Frau klang fassungslos.

»Das war sie auch«, Kettler schien felsenfest überzeugt. »Dieser Gesichtsausdruck, das nicht vorhandene Unrechtsbewusstsein …« Er schüttelte den Kopf bei der Erinnerung. »Gestern Abend ist mir klar geworden, dass so ein Mensch einfach nicht normal sein kann. Und ob Sie beide es nun glauben oder nicht, aber ich habe in diesem Moment meinen Frieden mit ihr gemacht. Zumal sie gestraft genug war. Sie hatte mit ihrem Sohn doch alles, was ihr jemals wichtig war, verloren.«

Danielas Freund klang zwar aufrichtig, aber er konnte auch einfach nur ein sehr guter Schauspieler sein, überlegte Hirschberg.

»Vielleicht hat sie in ihrer Kindheit wirklich schlimme Erfahrungen gemacht«, meldete sich Vroni Gerstl schulterzuckend zu Wort, »und hat uns alle deshalb so tyrannisiert.«

»Herr Kettler, wie heißt Ihr Großvater, Herr Haderer, mit Vornamen?«, fiel Hirschberg ein.

»Albert, wieso?« Kettler klang verwirrt.

»Wegen der Initialen F. oder E. H.«, flüsterte Daniela. »Was hat es damit auf sich?«

»Wissen Sie, ob Herr Fischhaber Manschettenknöpfe besitzt?«, wich Hansen ihrer Frage aus.

Das Paar blickte sich an und brach in schallendes Gelächter aus. Auch Vroni Gerstl schmunzelte.

»Entschuldigen Sie«, prustete Kettler schließlich. »Aber Henri würde niemals Manschettenknöpfe tragen. Er ist nicht der Typ für Anzug und Krawatte, wenn Sie verstehen. Er sagt immer wieder, dass er niemals BWL oder Jura hätte studieren können. Im Labor kann er mit Jeans und Pullover aufschlagen.«

»Und Ihr Großvater?«

»Auch er nicht«, antwortete Kettler. »Von mir aus gehen wir jetzt gleich zu ihm, und Sie stellen das ganze Haus auf den Kopf. Sie werden keinen Manschettenknopf finden.«

»Aber warum fragen Sie andauernd nach Manschettenknöpfen und diesen Initialen?« Vroni Gerstl war sichtlich verwirrt.

Bevor Hirschberg antworten konnte, klingelte es an der Haustür, und Kettler stand auf.

»Ich geh schon.« Er bedeutete seiner Freundin und

deren Mutter sitzen zu bleiben und kam kurz darauf mit Erich Draxl zurück ins Wohnzimmer.

»Frau Kommissarin, Herr Hauptkommissar.« Gerstls alter Freund nickte den beiden zu und streifte sich seine Winterjacke von den Schultern. »Gibt es etwas Neues?«

»Oma ist ermordet worden, Erich«, eröffnete ihm Daniela.

»Was? Aber wie kann das denn sein? Wer würde denn …«

»Es gibt genügend Leute, die das tun würden, Erich«, seufzte Vroni Gerstl.

»Sie wussten noch gar nichts davon, Herr Draxl?« Hirschberg war überrascht. In Krindelsdorf wurde doch seit Stunden sicher von nichts anderem mehr gesprochen.

»Nein. Ich bin erst vor einer guten halben Stunde nach Hause gekommen. Ich hatte heute Morgen um acht schon einen geschäftlichen Termin in Nürnberg. Daher musste ich sehr früh los. Ich wollte jetzt nur eben noch nach Vroni und Daniela sehen.«

»Das ist lieb von dir, Erich.« Vroni Gerstl lächelte müde. Die emotionale Anspannung war ihr anzusehen.

»Wann sind Sie heute Morgen losgefahren, Herr Draxl?«

»Herr Hauptkommissar, das ist doch lächerlich!«, rief Vroni Gerstl. »Erich war Fonsis bester Freund, und sogar bei Traudl war er in der Gnade. Er würde doch nie …«

»Ist schon gut, Vroni«, beschwichtigte sie Draxl. »Die beiden müssen das fragen. Ich bin gegen Viertel nach fünf hier losgefahren, um sicherzugehen, dass ich pünktlich bin bei dem Wetter.«

»Wir bräuchten bitte die Kontaktdaten Ihrer Geschäftspartner«, bat Hansen ihn.

»Ich notiere sie Ihnen. Entschuldigen Sie mich einen

Moment.« Draxl ging nach draußen in den Flur und kam wenig später mit einem Notizzettel zurück, den er Hansen reichte.

»Sagen Ihnen die Initialen F. oder E. H. etwas?« Die Kommissarin blickte ihn prüfend an.

»Nein, tut mir sehr leid.« Draxl blickte sie verdutzt an.

»Sicher nicht?« Hirschberg fragte sich, ob er Gespenster sah, aber das Gefühl, dass er und Hansen von jedem hier im Raum belogen wurden, ließ ihn nicht los.

»Wenn ich es Ihnen doch sage.« Gerstls alter Freund zuckte die Schultern. »Aber warum …«

»Ich denke, das wäre dann für heute alles.« Hirschberg nickte seiner Kollegin zu. »Ich muss Sie alle leider nach wie vor bitten, sich zu unserer Verfügung zu halten.«

»Ich bringe Sie noch zur Tür.« Kettler stand auf und begleitete sie nach draußen. »Wir haben nichts mit den Morden zu tun, und Henri auch nicht.« Seine Stimme nahm einen eindringlichen Tonfall an. »Kurz nach dem Streit bin ich mit ihm zurück nach München gefahren, nachdem wir Daniela noch nach Hause begleitet haben.«

»Kann das jemand bezeugen?«, wollte Hirschberg wissen.

»Wir waren anschließend noch gemeinsam auf der Geburtstagsfeier eines Freundes. Heute Morgen musste Henri schon um halb sieben im Labor sein, weil er irgendwelche Ergebnisse protokollieren musste. Und ich hatte um acht ein Meeting und war auch schon um sieben im Büro, um mich vorzubereiten. Wie Sie wissen, brauche ich eine gute Praktikumsbeurteilung«, erklärte er ihnen mit nach oben gezogenen Augenbrauen.

»Wir werden Ihre Angaben überprüfen«, kündigte

Hirschberg an, nachdem Kettler ihm die Kontaktdaten seiner Freunde gegeben hatte.

»Tun Sie, was Sie tun müssen.« Der junge Mann zuckte die Schultern. »Aber den Mörder werden Sie bei uns nicht finden.«

»Glauben Sie ihm, Chef?« Hansen drückte auf den Knopf, um ihren Wagen zu entriegeln.

»Ich weiß nicht so recht«, gab er zu. »Ich habe das Gefühl, dass uns keiner die ganze Wahrheit sagt.«

»Deshalb wollen Sie den Abdruck auf Traudl Gerstls Hals auch partout nicht erwähnen, oder?« Ein scharfsinniges Grinsen umspielte Hansens Mund.

»Ich denke, es macht Sinn, sie ein bisschen schmoren zu lassen«, schätzte Hirschberg. »Sie sollen sich ruhig den Kopf darüber zermartern, wie viel und was wir wissen.«

»Keine schlechte Strategie.« Hansen öffnete die Fahrertür. »Ich würde mich dann jetzt auf den Heimweg machen. Morgen früh werde ich als Allererstes die Alibis von allen überprüfen.«

»Mehr können wir im Moment auch nicht tun. Ich fahre morgen auf dem Weg ins Büro noch bei Dr. Meißner vorbei. Vielleicht hat er Neuigkeiten«, hoffte Hirschberg. »Und fahren Sie vorsichtig, Frau Kollegin!«

Hirschberg stieg in seinen Wagen. Er war müde, und er freute sich darauf, von Dornberg kulinarisch verwöhnt zu werden. Der fürsorgliche Pornoproduzent hatte bestimmt wieder etwas Leckeres gezaubert!

14.

Hauptkommissar Hirschberg öffnete die Tür zu seinem Büro und blickte sich suchend um. Von Hansen war weit und breit nichts zu sehen, und auch ihre Winterjacke hing nicht am Kleiderhaken. War sie noch gar nicht hier?, fragte er sich verblüfft. Immerhin war es schon nach elf, und die Kommissarin hatte bisher noch nie verschlafen. Erst recht nicht während einer laufenden Ermittlung. Hatten die beiden einen Mordfall zu klären, nahm sie die Fallakten mit ins Bett, hatten sie oft schon gewitzelt. Auch saß sie meist schon an ihrem Schreibtisch, noch bevor irgendwo in Bayern der erste Hahn krähte. Zu spät ins Büro zu kommen, sah ihr gar nicht ähnlich. Er griff nach seinem Smartphone und wollte sie gerade anrufen, als er die Nummer des LKA-Präsidenten auf dem Display sah. Mit gemischten Gefühlen nahm er den Anruf entgegen.

»Herr Präsident?«

»Guten Morgen, Herr Hauptkommissar.« Krämer klang besorgt. »Haben Sie es unfallfrei ins Büro geschafft?«

»Ich bin gerade angekommen. Ich war noch bei Dr. Meißner in der Rechtsmedizin.«

»Dann kommen Sie doch bitte ein paar Minuten zu mir und bringen mich auf den neuesten Stand.«

Hirschberg versprach, gleich bei ihm zu sein und klopfte wenige Minuten später an Krämers Tür.

»Das ging ja wie der Blitz«, lächelte der LKA-Präsident, doch in seinen Augen lag ein Schatten. »Haben Sie die Zeitungen schon gesehen?« Er griff nach einer Ausgabe des Abendkuriers mit der Schlagzeile »Der Fluch von Krindelsdorf – Sind dunkle Mächte für die Morde verantwortlich?«

»Meinen die das ernst?«, entfuhr es Hirschberg.

»Im Namen der Auflage meinen sie sicher alles ernst«, seufzte sein Vorgesetzter und lehnte sich auf seinem Stuhl zurück. »In dem Bericht kommen tatsächlich ein Parapsychologe und ein angebliches Medium zu Wort, die sich beide gern am Tatort umsehen würden. Überhaupt würden sie den Ort gern inspizieren, um herauszufinden, ob negative Energien dort eine Art Nexus bilden.« Er zog ironisch die Augenbrauen nach oben.

»Frau Wiesner wird die Konkurrenz von außen nicht unbedingt willkommen heißen«, entgegnete Hirschberg trocken, der hoffte, Krindelsdorf würde zu keinem esoterischen Zentrum werden. »Und Pfarrer Schmalzengruber wird sich ebenfalls sträuben. Immerhin hat er hohen Besuch aus dem Vatikan, dem er eine gottesfürchtige Gemeinde präsentieren will.« Er berichtete ihm von Monsignore Bianchi und dessen Verbindung zu Isobel und Dornberg.

»Das könnte ins Auge gehen, wenn er jemals Wind vom Doppelleben des Monsignore bekommt«, grinste Krämer, bevor er wieder ernst wurde. »Der Herr Landrat war gestern Abend bei Ihnen, nicht wahr? Das hatte er zumindest vor.«

»Ja, er wollte sich persönlich nach dem Stand der Ermittlungen erkundigen.« Als Hirschberg am vergangenen Abend von den Gerstls nach Hause gekommen war, war er von Seitlbach bereits erwartet worden.

»Und wie sieht es aus? Haben Sie mittlerweile etwas Konkretes in der Hand, was Sie weiterbringt? Damit dieser Spuk bald ein Ende hat?« Krämer klang hoffnungsvoll.

»Die Ermittlungen könnten besser laufen, um ehrlich zu sein«, gab Hirschberg zu. »Da sie nicht im Büro ist, nehme ich an, dass Kollegin Hansen gerade einige Alibis überprüft. Dr. Meißner meint aber, dass der Todeszeitpunkt bei Frau Gerstl aufgrund der Kälte – wie schon bei ihrem Sohn – schwer festzustellen ist.«

»Die Kälte hat die Leichenstarre verzögert«, nickte der LKA-Präsident. »Das macht Ihre Arbeit noch komplizierter.«

»Frau Gerstl hat einen Abdruck am Hals. Wir vermuten, er stammt von einem Manschettenknopf, auf dem die Initialen E. oder F. H. eingeprägt sind. Dr. Meißner geht davon aus, dass der Mörder sie mit aller Gewalt gegen einen Baumstamm gedrückt haben muss«, berichtete der Hauptkommissar. »Wir setzen alles daran, um herauszufinden um wessen Initialen es sich handeln könnte. Dann wären wir in jedem Fall ein gutes Stück weiter.«

»Verstehe. Und ich möchte Sie auch ungern unter Druck setzen, aber Schlagzeilen wie diese zwingen uns, eine Presseerklärung herauszugeben.« Krämer wedelte mit der Zeitung in der Luft herum. »Gibt es irgendetwas, was ich den Medien sagen könnte, ohne die weiteren Ermittlungen zu gefährden?«

»Es wäre gut, wenn Sie den Abdruck des Manschettenknopfs vorerst nicht erwähnen würden«, bat Hirschberg. »Wir möchten die Verdächtigen noch ein wenig im Unklaren lassen. Stellen Sie einfach klar, dass es sich um einen Mörder aus Fleisch und Blut handelt, und dass wir einigen vielversprechenden Hinweisen nachgehen.«

»Dann werde ich versuchen, die Medien noch eine Weile hinzuhalten. Aber wir müssen damit rechnen, dass bald Journalisten und neugierige Verbrechenstouristen in Krindelsdorf aufschlagen«, fürchtete Hirschbergs Chef. »Sie sollten die Morde schnellstmöglich aufklären, damit wieder Ruhe und so etwas wie Weihnachtsstimmung einkehren kann.«

»Wir werden wie immer alles in unserer Macht Stehende tun«, versprach Hirschberg und verabschiedete sich. Er hoffte inständig, seine Kollegin würde mit aufschlussreichen Neuigkeiten zurück sein.

»Hallo, Chef.« Hansen wirkte frisch und ausgeruht, und sie lächelte, als er kurz darauf die Tür zu seinem Büro öffnete. Sie war gerade dabei, sich ihre Winterjacke von den Schultern zu streifen. »Sie kommen sicher gerade von Herrn Krämer, nicht wahr?«

»Allerdings«, nickte er. »Die Medien veranstalten wieder einmal einen Wirbel um Krindelsdorf. Geisterjäger wollen offenbar dem Fluch auf den Grund gehen«, seufzte er. Es fehlte gerade noch, dass esoterische Spinner, Journalisten und Neugierige über den Ort wie eine Heuschreckenplage hereinbrachen.

»Ja, ich weiß. Als ich heute Morgen ins Büro kam, hat man mir tatsächlich den Anruf des Redakteurs und vermutlich einzigen Mitarbeiters von *Parapsychologie aktuell* durchgestellt. Ob wir für ein Interview bezüglich der Geisteraktivität in Krindelsdorf zur Verfügung stünden.« Ihre Augen sprühten schelmische Funken. »Ich habe ihn mit den besten Grüßen von uns an Pfarrer Schmalzengruber verwiesen.«

»Was haben Sie getan?«, rief Hirschberg entsetzt. Schmalzengruber würde ihm die Hölle heiß machen!

»Das war ein Witz! Entspannen Sie sich!«, lachte sie. »Ich habe ihn natürlich abgewimmelt.«

»Machen Sie solche Witze bitte nie wieder«, atmete Hirschberg auf, und sein Puls normalisierte sich. »Aber haben Sie außer zweifelhaften Interviewanfragen Neuigkeiten, Frau Kollegin?«

»Ja, aber leider keine, die uns weiterbringen.« Hansen ließ ihre Schultern hängen. »Ich habe den Morgen damit verbracht, die Alibis der Herren Draxl, Kettler und Fischhaber zu überprüfen.«

»Und?«

»Unglücklicherweise, muss ich schon fast sagen, scheint alles im grünen Bereich. Herr Draxl war zwar ungefähr eine Viertelstunde zu spät in Nürnberg, aber bei dem Wetter ist das kein Wunder.« Sie deutete zum Fenster, vor dem es schon wieder leicht schneite. »Kettler war tatsächlich kurz vor sieben in der Marketingagentur, wie mir eine Reinigungskraft bestätigt hat, und Fischhaber stand schon gegen sechs im Labor. Es scheint also unwahrscheinlich, dass die drei etwas mit Frau Gerstls Ermordung zu tun haben.«

»Mag sein«, gestand ihr Hirschberg zu. »Allerdings lässt sich laut Dr. Meißner schwer sagen, wann genau sie getötet worden ist. Die Kälte hat die Leichenstarre verzögert, also könnte vielleicht doch einer von ihnen der Täter sein.« Er zuckte die Schultern und kniff die Augen zusammen. Es war zum Aus-der-Haut-fahren, dass sie immer noch im Dunkeln tappten.

»Die Krux dabei ist, dass wir mit Sicherheit keine Zeugen finden werden«, seufzte Hansen. »Um diese frühe Uhrzeit und bei der Witterung verirrt sich doch kein Mensch ohne guten Grund in den Wald. Ich möchte auch wissen, was Frau Gerstl dort verloren oder was sie zu finden gehofft hatte. Als meine Nonna in ihrem Alter war, hat sie sich bei so einem Wetter immer auf den Sessel vor die Heizung gesetzt, wenn sie uns in Düsseldorf besucht hat«, erinnerte sich Hansen. »Allerdings sind viele Italiener so verfroren, dass sie auch im Pullover an den Strand gehen, sobald die Temperaturen unter dreißig Grad fallen.«

»Traudl Gerstl war eine sehr robuste ältere Frau«, warf Hirschberg nachdenklich ein. »Und auch genauso herrschsüchtig und entschlossen.« Er bückte sich nach der Stofftasche, die er mitgebracht hatte, und holte eine Plätzchendose heraus. »Bevor ich es vergesse: ein Gruß von Onkel Vincent. Er backt Plätzchen wie ein Weltmeister«, ließ er sie augenzwinkernd wissen. »Und hier sind auch noch ein paar Stücke Mandel-Zimt-Stollen. Er hat vor, noch eine weitere Fuhre zu backen, weil wir einen schon verputzt haben.« Er ging zum Schrank und holte zwei Teller. »Das haben Sie sich verdient, nachdem Sie schon so früh auf den Beinen waren.«

»Wunderbar!«, freute sich die Kommissarin. »Ich bin nämlich noch gar nicht zum Frühstücken gekommen.« Sie nahm ihre Tasse, um sich einen Kaffee zu machen.

»Aber um auf Frau Gerstl zurückzukommen: der Herr Landrat war gestern Abend bei uns, als ich nach Hause gekommen bin. Er meinte, dass die Lichtung im Wald mehr oder weniger der Lieblingsplatz von Alfons Gerstl und seiner Mutter gewesen ist. Er hält es durchaus für möglich, dass Traudl Gerstl in ihrer Trauer dort nach Spuren von ihrem Sohn suchen wollte oder so etwas in der Art. Er meint, dass sie Alfons' Tod sicherlich niemals verwunden hätte. Seiner Meinung nach wäre sie eines Tages an gebrochenem Herzen gestorben.«

»Seitlbach glaubt also, sie hätte sich ihrem Sohn dort besonders nahe gefühlt«, nickte Hansen. »Das macht natürlich Sinn. Menschen machen die unterschiedlichsten Dinge, wenn sie trauern. Und dass Traudl Gerstl mehr als nur ›normal‹«, sie markierte Anführungsstriche in der Luft, »getrauert hat, steht für mich außer Frage. Sie muss ihren Sohn nach allem, was wir gehört haben, abgöttisch geliebt haben.«

»Und hat sich dabei rücksichtslos gegenüber allen anderen verhalten«, ergänzte Hirschberg düster.

»Wir sollten diesen Rammelmeier nochmals unter die Lupe nehmen«, schlug Hansen vor, als sie sich an ihren Schreibtisch setzte und den Stollen probierte. »Der ist ja hervorragend!«, rief sie. »Herr Dornberg ist wirklich ein begnadeter Küchenchef!«

»Oh ja, das ist er«, bestätigte Hirschberg und ließ sich ebenfalls auf seinen Stuhl fallen. »Gestern Abend gab es Rindersteak mit selbst gemachten Kroketten und Kaisergemüse und zum Nachtisch Crème Brulée. Ich weiß gar nicht, wie er das neben seiner Arbeit alles schafft.«

»Sie Glücklicher!«, lachte Hansen. »Mein Mann und ich waren so spät zu Hause, dass es nur für den Pizzadienst gereicht hat. Aber noch mal zu Herrn Rammelmeier: Ich habe ihn heute Morgen nicht erreicht. Vielleicht sollten wir einfach gleich zu ihm ins Büro fahren und herausfinden, was er gestern Morgen so getrieben hat.«

»Auf jeden Fall«, stimmte Hirschberg ihr zu. »Dass er seine Tante nicht gemocht hat, hat er ja zugegeben.«

»Außerdem gehe ich davon aus, dass er nach den jüngsten Schlagzeilen sehr viele Buchungen für seine Mysterytouren in Krindelsdorf hat«, schätzte Hansen. »Sein Geschäftsmodell ist mir offen gestanden zuwider.«

»Mir auch«, stimmte Hirschberg ihr zu. »Ich bin gespannt, welche Geschichte er uns diesmal auftischen wird, wenn wir ihn nach seinem Alibi befragen.«

***

Hirschberg und Hansen betraten eine knappe Stunde

später das Busunternehmen von Hubert Rammelmeier. Sein Mitarbeiter Kreil, der sich gerade mit einigen Kunden unterhielt, runzelte die Stirn, als er die beiden Ermittler sah. Er entschuldigte sich bei seiner Klientel und eilte auf sie zu.

»Frau Kommissarin, Herr Hauptkommissar.« Der junge Mann klang gestresst. »Es ist gerade etwas ungünstig. Sie sehen ja, was hier los ist. Die Leute möchten alle den Ort sehen, wo der jahrhundertealte Fluch sich dieses Jahr aufs Neue erfüllt hat. Ich muss die Tickets ausstellen, die Fahrten organisieren und Tische bei Herrn Brandl bestellen. Nach der Besichtigung der Tatorte kehren wir mit den Leuten immer bei ihm ein, und …«

»Ich muss Sie leider auffordern, mit ihren Mysterytouren in den Krindelsdorfer Forst noch zu warten. Immerhin ist die Lichtung ein frischer Tatort. Es kann sein, dass die Mitarbeiter der Spurensicherung sich dort noch einmal umsehen müssen.« Hirschbergs Stimme klang eisig, und Kreil presste seine Lippen aufeinander. Der Hauptkommissar wollte unbedingt verhindern, dass sensationslüsterne Ausflügler durch den Krindelsdorfer Forst trampelten und ihre Arbeit noch zusätzlich erschwerten. »Wir müssen umgehend mit Herrn Rammelmeier sprechen«, bestimmte er in unnachgiebigem Tonfall. Kreil sollte gar nicht erst versuchen, sie abzuwimmeln. »Ist er in seinem Büro?«

»Ja, aber er führt gerade ein wichtiges Telefonat, und …«

»Danke. Wir kennen den Weg.« Hirschberg und seine Kollegin drängten sich an ihm vorbei.

»Sind Sie nicht der zuständige Kommissar?«, hörte er hinter sich jemanden rufen. Er drehte sich um, und sein Blick fiel auf einen rothaarigen jungen Mann, dessen grüne Augen abenteuerlustig blitzten. »Glauben Sie, dass es noch weitere Morde geben wird?«

Hirschberg und Hansen zogen es vor, seine Fragen zu ignorieren, und bahnten sich ihren Weg zu Rammelmeiers Büro. Nach kurzem Klopfen öffnete Hirschberg die Tür, ohne ein »Herein« abzuwarten. Der Leiter des Busunternehmens stand am Fenster hinter seinem Schreibtisch. Sein Smartphone war an sein Ohr gepresst.

»Dieser alte Fluch hängt seit Generationen wie ein Damoklesschwert über meiner Familie, und ...« Rammelmeier fuhr im Satz herum und starrte den Ermittlern mit weit aufgerissenen Augen entgegen. Die Worte erstarben auf seinen Lippen, und er erbleichte.

»Legen Sie sofort auf, Herr Rammelmeier«, befahl ihm Hirschberg in gefährlich leisem Tonfall. Offenbar war er derjenige, der die Medien mit diesem esoterischen Gewäsch fütterte.

»Ich, ähm ...« Er räusperte sich. »Ich muss Schluss machen. Ein dringender Termin.« Hirschberg konnte eine aufgebrachte Stimme am anderen Ende der Leitung protestieren hören, doch Rammelmeier tat, was er verlangt hatte, und glitt auf seinen Schreibtischstuhl.

»Ist das Ihr Ernst?«, fuhr Hansen ihn an.

»Das geht Sie gar nichts ...«

»Doch!«, rief Hirschberg. »Das geht uns sehr wohl etwas an! Wenn Sie die Medien mit einem solchen Schwachsinn versorgen, erschwert das unsere Ermittlungen. Wie viel kassieren Sie dafür?«

»Sie verstehen das nicht!« Farbe schoss in Rammelmeiers Wangen, als er in die Defensive ging. »Ich habe eine Scheidung hinter mir! Eine Ex-Frau, die sich für jede Arbeit zu schade ist, und zwei Kinder, für die ich Unterhalt zahlen muss! Und Sie wissen sehr genau, dass es in letzter Zeit nicht besonders gut für mich lief!«

»Mir kommen die Tränen«, kam es provozierend über Hansens Lippen. Hirschberg konnte es ihr nicht verdenken.

»Herr Rammelmeier, ich warne Sie. Sollten Sie auch nur eine Fahrt nach Krindelsdorf unternehmen, bevor die Morde an Ihrem Cousin und Ihrer Tante aufgeklärt sind, dann lernen Sie mich kennen.« Hirschberg machte ein paar Schritte auf ihn zu und beugte sich über den Schreibtisch. »Und wenn ich dafür sorge, dass das Finanzamt eine groß angelegte Prüfung bei Ihnen durchführt. Haben Sie mich verstanden?«

»Sie können nicht einfach …« Der Busunternehmer schluckte.

»Versuchen Sie's«, erstickte Hirschberg seinen Protest im Keim. Rammelmeier war widerwärtig, und er weckte die niedersten Instinkte in seinen Mitmenschen. Hirschberg hätte sich am liebsten geschüttelt. »Und jetzt erwarte ich, dass Sie unsere Fragen wahrheitsgemäß beantworten.«

»Haben Sie denn keine anderen Verdächtigen, denen Sie auf die Nerven gehen können?«, brach es aufmüpfig aus dem Verdächtigen heraus, doch Hirschberg konnte sehen, dass er nervös war.

»Es gibt da so einige, und Sie gehören nun einmal zu diesem illustren Kreis«, antwortete Hansen ungerührt. »Sie scheinen auch nicht gerade von Trauer über den Tod Ihrer Tante überwältigt.«

»Sie wissen, dass ich weder zu meinem Cousin noch zu meiner angeheirateten Tante das beste Verhältnis hatte. Ich bin kein Heuchler.«

»Hatten Sie seit dem Tod Ihres Cousins Kontakt zu Ihrer Tante?«, wollte Hirschberg wissen, und er konnte sehen, dass Rammelmeier mit sich haderte. »Wir werden es so oder so herausfinden, Herr Rammelmeier. Sollten

Sie unschuldig sein, würde es Ihre Position stärken, wenn Sie mit der Wahrheit herausrückten.«

»Natürlich bin ich unschuldig!«, rief er. »Ich habe weder Traudl noch Fonsi etwas getan!«

»Sie schlagen also nur Profit aus den Morden«, hielt Hansen fest und verschränkte die Arme vor der Brust.

»Das muss ich mir nicht gefal…«, brauste Rammelmeier auf.

»Und wie Sie sich das gefallen lassen müssen! Also noch mal: Hatten Sie Kontakt zu Ihrer Tante?«, wiederholte Hirschberg seine Frage.

»Ich habe mich vorgestern überwunden und habe ihr im Namen meiner Eltern und in meinem einen Kondolenzbesuch abgestattet«, gab der zwielichtige Busunternehmer seufzend zu. »So wie man das als anständiger Mensch nun einmal macht.«

»Wann genau war das?«, hakte Hansen nach.

»Vormittags. Ich wollte es hinter mich bringen, und Herr Kreil hat hier die Stellung gehalten, bis ich wieder hier war.«

»Wie hat Frau Gerstl reagiert?«, wollte Hansen wissen.

»Wie wird meine Tante schon reagiert haben?« Rammelmeier verdrehte die Augen. »Sie war streitsüchtig wie immer. Sie hat mir meine Anteilnahme nicht abgekauft. Sie meinte, wenn ich gekommen sei, um Geld abzugreifen, könne ich mir das abschminken.«

»Sie hatten also Streit mit Frau Gerstl«, stellte Hirschberg fest.

»Natürlich hatte ich Streit mit ihr! Ich hatte immer Streit mit dieser Furie! So wie viele andere auch!« Rammelmeier verschränkte die Arme hinter seinem Kopf und schloss einen Moment lang die Augen. »Sie hat mich wieder beschimpft, dass ich ihrem *Goldjungen*«, er klang sarkastisch, »niemals das Wasser habe reichen könne, dass ich immer nur eifersüchtig auf ihn gewesen sei, und ich jetzt nicht so tun solle, als würde ich trauern.«

»Das muss Sie doch sehr wütend gemacht haben, nicht wahr?« Hirschberg ließ ihn nicht aus den Augen.

»Ja, sicher. So abgestumpft bin ich nun auch wieder nicht.« Er zuckte die Schultern. »Aber ich habe auch gesehen, dass sie am Boden zerstört ist. Sie hat immer schon um sich geschlagen, aber die Trauer hat es noch schlimmer gemacht. Es war fast so, als hätte sie endgültig den Verstand verloren. Das hat es für mich leichter gemacht, ihre Beschimpfungen und Beleidigungen hinzunehmen«, behauptete der Busunternehmer.

»Hat Sie mit Ihnen nochmals über den Mord an ihrem Sohn gesprochen?« Hansen klang nachdenklich. »Hat sie vielleicht einen Verdacht geäußert, wer ihn getötet haben könnte?«

»Eigentlich nicht«, antwortete Rammelmeier zögerlich.

»Eigentlich?« Hirschberg horchte auf.

»Nun ja, sie hat mir unterstellt, dass mir der Mord an Alfons gerade recht käme. Dass es mein Geschäft beleben würde.« Er schnaubte verächtlich.

»Damit lag sie gar nicht mal so falsch«, bemerkte Hansen nüchtern. »Hat sie Sie beschuldigt, Ihren Cousin getötet zu haben?«

»Im Gegenteil«, entgegnete Rammelmeier wie aus der Pistole geschossen. »Als ich sagte, sie solle aufhören, so zu tun, als hätte ich Alfons ermordet, hat sie gelacht. Sie meinte, ich hätte doch gar nicht den Mumm dazu. Aber sie könne sich denken, wer.«

»Und das sagen Sie uns erst jetzt?« Hirschberg war fassungslos. Er widerstand nur mit großer Mühe dem

Drang, Rammelmeier an den Schultern zu packen und zu schütteln.

»Ich habe dem keine große Bedeutung beigemessen. Traudl hat so vielen Leuten Böses unterstellt, dass ich es nicht weiter ernst genommen habe«, verteidigte sich Rammelmeier. »Außerdem hat sie mit keinem Wort erwähnt, wen sie meinte.«

»Und so diskret, wie Sie sind, haben Sie natürlich auch nicht nachgefragt.« Hansens Ungeduld war für Hirschberg fast körperlich spürbar.

»Ich wollte den Kondolenzbesuch nicht unnötig in die Länge ziehen, Frau Kommissarin«, schnaubte der Befragte. »Ich war froh, als ich ihr Haus wieder verlassen konnte.«

»Sie hat nicht einmal eine leise Andeutung gemacht, wen sie in Verdacht hatte?«, erkundigte sich Hirschberg eindringlich.

»Wenn ich es Ihnen doch sage, Herr Hauptkommissar! Sie hat nichts weiter gesagt. Mich hätte sie doch ohnehin nicht ins Vertrauen gezogen!«

»Na schön.« Hansen resignierte. »Wo waren Sie gestern, sagen wir, in den frühen Morgenstunden?«

»Im Bett«, antwortete Rammelmeier seufzend. »Und nein, dafür gibt es wieder einmal keine Zeugen. Aber ich schwöre Ihnen, dass ich nicht einmal in der Nähe von Krindelsdorf war. Seit meinem Kondolenzbesuch bei Traudl war ich nicht mehr dort.«

»Sagen Ihnen die Initialen F. oder E. H. etwas?«, versuchte Hirschberg sein Glück.

»Wie kommen Sie denn auf diese Initialen?« Rammelmeier war verdutzt.

»Sagen sie Ihnen etwas?«

»Auf Anhieb nicht.« Er legte seine Stirn in grüblerisch Falten. »Nein, ich habe keine Ahnung. Ich kenne niemanden mit solchen Initialen. Außer vielleicht Horst Fellmeier?«, spekulierte er. »Aber warum fragen Sie?«

»Das wäre vorerst alles, Herr Rammelmeier.« Hirschberg blickte ihm in die Augen. »Ich muss Sie dringend ersuchen, nicht weiter mit den Medien zu sprechen, und unternehmen Sie vorerst bitte keine Mystery-Fahrten nach Krindelsdorf. Sollten Sie unsere Ermittlungen auch nur in irgendeiner Form behindern, kann das schwerwiegende Konsequenzen für Sie haben.«

Der Busunternehmer verkniff sich eine Erwiderung und presste seine Lippen aufeinander.

»Und halten Sie sich bitte weiterhin zu unserer Verfügung«, fügte Hansen hinzu, bevor sie sich verabschiedeten und Rammelmeiers Geschäft schnurstracks verließen.

»Zumindest, was die Initialen betrifft, glaube ich ihm«, meinte Hirschberg auf dem Weg zu ihren Wagen. »Er scheint wirklich verblüfft gewesen zu sein.«

»Den Eindruck hatte ich auch«, stimmte Hansen ihm zu. »Vielleicht ist er auch wirklich nur ein widerlicher Opportunist. Profit aus den Morden in der eigenen Familie zu schlagen, macht ihn zwar nicht gerade zu einem Sympathieträger, aber eben auch nicht unbedingt zu einem Killer,« urteilte sie, als Hirschbergs Smartphone läutete.

»Das ist Frau Baumann.« Er warf Hansen einen überraschten Blick zu, bevor er den Anruf annahm. »Rosina?«, meldete er sich gespannt. Hoffnung keimte in ihm. Es wäre nicht das erste Mal, dass die Historikerin sie mit wertvollen Informationen versorgte. Ging es um Recherchen, war Rosina ein Ass.

»Gut, dass ich dich gleich erreiche, Alex!« Die Historikerin klang aufgeregt.

»Und hier ist übrigens auch Lorenzo«, hörte er die

enthusiastische Stimme des Monsignore. »Ein produktiver und erfolgreicher Vormittag liegt hinter uns!«

»Das freut mich sehr.« Hirschberg schmunzelte. Der Monsignore klang wie ein kleiner Junge im Süßwarenladen. »Kann ich etwas für euch tun?«

»Könnt ihr nach Krindelsdorf kommen, Alex? Der Monsignore …«

»Oh, bitte nennen Sie mich doch Lorenzo«, bat der Geistliche sie. »Immerhin habe ich Ihre Tochter vorhin schon gewickelt und gefüttert. Sie ist ja so ein entzückendes Kind!«, schwärmte er. »Und dieses strahlende Lächeln hat sie ganz von ihrer Mutter!«

»Danke, Lorenzo«, hörte Hirschberg Rosina antworten, bevor sie sich wieder an ihn wandte. »Also, Alex, mit der Hilfe einiger Studenten, die ich gestern noch mobilisiert habe, sichten wir schon seit Stunden alte Dokumente hier im Klosterarchiv und auch online. Wir haben etwas sehr Interessantes bezüglich des Fluchs herausgefunden, was euch vielleicht mit euren Ermittlungen weiterbringen könnte. Es dauert zu lange, euch das alles am Telefon zu erzählen. Ihr solltet wirklich schnellstmöglich herkommen.«

»Wir sind schon unterwegs«, versprach Hirschberg.

15.

Hirschberg und Hansen wurden von Herrn Angerer, dem Pförtner der Klosteranlage, durch die Eingangshalle nach unten ins Archiv geführt. Der Bestand an historischen Dokumenten war beeindruckend, wusste Hirschberg, und so war es gut möglich, dass Rosina, der Monsignore und ihre Helfer tatsächlich auf etwas Erhellendes gestoßen waren. Es waren noch lange nicht alle alten Dokumenten ausgewertet, geschweige denn digitalisiert. Unter Rosinas Studenten fanden sich jedes Semester jedoch freiwillige Helfer und Praktikanten, die dort mit Feuereifer an die Arbeit gingen. Archivarbeit konnte sehr spannend sein, hatte Rosina ihm schon des Öfteren erklärt. Allem Anschein nach hatten sie und Bianchi jede Menge Spaß, dachte Hirschberg, als er die beiden hinter einem Stapel alter Aufzeichnungen entdeckte. Rosina hob den Kopf und strahlte den Ermittlern entgegen. Ein aufgeregtes Funkeln erhellte ihre grünen Augen.

»Ah, da sind Sie ja«, freute sich Bianchi, der gerade dabei war, eine schläfrige Sofia in ihren Kinderwagen zu legen. Lächelnd steckte er dem Baby seinen Schnuller in den Mund, bevor er seine Aufmerksamkeit auf Hirschberg und die Kommissarin richtete. »Ich hätte mir in meinen kühnsten Träumen nicht ausgemalt, dass unsere Recherchen derart Aufregendes zutage fördern würden. Rosina ist wirklich eine brillante Historikerin! Aber auch vor ihren Studenten liegt eine vielversprechende Karriere«, schwärmte der katholische Würdenträger und schien ganz aus dem Häuschen. »Nur für den Vatikan könnten unsere Erkenntnisse tatsächlich ein wenig problematisch werden«, setzte er besorgt hinzu.

»Problematisch?« Hansen klang neugierig.

»Nun ja, negative Publicity ist nicht unbedingt das, was die katholische Kirche braucht.« Der Monsignore massierte gedankenverloren sein Kinn. »Aber der Wissenschaftler in mir kann bei der Wahrheitsfindung darauf keine Rücksicht nehmen.«

Hirschberg und die Kommissarin wechselten einen Blick. Hatten die Historiker etwa Beweise für Indira Wiesners Annahmen gefunden?, fragte er sich.

»Nun spannt uns nicht so lange auf die Folter!«, forderte der Hauptkommissar die beiden auf, ihre Informationen mit ihnen zu teilen. »Habt ihr etwas gefunden, was uns weiterbringen könnte?«

»Gut möglich«, nickte Rosina, die rasch aufstand, um nach ihrer Tochter zu sehen, als ein leises Wimmern aus dem Kinderwagen ertönte.

»Soll ich sie noch ein wenig herumtragen?«, bot der Monsignore an.

»Nein, es ist alles gut. Sie schläft«, lächelte Rosina und wandte sich an Hirschberg und Hansen. »Wir sind auf ein paar sehr interessante Eckdaten gestoßen.« Ein enigmatisches Lächeln umspielte ihren Mund. »Ich muss sagen, es macht wirklich Spaß, mit Lorenzo zu arbeiten!«

»Das Kompliment kann ich nur zurückgeben!«, strahlte Bianchi.

»Rosina …«, hob Hirschberg an.

»Nur die Ruhe, Alex, ihr werdet gleich alles verstehen«, versprach die Historikerin. »Ich bin gestern Abend meine alten Unterlagen durchgegangen, denn ich habe vor Jahren schon einmal ein wenig über das Kloster und diesen Abt Ägidius recherchiert, müsst ihr wissen. Er war zwar nicht der Klostergründer, aber dafür der bedeutendste Abt. Die Erweiterung des Klosters ist sein Verdienst, und er soll angeblich auch eine Statue der Gottesmutter Maria aus dem achten Jahrhundert, der man heilende Kräfte nachsagt, erworben haben. Nur leider fehlt von dieser Marienstatue jede Spur, und außerdem lassen sich keine stichhaltigen Belege für ihre Existenz finden.«

»Die Statue – sofern sie überhaupt existiert – wäre natürlich von unermesslichem Wert«, bemerkte der Monsignore.

»Allerdings«, stimmte Rosina ihm zu. »Aber deshalb haben wir euch nicht hergebeten. Im Rahmen meiner früheren Recherchen habe ich schon einiges über die alte Legende zutage gefördert.«

»Aber reicht denn die Legende tatsächlich so lange zurück?«, erkundigte sich Hansen verblüfft. »Dieser Abt Ägidius hat doch schon im Mittelalter gelebt, nicht wahr?«

»Nicht so ganz«, widersprach Bianchi. »Abt Ägidius war von entweder 1508 oder 1509 – da sind die Quellen nicht eindeutig – bis 1521 Abt des Klosters. Da sind wir schon in der frühen Neuzeit. Aber um historische Spitzfindigkeiten dieser Art geht es jetzt nicht«, grinste er.

»Leider sind die Quellen an manchen Stellen nicht leicht zu lesen und zu deuten, aber dennoch geben sie einiges her«, ließ Rosina sie wissen. »Eine meiner ehemaligen Studentinnen – sie ist jetzt Doktorandin in der mittelalterlichen Geschichte – ist hervorragend im Transkribieren mittelalterlicher und frühneuzeitlicher Schriften. Dank ihr sind wir sehr gut vorangekommen.«

»Und wie soll uns das nun bei unserer Mordermittlung helfen?« Hirschberg konnte ihr nicht folgen.

»Nun ja, wie ihr bereits wisst, hat dieser Abt Ägidius viele hier in der Gemeinde seinerzeit gegen sich aufgebracht. Einigen Berichten ist zu entnehmen, dass er ein Lebemann war und regelmäßig über die Stränge geschlagen hat. Vor allem aber hat er gern Frauen nachgestellt, auch verheirateten. Er muss unglaublich viele Affären gehabt haben.«

»Sicherlich hat er manche junge Frauen auch gezwungen, wenn sie ihm nicht zu Willen waren.« Der Monsignore klang betroffen.

»Auch die Tochter dieser Mathilde von Melchweiler, die in den Berichten Magdalena genannt wird, soll er geschändet und sogar getötet haben, weshalb Mathilde ihn verflucht hat.«

»Frau Wiesner hat mir davon erzählt«, nickte Hirschberg, und er erinnerte sich an ihre Behauptung, dass die junge Frau, die dem Abt zum Opfer gefallen war, Magdalena hieß. Sie musste diesen Namen ebenfalls in einer alten Quelle gelesen haben, nahm er an. Dass sie tatsächlich mit Geistern kommunizierte, hielt er nach wie vor für Unsinn. »Wollt ihr uns jetzt etwa sagen, dass an diesem Fluch etwas dran ist?«

»Natürlich nicht.« Rosina verdrehte die Augen. »Aber was Menschen aus einem Fluch machen, steht auf einem anderen Blatt.«

»Sie sprechen von einer Art Self-Fulfilling-Prophecy? Man erwartet, dass einem etwas Fürchterliches passiert, und dann kommt es auch so?«, vergewisserte sich Hansen.

»Das mit Sicherheit auch, Frau Hansen«, bestätigte Rosina. »Aber mir geht es vielmehr darum, dass Menschen in den letzten fünfhundert Jahren dem Fluch und der alten Legende Leben eingehaucht haben.«

»Wie meinst du das?« Hirschbergs Interesse war geweckt.

»Sehen Sie, Alexander«, kam der Monsignore ihr zuvor. »Im sechzehnten Jahrhundert wurde noch immer sehr viel mündlich weitergegeben, weil viele Menschen noch Analphabeten waren. Man scharte sich abends ums Feuer, und es wurden immer wieder dieselben alten Geschichten erzählt. Außerdem glaubte man nicht nur an göttliche Gerechtigkeit, sondern auch an Magie und an Prophezeiungen, die sich zu erfüllen hatten.«

»Verstehe, und weiter?«

»In einem alten Dokument hieß es, dass die Tochter dieser Mathilde erwürgt worden sei. Mathilde habe Abt Ägidius für den Mörder gehalten und daraufhin ein paar Männer, die auch nicht gut auf ihn zu sprechen waren, gegen ihn aufgewiegelt. Und am Nikolaustag des Jahres 1521 hätten sie dem Abt aufgelauert und ihn erschlagen, während Mathilde ihn und seine Nachkommen bis in alle Ewigkeit verflucht hat.«

»Der Abt hatte also Nachkommen?« Auch Hansen lauschte ihren Ausführungen aufmerksam.

»Zumindest sprechen gleich mehrere Quellen von einem Sohn«, nickte Rosina. »In sechs verschiedenen Dokumenten behaupten einige Mönche, die zur Zeit des Abtes hier im Kloster lebten, dass Abt Ägidius mit der Witwe eines ortsansässigen Töpfers einen Sohn hatte. Als der Junge – sein Name war Heinrich – sechs Jahre alt war, hat Ägidius darauf bestanden, ihn im Kloster unterrichten zu lassen. Nach dem Tod seines Vaters, also des Abtes, habe er das Kloster verlassen und sei zurück zu seiner Mutter gezogen. Kurz darauf habe er geheiratet und eine Familie gegründet.«

»Und jetzt wird es für die Nachkommen des Abtes gefährlich: Die rachsüchtige Mathilde hatte nämlich noch eine weitere Tochter namens Ursula. Sie muss ein wenig älter als Magdalena gewesen sein«, fuhr der Monsignore fort. »Auch sie ist trotz des Mordes an ihrer Schwester hier am Ort geblieben und hat eine Familie gegründet.«

»Und da kommt nun die Legende ins Spiel.« Rosina deutete auf den Bildschirm ihres Notebooks. »Ich bin schon bei meinen früheren Recherchen auf etwas gestoßen. Also habe ich vorhin einen Freund im Staatsarchiv gebeten, mir ein paar Fotos von alten Dokumenten zu mailen, weil ich mich plötzlich daran erinnert habe. Jetzt haltet euch fest: Im Jahr 1621 wurde am sechsten Dezember ein Mann im Krindelsdorfer Wald getötet. Zwar ausnahmsweise nicht mit einer Axt, aber man hat ihm einen Pfeil ins Herz geschossen.«

»Hat man jemals herausgefunden, wer der Bogenschütze war?«, wollte Hirschberg wissen.

»Allerdings. Es war eine Schützin«, erklärte ihm Rosina mit nach oben gezogenen Augenbrauen. »Sie war die Tochter eines Jägers und konnte mit Pfeil und Bogen umgehen.«

»Weiß man, was ihr Motiv war?«, hakte er nach.

»Es gibt alte, recht gut erhaltene Protokolle der Verhandlung«, nickte Rosina. »Diese Frau namens Irmgard hat behauptet, der Geist ihrer Ururgroßmutter Mathilde von Melchweiler sei in sie gefahren und habe verlangt, diesen Jacob Töpfer zu ermorden. Dessen Ururgroßvater sei Abt Ägidius gewesen, und der Tod von Mathildes Tochter müsse alle hundert Jahre gesühnt werden.«

Ein leises Pfeifen kam über Hirschbergs Lippen, während Hansen fasziniert auf den Bildschirm starrte.

»Wie ging das für die Bogenschützin aus?«, wollte der Hauptkommissar wissen.

»Sie ist mit der Geschichte, dass der Geist ihrer Vorfahrin in sie gefahren sei, überraschend gut weggekommen«, befriedigte die Historikerin seine Neugier. »Sie hat die Obrigkeit angefleht, sie zu verschonen und stattdessen Mathilde auszutreiben.«

»Laut der Quellen wurde ein Exorzismus bei ihr durchgeführt, und glauben Sie mir, das war sicher kein …« Bianchi schnippte mit den Fingern. »Zuckerschlecken?« Hirschberg nickte zustimmend. »Aber erzählen Sie den beiden von dem Stammbaum, Rosina«, forderte Bianchi seine Kollegin auf.

»Stammbaum?« Hansen blickte sie an.

»Bei meiner ersten Recherche habe ich es als gute Übung angesehen, Tauf- und Hochzeitsregister aus der Zeit einzusehen, um zu rekonstruieren, ob Irmgard tatsächlich von Mathilde und Jacob von Ägidius abstammte. Und ich konnte das letztlich bestätigen.« Sie klang so, als könne sie es selbst kaum fassen.

»Und jetzt lassen Sie mich raten: 1721 ist am Nikolaustag wieder ein Mann getötet worden«, spekulierte Hansen.

»Ganz genau, Frau Kommissarin«, bestätigte der Monsignore. »Und Rosina konnte auch hier wieder die nötigen Verbindungen herstellen.«

»Du meinst, dass wieder ein männlicher Nachfahre des Abtes von einer Nachfahrin Mathildes beziehungsweise dieser Irmgard ermordet worden ist?« Hirschberg schüttelte fassungslos den Kopf.

»Diesmal war der Mörder ein männlicher Nachkomme von Mathilde«, korrigierte ihn Rosina. »Aber ja, der Stammbaum belegt die Verbindung.«

»Das ist doch komplett verrückt!« Hansen warf die Hände in die Luft.

»Natürlich halten wir das heute für verrückt«, gestand der Monsignore ihr zu. »Damals aber wurde Aberglauben und Legenden vor allem in Verbindung mit einer Art Familienehre und Sühne noch eine ganz andere Bedeutung beigemessen. Ich bin mir sicher, dass die nachfolgenden Generationen beider Familien mit der Geschichte des Fluchs aufgewachsen sind. Im Gedächtnis von Mathildes Familie ist die Missetat des Abtes bestimmt nicht nur haften geblieben, sondern man hat den Kindern von klein auf von dem Verbrechen berichtet.«

»Lorenzo hat recht. Und ich vermute, dass sich daraus eine gewisse Eigendynamik entwickelt hat«, zog Rosina in Betracht. »Ich könnte mir gut vorstellen, dass der Fluch im Lauf der Zeit auch immer mal ein willkommener Vorwand war, um einen unliebsamen Menschen aus dem Weg zu räumen.«

»Weißt du, ob das Opfer und der Täter im Jahr 1821 auch wieder Verbindungen zu Mathilde und Abt Ägidius hatten?«, wollte Hirschberg wissen, der langsam davon ausging, dass sie es dieses Mal mit einem sehr traditionsbewussten Mörder zu tun hatten.

»Wie es jetzt aussieht, ja«, berichtete sie. »Damals 1821 hat sich Gerstls Ururururgroßvater oder wie auch immer«, sie grinste, »mit einer verheirateten Frau eingelassen, angeblich wurde sie von ihm schwanger. Ihr Ehemann und ihr Bruder haben Gerstl zur Rede gestellt, und es kam zum Streit. Zwei Tage später, am Nikolaustag, war Gerstls Ururururgroßvater tot.«

»Der gehörnte Ehemann stammte demnach von Mathilde ab?«, hakte Hansen nach.

»Nein, aber dessen Frau, also Gerstls Liebschaft. Ihr Mann und ihr Bruder gerieten natürlich in Verdacht, Gerstl ermordet zu haben, aber die beiden haben sich gegenseitig ein Alibi gegeben, und es konnte ihnen nichts nachgewiesen werden.«

»Sieh einer an. Und was war 1921?« In Hirschbergs Kopf überschlugen sich die Gedanken.

»Gerstls Urgroßonkel. Er hat den Ersten Weltkrieg überlebt, aber wie Alfons fand man ihn am sechsten Dezember 1921 im Wald auf der Lichtung mit eingeschlagenem Schädel. Man konnte den Täter zwar nicht überführen, aber der Verdacht fiel auf einen gewissen Emil Heisinger. Zum Zeitpunkt des Mordes war er gerade einmal achtzehn. Drei Jahre später hat er den Ort verlassen.«

»Ich möchte wetten, dass er auch von Mathilde abstammt«, bemerkte Hansen trocken.

»Für mich ist das kein Zufall«, fuhr Rosina fort. »Meiner Meinung nach versucht jemand, entweder die Legende am Leben zu halten. Hält es quasi für seine Pflicht, Mathildes Verwünschung zu erfüllen, oder er sieht den Fluch als gute Gelegenheit, zu morden.«

»Gut möglich«, schloss Hirschberg sich ihrer Vermutung an. »Es wäre ja auch nicht das erste Mal, dass ein verrückter Mörder in Krindelsdorf sein Unwesen treibt.«

»Ich weiß nicht, ob ›verrückt‹ das richtige Wort ist, Alex«, warf Rosina nachdenklich ein. »Es gibt Studien, die belegen, dass der Glaube an Übernatürliches und Magie mit wissenschaftlichem und technischem Fortschritt schon immer Hand in Hand gegangen ist. Wenn man es hier nüchtern betrachtet, geht es um Gerechtigkeit, Vergeltung, Tradition und sicher auch, wie Lorenzo vorhin meinte, Familienehre. Versteht ihr, worauf ich hinauswill?«

»Ich denke, ja.« Hansen nickte. »Wenn dann vielleicht auch noch ein entsprechendes Motiv dazukommt, erhält die Legende eine ganz neue Bedeutung. Denn ein Motiv muss es geben, sonst wäre Gerstls Mutter nicht ermordet worden«, erklärte sie den Umstehenden. »Die Legende hätte sich schließlich mit dem Mord an Alfons erfüllt.«

»Womöglich hatte Traudl einen konkreten Verdacht, wer ihren Sohn getötet hat«, spekulierte Hirschberg. »Und so, wie man sie uns beschrieben hat, hätte sie sich nicht so einfach einschüchtern lassen.« Er ließ die Schultern hängen. Manche Menschen wollten die Gefahr, in der sie sich befanden, nicht wahrhaben, wusste er. »Wenn Sie doch nur mit uns gesprochen hätte!«

»Vielleicht wäre Sie dann noch am Leben«, nickte Hansen.

»Womöglich … Sicher ist in meinen Augen aber, dass der Mörder diesen alten Fluch für seine ganz eigenen Pläne missbraucht.« Hirschberg wandte sich an seine Kollegin. »Wir sollten herausfinden, wo dieser Emil Heisinger abgeblieben ist. Vielleicht hat das Einwohnermeldeamt irgendwelche Informationen, und …«

»An eurer Stelle würde ich es erst einmal bei Marianne versuchen«, regte Rosina an.

16.

Hauptkommissar Hirschberg und Kommissarin Hansen gingen mit raschen Schritten auf Marianne Dachshofers Haus zu. Die ortsansässige Naturheilheilkundlerin war Krindelsdorfs Gedächtnis. Auch mit der Geschichte das Ortes war sie bestens vertraut, und sie kannte jeden, der jemals einen Fuß auf Krindelsdorfer Boden gesetzt hatte. Noch bevor er auf den Klingelknopf drücken konnte, ging die Tür auf, und Nicole Reinhardt kam heraus. Die erfolgreiche Dessousdesignerin und Marianne Dachshofer verband eine ungewöhnliche und doch enge Freundschaft, deshalb war es wenig verwunderlich, sie hier anzutreffen.

»Herr Hauptkommissar, Frau Kommissarin.« Reinhardt lächelte. »Marianne erwartet Sie bereits. Rosina hat ihren Besuch gerade eben angekündigt.«

»Nicole, mit wem …« Dachshofer erschien hinter ihr und drückte ihr eine Plätzchendose in die Hand, die Reinhardt dankend entgegennahm.

»Ah, der Herr Hirschberg und die Frau Hansen.« Dachshofer lächelte.

»Dann hilf den beiden schön weiter, Marianne«, forderte Reinhardt sie augenzwinkernd auf. »Und mach dir keine Sorgen. Ich kümmere mich um alles.«

»Dank dir schön, Nicole! Und grüß mir den Günther!« Dachshofer umarmte sie zum Abschied, bevor sie die beiden Ermittler hereinbat und ihnen voran ins Wohnzimmer ging. Auf dem Tisch stand eine Platte mit Plätzchen und Lebkuchen, daneben eine Thermoskanne.

»Setzen Sie sich, und greifen's zu«, ermunterte Dachshofer die beiden, was Hirschberg sich nicht zwei Mal sagen ließ. Auch Dachshofers Backkünste waren nicht von schlechten Eltern. Zwar war ihr Apfelstrudel der verstorbenen Frau Seitlbach zum Verhängnis geworden, aber das war nicht ihre Schuld gewesen, und noch immer fand er auf jedem Fest reißenden Absatz.

»Die Lebkuchen sind hervorragend, Frau Dachshofer«, lobte Hansen.

»Des freut mi, wenn's Ihnen schmecken! Möchten's einen Kaffee?« Die Naturheilkundlerin griff nach der Kanne.

»Gern«, nahm Hirschberg das Angebot an.

»Sie wolln was über die Heisingers wissen, hat die Rosina gsagt«, vergewisserte sich Dachshofer, nachdem sie mit Kaffee versorgt waren, und setzte sich neben Hansen auf die Couch. Ihre Miene verfinsterte sich.

»Wenn es geht, ja«, bestätigte der Hauptkommissar. »Die Familie hat den Ort ein paar Jahre nach dem Mord an Gerstls Urgroßonkel verlassen, nicht wahr?«

»Die Heisingers waren alteingesessene Krindelsdorfer«, erinnerte sich Dachshofer. »Aber sie ham nach'm Ersten Weltkrieg auch viel Pech ghabt. Der Johann Heisinger is als Kriegszitterer zurückkommen, hat meine Mutter erzählt. Und er hat nur noch gsoffen. Seine Frau und sein Sohn waren die Leidtragenden. I glaub, die zwei warn erleichtert, als er Anfang 1921 gestorbn is.« Sie seufzte. »Meine Mutter hat immer erzählt, dass die Leut glaubt ham, dass die Heisinger Kreszenzia was mit dem Tod von ihrem Mann zu tun ghabt hat. Er is nämlich bsoffen die Treppen runtergfalln, und die Leut ham hinter vorgehaltener Hand gredt, dass sie ihn gschubst hat.«

»Aber sie wurde nie angeklagt deswegen?«, vergewisserte sich Hansen.

»A woher denn!«, wehrte Dachshofer ab. »Das waren andere Zeiten damals. Gredt wurd viel, aber bewiesen is nix wordn. Und außerdem ham die Leut auch gsagt, dass der oide Heisinger gut weida war.«

»Dass er was war?« Hansen blinzelte verständnislos.

»Die Leute hielten es für besser, dass er weg, also in seinem Fall nicht mehr am Leben war«, übersetzte Hirschberg rasch, bevor er sich wieder an ihre Gastgeberin wandte. »Frau Dachshofer, Sie wissen doch bestimmt so einiges über diesen Fluch, der auf den Gerstls angeblich lastet. War Ihnen die Verbindung zu Abt Ägidius bewusst?«

»Meine Oma hat immer behauptet, dass des alles wegen dem Abt is, is mir letztens eingfallen, nachdem i Ihre Frau und die Dornbergs am Christkindlmarkt troffen hab«, entgegnete Dachshofer. »Die hat auch immer erzählt, dass zur Zeit vom Dreißigjährigen Krieg scho a Vorfahr von den Gerstls am sechsten Dezember ermordet worden is. Der Nachbar von meiner Oma war nämlich Heimatkundler, wissen's. Der hat sein ganzes Lebn immer wieder oide Dokumente angschaut, und von dem hat meine Oma sehr viel ghört über den Ort. Und jetzt schaut's ja auch ganz so aus, als hätt der Heimatkundler recht ghabt.«

»Gut. Wenn wir jetzt mal davon ausgehen, dass auch die Heisingers von dieser Mathilde von Melchweiler abstammten, dann könnte sich doch ein Nachfahre von Emil Heisinger berufen fühlen, die Legende am Leben zu halten«, überlegte Hirschberg laut.

»Kann das denn wirklich sein, dass jahrhundertelang im Namen eines Fluchs gemordet wird? Dass Generationen so erzogen werden?« Hansen zuckte die Schultern.

Die Kommissarin schien es noch immer nicht glauben zu wollen.

»Sein kann alles, Frau Kollegin. Außerdem ist Rosinas Theorie gar nicht mal so abwegig. Dieser Fluch könnte ein willkommener Anlass für jemanden sein, einen unliebsamen Zeitgenossen aus dem Weg zu räumen.«

»Wissen Sie denn etwas über den Verbleib der Heisingers, Frau Dachshofer?«, wollte Hansen wissen.

»Der Emil Heisinger is mit seiner Mutter ein paar Jahre nach dem Mord an dem Gerstl aus Krindelsdorf weggangen. Verstehn kann i des scho«, bekräftigte sie mit nach oben gezogenen Augenbrauen. »Immerhin hat man der Kreszenzia den Mord an ihrem Mann unterstellt und ihrem Sohn den am Gerstl. Und *den* Mord ham die Leut net so einfach durchgehen lassn, ham meine Mutter und meine Oma erzählt. Die Krindelsdorfer ham alle glaubt, dass des der Emil gwesn is, und die Gerstls müssen sehr gegen ihn und seine Mutter ghetzt ham. Irgendwann ham's die zwei dann nimmer ausghalten.« Sie griff nach ihrer Tasse und nahm einen Schluck, bevor sie fortfuhr. »Die Kreszenzia und der Emil sind dann nach Nürnberg zogn, wo der Bua eine Lehre als Metzger angfangen und später die Tochter von seinem Chef gheiratet hat. Und die Zwei ham eine Tochter kriegt, die Mathilde. Und die Mathilde is dann irgendwann als junge Frau mit ihrem Mann – i glaub, des war Anfang der sechziger Jahre – wieder nach Krindelsdorf kommen.«

»Die Tochter der Heisingers hieß Mathilde?«, riefen Hansen und Hirschberg wie aus einem Mund. Das konnte kein Zufall sein!

»Scho komisch, gell? Wenn's ihrem Vater net so ähnlich gschaut hätt, hätten's die oiden Krindelsdorfer vielleicht gar net erkannt. Sie war ja verheiratet und hat nimmer Heisinger geheißen.« Dachshofer klang amüsiert.

»Und was wurde aus dieser Mathilde?«, ermunterte Hirschberg sie, fortzufahren, doch bevor sie antworten konnte, klingelte es an ihrer Haustür.

»Warten's! I bin gleich wieder da.« Die Naturheilkundlerin stand auf und verschwand in Richtung Tür.

»Marianne.« Daniela Gerstls Stimme drang von draußen herein. Hirschberg und seine Kollegin wechselten einen Blick. »Ich wollte schon Kommissarin Hansen anrufen, aber dann habe ich gesehen, dass ihr Auto vor deiner Tür steht, und …«

»Ja, sie und der Herr Hauptkommissar sind da. Komm erst mal rein, Daniela. Du bist ja ganz aufglöst.« Einen Augenblick später kamen die beiden zurück ins Wohnzimmer. Dachshofer sorgte dafür, dass Daniela sich setzte.

»Frau Gerstl, ist etwas passiert?« Hansen klang beschwichtigend.

»Ich war bei Oma im Haus, weil …«

»Frau Gerstl, wir hatten das Haus Ihrer Großmutter doch versiegelt. Sie hätten das Haus nicht betreten dürfen, und …«, hob die Kommissarin an.

»Ja, ich weiß, aber ich wollte sehen, ob ich vielleicht etwas finde. Außerdem wollte Frau Wiesner eine spirituelle Reinigung durchführen«, verteidigte sich die junge Frau. Sie klang gequält.

»Des is auch dringend nötig«, schnaubte Dachshofer.

»Frau Wiesner hätten wir aber vorerst nicht ins Haus gelassen, keine Sorge«, beeilte Daniela sich den Ermittlern zu versichern. »Ich wollte Sie anrufen, Frau Kommissarin, aber ich hatte Ihre Karte nicht dabei«, sprudelte es aus der Schülerin weiter heraus. »Und ich weiß auch gar nicht, ob es überhaupt etwas zu bedeuten hat, oder ob ich Gespenster sehe. Es ist vielleicht völlig idiotisch, aber …«

»Holen Sie einmal tief Luft, Frau Gerstl«, beruhigte Hirschberg sie. »Erzählen Sie uns einfach, was Sie auf dem Herzen haben.«

»Das mit der polizeilichen Versiegelung tut mir leid«, entschuldigte Daniela sich, »aber ich musste mich bei Oma einfach ein wenig umsehen. Da bin ich in einer alten Truhe auf dem Dachboden auf das Hochzeitsalbum meiner Eltern gestoßen. Ich habe mich ja immer gefragt, was meine Großmutter gegen meine Mutter und mich hatte, warum sie heimlich einen Vaterschaftstest hat machen lassen. Sie wissen bestimmt längst davon«, schätzte sie, und die beiden Beamten nickten. »Aber jetzt weiß ich auch, warum.« Sie zog ein Foto hervor, das ihre Mutter im Brautkleid mit dem besten Freund ihres Ehemanns zeigte. Erich Draxl blickte sie verklärt an. Dass er mehr als nur Freundschaft für sie empfand, konnte selbst ein Blinder sehen, fand Hirschberg. »Ich glaube, sie hat meine Mutter verdächtigt, meinem Vater nicht treu zu sein«, mutmaßte Daniela. »Aber mir ist nie etwas aufgefallen! Erich war immer einfach nur Papas bester Freund, und Mama hat bestimmt nicht …«

»Oh, Jessas!«, rief Dachshofer und hielt sich die Hand vor den Mund. »I hätt des ja bis zum Schluss net glaubt! Die Zwei warn doch so gute Freunde, wie die Daniela sagt … Aber jetzt, wo i des Foto seh, da …«

»Was ist los, Frau Dachshofer?« Hirschberg ließ sie nicht aus den Augen.

»Die Heisinger Mathilde hat in eine Familie Draxl eingheiratet, und …«

»Erich Draxl ist der Sohn von Mathilde Heisinger und stammt vermutlich von eben der Mathilde ab, die Abt Ägidius verflucht hat. Und sein Großvater hat den

Urgroßonkel Ihres Vaters getötet«, führte Hansen kopfschüttelnd an Daniela gewandt aus. »Was ist nur los an diesem Ort?«, murmelte sie kaum hörbar.

»Wovon um Gottes willen sprechen Sie denn da?« Die junge Frau blickte verwirrt in die Runde.

»Von der Legende, dass alle hundert Jahre ein männlicher Nachfolger der Gerstls sterben muss«, erklärte Hirschberg ihr mit nach oben gezogenen Augenbrauen. »Die Legende geht allem Anschein nach fünfhundert Jahre zurück und hat mit Abt Ägidius ihren Anfang genommen.«

»Aber das ist doch nur eine Legende.« Daniela Gerstl schien völlig perplex. »Sie glauben doch nicht ernsthaft, dass ein Fluch …«

»Natürlich nicht, Frau Gerstl«, beeilte sich Hansen ihr zu versichern. »Aber es sieht ganz danach aus, dass diese Legende seit fünf Jahrhunderten in den betreffenden Familien sehr konsequent tradiert und vermutlich auch dazu missbraucht wird, Morde zu rechtfertigen. Die Nachkommen von Mathilde von Melchweiler und des Abts wachsen mit dem Wissen um den Fluch auf.« Sie berichtete ihr, was Rosina Baumann und Monsignore Bianchi herausgefunden und welche Schlussfolgerungen die beiden Historiker gezogen hatten.

»Des schlägt glei mehrere Fliegn mit einer Klappe«, flüsterte Dachshofer entsetzt. »Einerseits wird die Legende und des Lokalkolorit pflegt, andererseits wird man jemanden los, der im Weg is.«

»Ich glaub das nicht!« Daniela Gerstl schlug sich die Hand vor den Mund.

»Jetzt ergeben auch die Initialen einen Sinn«, stellte Hansen fest.

»Was für Initialen?« Dachshofer blinzelte überrascht.

»Ob uns die Initialen F. oder E. H. etwas sagen«, kam

Daniela den beiden zuvor. »Erklären Sie mir doch bitte endlich, was es damit auf sich hat«, bat sie.

»Laut dem Rechtsmediziner sieht es ganz danach aus, dass ihre Großmutter gegen einen Baum gepresst worden ist, und der Täter hat seinen Unterarm gegen ihre Kehle gedrückt«, klärte Hirschberg sie auf. »Ihr Mörder hat offensichtlich Manschettenknöpfe mit den Initialen F. oder E. H. getragen. Einer der Manschettenknöpfe hat Abdrücke an ihrem Hals hinterlassen.«

»Papa hat Erich immer damit aufgezogen, wenn er zu feierlichen Anlässen oder wichtigen Besprechungen seine Manschettenknöpfe getragen hat«, wisperte Daniela, und Tränen schossen in ihre Augen. »Die von seinem Großvater waren ihm besonders heilig.«

»Er muss also die Manschettenknöpfe von Emil Heisinger getragen haben!« Hirschberg war sich nun ganz sicher, dass sie ihren Mörder gefunden hatten.

»Die Zwei warn so gute Freunde«, wiederholte Dachshofer mit ausdrucksloser Stimme, während sie den Arm um Danielas Schultern legte. »Unzertrennlich, des waren's.«

»Wir sollten uns beeilen.« Hansen erhob sich.

»Haben Sie eine Ahnung, wo Herr Draxl jetzt sein könnte?«, erkundigte sich Hirschberg bei Daniela.

»Er ist Ingenieur, arbeitet aber oft von zu Hause aus, und …« Sie stockte, und ihre Augen weiteten sich vor Entsetzen. »Oh mein Gott! Ich glaube, er wollte Mama heute am Stand helfen, und …«

»Frau Hansen, kümmern Sie sich bitte um Verstärkung«, wies Hirschberg seine Kollegin an, die sogleich mit dem Handy am Ohr nach draußen verschwand. »Frau Gerstl, bleiben Sie bitte bei Frau Dachshofer und bewahren Sie Ruhe. Rufen Sie Ihre Mutter bitte nicht am Handy an, um ihr alles zu erzählen! Herr Draxl darf keinen Verdacht schöpfen! Vertrauen Sie uns. Es wird alles gut«, versprach er und hoffte, er würde sein Wort halten können.

»Ist gut«, versprach die junge Frau und strich sich zitternd eine Haarsträhne aus der Stirn.

»Du kriegst jetzt erst einmal einen Schluck Kräuterlikör«, hörte der Hauptkommissar die resolute Naturheilerin sagen, als er nach draußen zu Hansen ging.

»Die Verstärkung ist unterwegs«, ließ seine Kollegin ihn wissen. »Halten Sie es für möglich, dass Vroni Gerstl und Draxl eine Affäre haben?«

»Ich bin mir nicht sicher.« Hirschberg war skeptisch. »Die beiden wirken zwar vertraut, aber ich will es ihnen nicht unterstellen. Zumal sie ihren Mann doch bestimmt verlassen hätte, wenn es so gewesen wäre. Sie hätte ihre Schwiegermutter ganz sicher nicht länger als nötig ertragen«, fügte er trocken hinzu.

»Da könnten Sie recht haben«, pflichtete Hansen ihm bei, bevor sie in ihren Wagen stieg. »Womöglich rechnet sich Draxl jetzt Chancen bei ihr aus.«

»Er spielt doch die ganze Zeit schon den Witwentröster«, erwiderte Hirschberg ironisch. »Auf zum Weihnachtsmarkt!«

17.

Susan kam mit einem frisch gewickelten Julian auf dem Arm nach unten, wo sie von Picasso bereits schwanzwedelnd erwartet wurden. Der Mops schleckte sich den Mund. Susan vermutete, dass er gerade ein Leckerli vernascht hatte, was seine Stimmung wenigstens kurzzeitig hob. Ab und an ein Hundekeks sei völlig in Ordnung, hatte Isobel ihr erklärt, denn schließlich solle Picasso keine handfeste Depression entwickeln. Nur müsse die Aufnahme zusätzlicher Kalorien strikt kontrolliert werden, habe der Tierarzt gemahnt. Gott sei Dank war der Hund nicht so clever und akrobatisch wie die Katzen ihrer Großeltern, dachte Susan. Sie konnte sich noch gut daran erinnern, wie Mo und Lou immer wieder auf den Esstisch gesprungen waren, wenn man gerade nicht achtgegeben hatte, um sich über alles Fressbare herzumachen.

»Picasso, du darfst nicht nach oben«, wies sie ihn zurecht und verriegelte das Türchen. Trotz aller Fortschritte, wollte er noch immer gegen so manche Regel verstoßen, doch das obere Stockwerk war für ihn tabu, seit er sich an Julians Teddy und ihrer Unterwäsche vergangen hatte.

»Ich glaube, er will euch einfach nur zeigen, wie hübsch er angezogen ist.« Isobel kam aus der Küche. Die englische Lady trug einen cremefarbenen Hosenanzug und schwarze Stiefeletten. Picasso steckte in einem ebenfalls cremefarbenen Hundeanzug, und eine schneebedeckte Tanne war auf das Rückenteil gestickt. »Sieht er nicht allerliebst aus?«, schwärmte sie.

»Wenn wir jetzt auf den Weihnachtsmarkt gehen, wird er aber schmutzig«, gab Susan zu bedenken. »Es schneit schon wieder.« Sie nickte in Richtung Fenster, vor dem dicke Schneeflocken im Wind tanzten.

»Darling, für solche Fälle ist die Waschmaschine erfunden worden.« Isobel klang, als würde sie sich mit einem zurückgebliebenen Kleinkind unterhalten. »Und außerdem werden wir wohl kaum durch den größten Matsch stapfen.«

»Wenn du meinst«, erwiderte Susan gleichgültig und griff nach Julians Winterjacke.

»Im Restaurant läuft alles wie am Schnürchen, Liebes.« Dornberg kam mit seinem Smartphone in der Hand aus dem Arbeitszimmer. »Alberto meinte, er habe alles im Griff, und wir müssten nicht unbedingt kommen. Er hat übrigens ganz fantastische Ideen für ein Liebesmenü für Cynthia und Lorenzo. Und ich habe gerade mit dem Chauffeursservice gesprochen. Ihre Abholung vom Flughafen morgen ist arrangiert.«

»Du denkst einfach an alles, Darling.« Isobel gab ihrem Ehemann einen Kuss. »Unser Geschenkset für die beiden ist ebenfalls heute angekommen.«

»Ist alles heil?«, erkundigte sich der Perfektionist Dornberg.

»Das Liebesspielzeug ist intakt und funktionsfähig, Darling.« Sie tätschelte seinen Arm. »Die beiden werden viel Freude damit haben.«

»Liebesspielzeug?«, hakte Susan nach.

»Es ist Cynthias und Lorenzos Jahrestag, Susan. Der Tag, an dem er ihr gesagt hat, dass er sie vom Fleck weg heiraten würde, wenn er kein katholischer Geistlicher wäre«, klärte Dornberg sie auf.

»Die Vorstellung, dass ihr einen Monsignore mit Liebesspielzeug beschenkt, ist nur ein wenig gewöhnungsbedürftig«, erwiderte Susan trocken.

»Nur, weil er eine Laufbahn in der katholischen Kirche eingeschlagen hat, heißt das noch lange nicht, dass er keinen Spaß zwischen den Laken haben darf«, behauptete Isobel.

»Doch, Tante Isobel, eigentlich bedeutet es sogar ganz genau das. Aber nach allem, was ich so erfahren habe, ist Lorenzo kein gewöhnlicher Monsignore.«

»Wie recht du hast, Susan! Lorenzo ist sicher vieles, aber ganz sicher nicht gewöhnlich«, stimmte Dornberg zu. »Er hat vorhin übrigens angerufen und Rosina in den Himmel gelobt. Er genießt die Arbeit mit ihr in vollen Zügen. Sie müssen so einiges herausgefunden haben, und ich bin schon sehr gespannt, was sie erzählen werden.«

»Wir sollten uns auch langsam auf den Weg machen«, mahnte Isobel mit einem Blick auf die Uhr an ihrem Handgelenk. »Ich möchte die beiden nicht warten lassen.«

»Wann sind wir mit Rosina und Lorenzo verabredet?«, wollte Susan wissen, während sie Julian seine Jacke anzog und ihn in den Buggy setzte.

»Gegen halb fünf.« Dornberg warf einen verklärten Blick aus dem Fenster. »Es hat schon etwas sehr Romantisches, auf den Weihnachtsmarkt zu gehen, wenn es schneit.« Er begann, Bing Crosbys *I'm dreaming of a White Christmas* zu singen.

»Ja, diese Ecke der Welt hat gewisse Vorzüge«, gab Isobel zu.

»Ach?« Susan zog spöttisch die Augenbrauen nach oben. »Ich dachte, wir befänden uns in der europäischen Provinz.«

»Auch die Provinz hat so manche Annehmlichkeit«, wurde sie von der englischen Lady belehrt. »Und die deutschen Weihnachtsmärkte sind wie das Oktoberfest ein Exportschlager. Allerdings sind die Originale viel besser als die Imitationen, die überall auf der Welt aus dem Boden gestampft werden.«

»Mein Traum wäre es ja, an einer geeigneten Location einen erotischen Weihnachtsmarkt auf die Beine zu stellen.« Dornbergs Stimme klang verklärt. »Man bräuchte dafür natürlich ein sehr geschmackvolles Konzept, denn es darf keinesfalls billig oder – Gott bewahre! – schmuddelig wirken! Es müsste alles sehr ästhetisch sein«, betonte er mit erhobenem Zeigefinger. »Aber stellt euch beispielsweise Glühweintassen mit der Aufschrift: ›Du bringst meine Glocken zum Läuten‹ vor.« Leben kam in seine Züge. »Liebes, wir sollten mit Nicole und Günther darüber sprechen. Wir könnten unter anderem einen Stand mit ihren Dessous machen! Und ich kenne eine kleine feine Bäckerei in Amsterdam, die durchaus auch erotische Backwaren anbietet, für Junggesellenabschiede und dergleichen. Anstelle von Vanillekipferl könnten wir beispielsweise kleine …«

»Vincent«, bremste Susan seine Ausführungen. »Bleib bitte jugendfrei. Julian ist anwesend.«

»Natürlich, Susan. Wenn die Begeisterung mich überkommt, vergesse ich immer alles um mich herum.«

»Da du alles, was du anfasst zu Gold machst, Darling, sollten wir wirklich darüber nachdenken.« Seine Frau schien genauso angetan wie er. »Wir könnten nächstes Jahr ein gut durchdachtes Konzept in kleinem Rahmen vielleicht auf dem Parkplatz vor dem Vincobel's ausprobieren«, schlug sie vor.

»Du hast immer die brillantesten Ideen, Liebes«, kam es verzückt über Dornbergs Lippen. »Nicole wäre sicher bereit, eine weihnachtliche Dessouskollektion zu entwerfen, die wir dort verkaufen«, sinnierte er auf dem Weg nach draußen.

»Was hältst du davon, Susan?«, wollte Isobel wissen, als sie die Haustür zuzog und abschloss.

»Solange ihr das nicht in Krindelsdorf veranstaltet, und Pfarrer Schmalzengruber damit in einen Kreuzzug treibt, könnt ihr es ja versuchen.« Susan war klar, dass jeder Einwand ihrerseits von den geschäftstüchtigen Dornbergs abgeschmettert werden würde. Zudem hatte ihre Tante in einer Hinsicht recht: Alles, was Onkel Vincent in Angriff nahm, entpuppte sich letztlich als Erfolg.

»Ich sehe die Stände schon vor mir«, schwelgte Dornberg in seinen neuesten Plänen zur Erweiterung seines Pornoimperiums. »Wir sollten im Falle eines Falles mit der Kellerei Krinnaue sprechen, Liebes. Der Glühwein ist hervorragend! Sie könnten einen speziellen Liebestrunk für uns abfüllen.«

»Das ist eine glänzende Idee!«, stimmte Isobel ihrem Ehemann enthusiastisch zu. »Wir sollten unbedingt bald an diesen Herrn Blatteder herantreten«, überlegte sie. »Das Jahr vergeht sehr schnell, und es muss alles gut durchdacht sein! Wir machen schließlich keine halben Sachen!«

»Ich kann es gar nicht erwarten, mit dir den Christkindlmarkt zu planen, Liebes«, freute sich Dornberg, als sie einige Minuten später den Eingang des Weihnachtsmarktes erreichten. »Du bist meine nie versiegende Quelle der Inspiration!«

»Da vorne sind die beiden.« Susan schob ihren Buggy in Richtung des Glühweinstands, wo sich Rosina und der Monsignore angeregt unterhielten.

»Da seid ihr ja!«, freute sich die Historikerin, und Susan warf einen Blick in ihren Kinderwagen. Sophia schlief tief und fest. »Sie ist vor ein paar Minuten wieder eingeschlafen. Lorenzo ist ein hervorragender Babysitter.«

»Er hat ja schließlich Übung«, lächelte Isobel. »Du hättest ihn mit seiner Tochter …«

»Nicht so laut!« Susan hielt sich einen Zeigefinger vor den Mund. »Du weißt doch, wie hier am Ort getratscht wird, und …«

»Du hast recht, Susan.« Dornberg blickte sich verstohlen um, doch niemand schien sie gehört zu haben.

»Macht euch keine Sorgen.« Bianchi klang entspannt. »Ich habe ein sehr offenes Gespräch mit Rosina geführt, nachdem Alexander und Frau Hansen bei uns waren.« Er schenkte ihr ein wohlwollendes Lächeln. »Und sie hat mich nachdenklich gestimmt. Ich werde mein Versprechen gegenüber meiner Mutter und Nonna nochmals gründlich überdenken. Womöglich ist die Zeit nun gekommen, mein Leben anders auszurichten.«

»Das ist großartig, Lorenzo«, freute sich Isobel, und sie senkte ihre Stimme. »Immerhin wirst du bald Großvater.«

»Ich kann es kaum erwarten.« Ein Strahlen erhellte die Züge des Geistlichen.

»Ihr beide wart also erfolgreich und konntet Alex und Frau Hansen helfen?« Susan lenkte das Gespräch auf unverfänglicheres Terrain.

»Oh ja!«, rief Rosina. »Ich habe meine alten Unterlagen wieder hervorgekramt.« Sie berichtete ihnen von ihren früheren Recherchen.

»Das ist wirklich aufregend, Rosina.« Dornberg hatte gebannt an ihren Lippen gehangen.

»Dem kann ich nur zustimmen.« Indira Wiesner kam in Begleitung ihres Manns auf sie zu. Offenbar hatten die beiden einen Teil von Rosinas Ausführungen gehört.

»Sie konnten also bestätigen, dass an der Legende etwas dran ist?«

»Wenn Sie so wollen, ja«, bestätigte Bianchi.

»Allerdings wird die Legende von sehr irdischen Kräften am Leben gehalten«, fügte Rosina sanft hinzu.

»Mit solchen Vermutungen wäre ich vorsichtig«, warf Indira ein. »Ich hatte vorhin Kontakt zu Traudl Gerstls Geist. Sie ist eine sehr wütende Seele, und ich möchte sie unbedingt dazu bringen, hinüber und in ein neues Leben zu gehen. Sie hat mir übrigens den Namen Mathilde zugeflüstert.«

»Sind das Alex und Frau Hansen?« Rosina deutete auf den Eingang des Weihnachtsmarkts.

»Ja.« Susan winkte, doch ihr Mann und seine Kollegin schienen sie nicht zu sehen. Sie machte Anstalten, zu ihnen zu gehen, doch jemand hielt sie am Arm zurück.

»Mein Gefühl sagt mir, dass Sie besser hier warten, Frau Hirschberg«, wisperte Indira Wiesner, die gebannt in Hirschbergs Richtung blickte.

Zwei Beamte in Uniform folgten ihrem Mann und der Kommissarin auf den Weihnachtsmarkt. Ein dumpfes Gefühl machte sich in Susans Magengegend breit.

***

Hirschberg und Hansen hielten vor dem Eingang des Christkindlmarktes nach der Verstärkung Ausschau. Draxl würde sich gewiss nicht einfach so festnehmen lassen, vermutete der Hauptkommissar. Ein Mann, der zwei Mal gemordet hatte, hatte nichts mehr zu verlieren.

»Da kommen sie.« Hansen machte ihn auf die beiden uniformierten Beamten aufmerksam, die mit entschlossenen Schritten auf sie zusteuerten. Hirschberg war erleichtert. Er kannte die Polizisten von früheren Einsätzen, und sie hatten stets professionelle Arbeit geleistet.

»Frau Kommissarin, Herr Hauptkommissar.« Die Beamten nickten ihnen zu.

»Wir danken Ihnen, dass Sie so schnell gekommen sind«, begrüßte Hirschberg die Kollegen. »Wir müssen sehr vorsichtig vorgehen. Der Tatverdächtige befindet sich vermutlich am Stand der Bäckerei Gerstl. Die Tochter des ersten Opfers hat uns darüber informiert, dass er ihrer Mutter heute helfen wollte.« Er blickte zwischen den beiden hin und her. »Es sind sehr viele Menschen hier. Wir wissen nicht, wie er reagiert, wenn er in die Enge getrieben wird.«

»Wir werden jetzt an den Stand gehen und versuchen, mit ihm zu sprechen«, führte Hansen weiter aus. »Halten Sie sich bitte noch im Hintergrund. Er soll nicht gleich Verdacht schöpfen, dass wir ihm auf die Schliche gekommen sind. Herr Draxl steht unter dem dringenden Verdacht, zwei Menschen kaltblütig ermordet zu haben. Wer weiß, wozu er fähig ist.«

»Verstanden.« Die Schutzpolizisten nickten.

Hirschberg und seine Kollegin Hansen bahnten sich einen Weg durch die Gäste des Marktes. Ein ungutes Gefühl überkam Hirschberg, als er Susan, Rosina und ihre Begleiter erspähte. Er war erleichtert, als Indira Wiesner seine Frau offenbar zurückhielt und etwas in ihr Ohr wisperte. Ob sie nun Freunde in der Geisterwelt hatte oder nicht, sie verfügte zumindest über eine sehr ausgeprägte Intuition.

»Chef, Ihre Frau und …«

»Ich weiß. Sie sollen bloß bleiben, wo sie sind«, presste er hervor, als sie sich dem Stand der Gerstls näherten.

»Herr Hauptkommissar, Frau Kommissarin.« Vroni

Gerstl beugte sich über den Tresen, während Draxl eine ältere Dame bediente. »Was kann ich für Sie tun?«

»Wir hätten noch ein paar Fragen an Sie und Herrn Draxl«, meinte Hirschberg, und er ließ seine Stimme gelassen klingen. »Es wird nicht lange dauern.«

»Einen Moment«, seufzte sie. »Sie sehen ja, was hier los ist. Evi.« Gerstl signalisierte ihrer Mitarbeiterin, sich um die Kunden zu kümmern, und kurz darauf kam sie in Begleitung von Draxl aus dem Stand.

»Worum geht es?«, wollte er wissen und legte beschützend den Arm um Vroni Gerstls Schultern.

»Sie erinnern sich vielleicht, dass wir Sie gefragt haben, ob Ihnen die Initialen F. oder E. H. etwas sagen?« Über Draxls Schulter hinweg konnte Hirschberg sehen, dass sich ihnen die beiden Beamten näherten. Einige der Weihnachtsmarktbesucher wurden aufmerksam, doch sie schienen es besser zu wissen, als Aufsehen zu erregen.

»Die ominösen Initialen. Sind Sie gekommen, um uns zu sagen, was es mit ihnen auf sich hat?«, wollte Vroni Gerstl ungeduldig wissen.

»Der Mörder Ihrer Schwiegermutter hat sie allem Anschein nach gegen einen Baumstamm gepresst, und dabei hat sein Manschettenknopf einen Abdruck auf ihrer Kehle hinterlassen«, verriet Hansen. »Mittlerweile wissen wir, dass es sich um die Buchstaben E. H. handelt.«

Hirschberg konnte sehen, wie Draxls Miene sich versteinerte.

»Kennen Sie jemanden, der ab und zu Manschettenknöpfe trägt?« Hirschberg wartete gespannt auf die Reaktion der beiden.

»Was?«, hauchte Vroni Gerstl. Sie starrte ihn und Hansen mit aufgerissenen Augen an, bevor sie sich aus Draxls Umarmung befreite und sich langsam einige

Schritte von ihm entfernte. »Du! Du warst das! Du hast …«

»Das ist doch Unsinn, Vroni«, wiegelte er ab und wollte auf sie zugehen, doch sie wich zurück.

»Du hast Fonsi und Traudl umgebracht?!« Das Entsetzen stand der Witwe ins Gesicht geschrieben.

»Blödsinn, ich …«

»Ist es das?«, fiel Hirschberg ihm ins Wort. »Wir wissen über ihre Vorliebe für Manschettenknöpfe Bescheid. Ganz besonders lieben sie die von ihrem Großvater Emil Heisinger mit dessen Initialen.«

»Wie konntest du nur, Erich?«, flüsterte Vroni Gerstl. »Fonsi war dein bester Freund, und …«

»Herr Hauptkommissar!« Pfarrer Schmalzengrubers Stimme donnerte über den Weihnachtsmarkt, und Hirschberg und Hansen fuhren herum. »Ich komme gerade aus einer Sitzung des Pfarrgemeinderats, und der Mord an Frau Gerstl war ein heiß diskutiertes Thema. Ich muss Sie dringend ersuchen …«

Draxl nutzte die Gunst des Augenblicks, schubste einen Weihnachtsmarktbesucher aus dem Weg und ergriff die Flucht.

»Bleiben Sie stehen!«, rief einer der uniformierten Beamten und nahm sogleich die Verfolgung auf. Lautes Fluchen erhob sich, als auch Hirschberg und Hansen losrannten.

»Für Ihr Timing sollte ich Sie persönlich ans Kreuz nageln, Herr Pfarrer!«, rief er Schmalzengruber wütend über seine Schulter hinweg zu.

»Machen Sie in Gottes Namen Platz!«, rief Hansen den Besuchern des Weihnachtsmarktes zu.

»Vorsicht!«, warnte Hirschberg, als eine junge Frau mit drei Glühweintassen dabei war, ihm den Weg zu versperren. Mit einem erschrockenen Aufschrei trat sie zurück. Irgendwo hinter ihm setzte Gelächter ein, und die erboste Stimme des Pfarrers drang an sein Ohr. Zu seinem Entsetzen sah er, dass Draxl geradewegs auf seine Frau und ihre Begleiter zulief.

»Susan, passt auf!«, rief er, und seine Frau wich mitsamt Julians Buggy erschrocken zurück.

Noch bevor Hirschberg und Hansen den flüchtigen Draxl einholen konnten, sprang ihm Monsignore Bianchi beherzt in den Weg. Er stellte Draxl ein Bein, und dieser stürzte. Bevor er sich wieder aufrappeln konnte, stellte der Monsignore seinen Fuß auf Draxls Rücken, um ihn am Boden zu halten, bis Hirschberg und Hansen bei ihnen waren. Picasso verbiss sich wie von Sinnen in den Stoff von Draxls Hose.

»Seht ihr?«, jauchzte Isobel. »Picasso ist schon ein richtiger Polizeihund!«

»Das ist ja so aufregend!«, rief Bianchi. Er schien seinen Aufenthalt in Krindelsdorf in vollen Zügen zu genießen.

»Herr Draxl, wir nehmen Sie hiermit wegen des dringenden Tatverdachts, Alfons und Traudl Gerstl ermordet zu haben, fest.« Hirschberg legte ihm Handschellen an, und die uniformierten Kollegen zogen den fluchenden Flüchtigen auf die Beine.

»Bringen Sie ihn bitte weg«, wies Hansen die Kollegen an. »Wir kommen gleich nach.«

»Das war sehr gut, Monsignore«, lobte Hirschberg. »Ihr Einsatz war wirklich bemerkenswert.«

»Wenn ich den Gesetzeshütern helfen kann, dann mache ich das nur zu gerne«, strahlte Bianchi. »Und ich muss zugeben, so viel Spaß hatte ich seit einer Ewigkeit nicht mehr!«

»Ich höre ein ›Bravo‹, Monsignore.« Indira Wiesner blickte ihn verzückt an. »Zwei weibliche Stimmen sagen mir, sie seien stolz auf sie, und Sie mögen tun, was Sie für richtig halten. Können Sie damit etwas anfangen?«

»Ich denke, ja«, lächelte Bianchi, während Hirschberg und Susan einen überraschten Blick wechselten. Die Auraleserin musste ihre Augen und Ohren wirklich überall haben.

»Das ist wirklich sehr interessant, Frau Wiesner. Vielleicht könnten wir …« Isobel zog sie am Arm mit sich.

»Susan, es wird …« Hirschberg blickte sie verständnisheischend an.

»… spät heute Abend. Ich weiß.« Sie gab ihrem Mann einen Kuss, und dieser drückte Julian rasch an sich, da er ihn vermutlich nicht wie üblich gemeinsam mit Mama ins Bett bringen konnte.

»Dafür werde ich etwas Schönes kochen«, versprach Dornberg. »Wer so gute Arbeit leistet, soll auch dafür belohnt werden!«

Hirschberg klopfte ihm dankend auf die Schulter, bevor er sich mit Hansen auf den Weg ins LKA machte.

»Ich muss zugeben, dass ich noch nie so gespannt auf ein Verhör war wie dieses Mal«, verkündete Hansen.

»Ich auch nicht, Frau Kollegin, ich auch nicht«, stimmte Hirschberg ihr zu, als zwei Sanitäter an ihnen vorbei mit einer Trage auf den Markt eilten. »Was ist denn passiert?«, wollte Hirschberg wissen.

»Der Herr Pfarrer ist ausgerutscht und kann angeblich nicht mehr aufstehen«, rief einer der Sanitäter.

»Wir verschwinden besser, bevor Hochwürdens Zorn über uns hereinbricht«, flüsterte Hansen und rannte regelrecht auf ihren Wagen zu.

18.

Draxl saß mit verschränkten Armen vor der Brust im Verhörraum des LKA und blickte Hirschberg und Hansen ohne jede Reue entgegen. Seinen warmen weißen Wollpullover hatte er abgestreift und saß nun in einem schwarzen T-Shirt vor ihnen. Gegen seine muskulösen Arme hatte Traudl Gerstl keine Chance gehabt, schätzte Hirschberg, und auch war es ihm gewiss leichtgefallen, die Axt in Richtung seines besten Freundes zu schwingen. Er starrte die Ermittler ungerührt an, als sie ihm gegenüber ihren Platz einnahmen und die Fallakte auf den Tisch legten.

»Die Spurensicherung ist gerade dabei, Ihr Haus zu durchsuchen, Herr Draxl. Die Manschettenknöpfe, die diesen Abdruck hier verursacht haben«, Hansen legte ein Foto von Traudl Gerstls Hals vor ihn auf den Tisch, »haben Sie bereits gefunden.«

»Ich glaube nicht, dass Sie besonders viele Krindelsdorfer finden werden, die ihr auch nur eine Träne nachweinen.« Draxl zuckte nicht einmal mit der Wimper.

»Deswegen darf man sie noch lange nicht ermorden. Und es erfordert verdammt viel Kaltblütigkeit, seinen besten Freund umzubringen. Ihm mit der eigenen Axt regelrecht den Schädel zu spalten«, lenkte Hirschberg das Verhör auf den ersten Mord.

»Bester Freund! Dass ich nicht lache!« Draxls gelassene Fassade bekam erste Risse.

»Das klingt fast so, als hätte er Ihnen etwas angetan. Oder vielleicht auch etwas weggenommen«, versuchte

Hansen, ihn aus der Reserve zu locken. »Hat es etwas mit Vroni Gerstl zu tun?«

»Ich bin immer schon in Vroni verliebt gewesen. Schon seit ich sie das erste Mal gesehen habe«, flüsterte Draxl, und Hirschberg glaubte ihm. »Und dann habe ich den Fehler gemacht, die beiden einander vorzustellen.«

»Ihr bester Freund hat sich also in Ihre Flamme verliebt«, stellte Hirschberg fest.

»Er konnte ihr nicht widerstehen«, nickte Draxl.

»Das ist tragisch, aber so etwas kann passieren.« Hansen lehnte sich auf ihrem Stuhl zurück. »Ich glaube, dass jeder von uns schon einmal von der Liebe enttäuscht worden ist. Nur die wenigsten werden deshalb zu Mördern.«

»Alfons war nicht gut für Vroni!«, rief Draxl und schlug mit der flachen Hand auf den Tisch.

»Beruhigen Sie sich, Herr Draxl.« Hirschberg beugte sich warnend nach vorne. »Das ist kein Grund, laut zu werden.«

»Sie haben ja keine Ahnung, was er Vroni und letztlich auch Daniela zugemutet hat! Dieses kranke Verhältnis zu seiner Mutter und Traudls Boshaftigkeit gegenüber allen und jeden«, fuhr der Verhörte in gemäßigtem Tonfall fort. »Wussten Sie, dass das Gerücht umging, sie hätte etwas mit dem Tod von Alfons' Vater zu tun?«

»Wir haben davon gehört«, bejahte Hirschberg.

»Wenn Sie mich fragen, hat sie den alten Gerstl auf dem Gewissen. Eiskalt genug war sie.« Draxls Worte klangen wie eine Rechtfertigung für seine eigene Bluttat. »Sie wollte ihren Fonsi für sich allein haben und zu einem waschechten Bachinger machen. Blöd nur, dass die Gene des Vaters auch eine Rolle spielen.« Er stimmte ein humorloses Lachen an. »Wenn nicht mal der eigene Vater gut genug ist für seinen Sohn, wie hätte es dann ein anderer sein können?«

»Herr Seitlbach aber hat großes Ansehen bei ihr genossen«, wandte Hansen ein.

»Aber auch nur der gute Günther«, beharrte Draxl. »Der einzige Grund, warum sie mich nicht gleich verscheucht hat, war der, dass meine Eltern gut verdient hatten, und nach ihrem Tod habe ich auch einiges geerbt. Traudl war geldgeil. Sie war unglaublich materialistisch«, verurteilte er die Mutter seines Freundes. »Als sie gemerkt hat, dass Fonsi gern und gut backt und ein Händchen für jeden Teig hat, wie sie es nannte, ist sie auf die Idee gekommen, dass er in die Fußstapfen der Reinhardts treten und wie sie mit Bäckereien ein Vermögen anhäufen könnte. Die Kinder hatten ja kein Interesse daran, die Bäckereien zu übernehmen. Helga war viel zu faul, und ihr Bruder wollte Glamour. Was er ja auch geschafft hat.« Nicole Reinhardts Vater hatte zusammen mit seiner Frau eine erfolgreiche Modelagentur geleitet. Nach dem verfrühten Tod ihrer Eltern war Nicole bei ihrer Tante Helga und deren Mann Günther untergekommen. »Deshalb hat sie Alfons dann dazu gebracht, nach der zehnten Klasse vom Gymnasium abzugehen und ins Bäckergeschäft einzusteigen.«

»Es war ja keine schlechte Entscheidung«, rief Hirschberg ihm ins Gedächtnis. »Immerhin ist er unglaublich erfolgreich geworden.«

»Nicht zuletzt, weil Mama ab und an die Konkurrenz aus dem Weg geräumt hat. Und da war ihr jedes Mittel recht«, konterte Draxl spitz.

»Sie meinen Herrn Kettler?«, griff Hansen seine Anschuldigung auf.

»Er war nicht der Einzige«, ließ Draxl sie wissen. »Alfons ist bei seiner Ausbildung nur deshalb Jahrgangsbester geworden, weil seine Mutter seinen stärksten Konkurrenten bei seinem Chef angeschwärzt hat. Angeblich habe der – der junge Kerl! – sich auf die Frau des Chefs eingelassen. Daraufhin hat er ihn entlassen, und der Arme musste sich einen neuen Ausbildungsplatz suchen. Er war so frustriert, dass er Bayern sogar ganz verlassen hat. War aber bestimmt auch besser, dass er der alten Gerstl aus dem Weg gegangen ist. Diese Frau hat so viele Leben ruiniert.«

»Und Ihren Freund haben Sie umgebracht, weil er Ihnen die Frau ausgespannt hat. Nach so vielen Jahren rächen Sie sich dafür. Das ist doch verrückt.« Hirschberg zuckte die Schultern.

»Sie müssen mich ja nicht verstehen, Herr Hauptkommissar. Wie ich schon sagte, Fonsi hat Vroni nicht gutgetan. Und mit jedem Ehejahr, das verging, wurde es schlimmer. Ich konnte es nicht mehr länger mitansehen.«

»Die beiden haben sich aber geliebt«, führte Hansen ihm die nackten Tatsachen vor Augen.

»Vroni hat immer nur ertragen und hinuntergeschluckt!«, brach es aus Draxl heraus. »Die Geschichte mit dem Vaterschaftstest hat das Fass zum Überlaufen gebracht! Anstatt seine Mutter in die Schranken zu weisen, hat sich der gute Alfons aber kurz darauf wieder mit ihr versöhnt und seine Frau schon wieder im Regen stehen lassen. Es kommt irgendwann der Punkt, an dem sich ein Mann für seine Frau und gegen seine Mutter entscheiden muss. Auch wenn es noch so hart ist.«

»Aber Vroni Gerstl scheint sich doch damit arrangiert zu haben. Sie hätte ihren Mann doch verlassen können«, schlug Hansen vor. »Es gab keinen Grund für Sie, sich zu ihrem Beschützer aufzuschwingen.«

»Vroni hatte Angst vor dem Getratsche, der Demütigung und vor allem auch vor Traudls Zorn. Sie und Daniela wären am Ende sicher mit nichts dagestanden. Ich habe selbst gehört, wie Traudl Alfons dazu bringen wollte, ihr die Bäckereien zu überschreiben, damit Vroni im Falle eines Falles nichts zu erwarten hat. Er könne schließlich nicht sicher sein, ob sie ihm treu sei.«

»Und war sie ihm untreu?« Hirschberg ließ ihn nicht aus den Augen.

»Nein. Allerdings hat sie mir nach einem heftigen Streit mit Alfons vor ein paar Monaten – es ging wieder einmal um seine Mutter – ihr Herz ausgeschüttet. Sie hatte ein paar Gläser Wein getrunken und zum Abschied gemeint, dass sie sich vielleicht doch für den Falschen entschieden habe.«

»Und da haben Sie beschlossen, Ihren Freund aus dem Weg zu räumen«, nahm Hirschberg an. Vroni Gerstl hatte nicht einmal erahnen können, was ihre Worte auslösen würden.

»Es war wie ein Wink des Schicksals, Herr Hauptkommissar.« Draxl grinste. »Mein Großvater und meine Mutter haben mir als Kind immer von dieser alten Legende erzählt. Davon, wie unsere Vorfahrin Mathilde den lüsternen Abt verflucht hat. Alle hundert Jahre müsse ein Nachkomme des Abtes sterben. Als ich mich in der Grundschule mit Alfons angefreundet habe, war mein Großvater außer sich. Er meinte, ich solle mich nicht auf ihn einlassen, denn er würde von eben diesem Abt abstammen. Es gehe immerhin um die Familienehre, und …«

»Moment.« Hansen gebot seinem Redefluss Einhalt. »Hat Ihr Großvater Sie etwa schon damals dazu angehalten, dieses Jahr am sechsten Dezember Ihren Freund zu töten?«

»Das hat er natürlich so nicht gesagt, Frau Kommissarin. Er vertraue nur darauf, dass ich eines Tages das

Richtige tun würde. Von diesem Menschenschlag sei schließlich noch nie etwas Gutes gekommen, hat er immer gesagt. Womit er ja auch recht hatte, wenn ich so darüber nachdenke.« Er zuckte die Schultern. »Eigentlich habe ich nichts auf sein Geschwätz und das meiner Mutter gegeben, aber auf Vronis Worte hin … Mir fiel ein, dass sich der Fluch laut der Legende nun dieses Jahr wieder erfüllen sollte. Da dachte ich mir, es wäre doch die perfekte Gelegenheit, Alfons loszuwerden. Zumal die Wiesner seit Jahresanfang Alfons in den Ohren lag, auf der Hut zu sein.«

»Und dann hatten Sie vor, den Witwentröster zu spielen und mit Vroni Gerstl neu anzufangen«, schloss Hansen und schüttelte den Kopf.

»Die Chance und der Zeitpunkt waren zu gut, um sie verstreichen zu lassen.« Draxl klang selbstzufrieden.

»Aber warum sind Sie von der Legende abgewichen und haben Traudl Gerstl umgebracht?«, wollte Hirschberg wissen.

»Sie hat mich angerufen, um mir zu sagen, dass sie mich verdächtigt. Dass sie zur Polizei gehen wolle, weil sie angeblich Beweise habe.« Er zog seine Mundwinkel abschätzend nach unten. »Ich war mir zwar sicher, dass sie nur geblufft hat, aber ich wollte kein Risiko eingehen. Zumal ich der Meinung war, dass sie Vroni und Daniela lange genug terrorisiert hat.«

»Da haben Sie sie auf die Lichtung gelockt und ihr an einem Baumstamm die Luft abgedrückt«, schlussfolgerte Hirschberg.

»Ganz und gar nicht«, widersprach Draxl. »Sie hätte sich mit mir ganz sicher nicht im Wald getroffen. Ich wollte ihr frühmorgens zu Hause einen Überraschungsbesuch abstatten, wenn Sie so wollen, aber dann kam mir der Zufall zu Hilfe. Sie kam gerade aus dem Haus, als ich bei ihr ankam. Sie hat mich nicht bemerkt, und da bin ich ihr einfach gefolgt. Als sie in den Wald gegangen ist, habe ich die Gelegenheit beim Schopf gepackt. Sie hätten sich die Chance doch sicher auch nicht entgehen lassen, nicht wahr?« Draxl blickte zwischen den beiden Beamten Verständnis heischend hin und her.

»Soweit es mich betrifft, würde ich niemals so tief sinken und einen Mord begehen«, nahm Hirschberg ihm den Wind aus den Segeln. »Man kann nur hoffen, dass Ihre Familie in den kommenden hundert Jahren den Fluch endgültig ins Reich der Legenden verbannen und nie wieder als Vorwand für einen Mord missbrauchen wird.«

»Wenn es Ihnen nur darum geht, Herr Hauptkommissar.« Ein überlegenes Grinsen umspielte seinen Mund. »Mathildes Nachkommen werden bis dahin ausgestorben sein. Ich habe nur noch ein paar entfernte Cousins und Cousinen väterlicherseits, die nicht von Mathilde abstammen. Da meine Mutter und ich selbst Einzelkinder sind, wird der Fluch wohl mit mir sterben. Es sei denn, ich zeuge noch einen Stammhalter.«

»Das ist eine sehr gruselige Vorstellung, Herr Draxl.« Hansen erhob sich kopfschüttelnd. »Nur gut, dass Sie jetzt erst einmal ins Gefängnis wandern.«

»Mit einem Besuch von Frau Gerstl würde ich übrigens nicht rechnen«, meinte Hirschberg beim Verlassen des Verhörraums. »Ihrer Reaktion zufolge war der Mord an Ihrem Mann nicht in ihrem Sinn.«

19.

Hauptkommissar Hirschberg folgte mit Sohn Julian auf dem Arm seiner Frau in Alfons Gerstls Bäckerei. Dessen Witwe unterhielt sich gerade mit ihrer traurig dreinblickenden Mitarbeiterin. Was die Chefin ihr mitteilte, schien ihr nicht zu gefallen.

»Ich nehme an, dieses Mal sind Sie nicht dienstlich hier, Herr Hauptkommissar«, begrüßte ihn Vroni Gerstl mit einem melancholischen Lächeln. Dunkle Ringe unter ihren Augen zeugten von schlaflosen Nächten, und man konnte sehen, dass sie an Gewicht verloren hatte.

»Nein, wir wollten hören, wie es Ihnen nach der Beerdigung oder vielmehr den Beerdigungen geht«, kam Susan ihrem Mann zuvor.

Draxls Festnahme lag nun fast eine Woche zurück, und am vergangen Tag waren Gerstl und seine Mutter in ihrem Familiengrab beerdigt worden. Da Pfarrer Schmalzengruber sich bei seinem Sturz auf dem Weihnachtsmarkt eine Fraktur des Steißbeins zugezogen hatte und somit ans Bett gefesselt war, hatte Monsignore Bianchi nach Absprache mit dem Vatikan seinen Aufenthalt in Krindelsdorf um ein paar Tage verlängert. Isobels alter Freund hatte es sich nicht nehmen lassen wollen, die Beisetzung von Mutter und Sohn durchzuführen. Zwei Seelen den ewigen Frieden zu spenden, sei kein schlechtes Ende seiner Laufbahn als Geistlicher. So hatte er im Anschluss Bilanz gezogen, bevor er sich auf den Weg nach München gemacht hatte, wo er vor seiner

Abreise nach Rom noch einen Abend mit seiner großen Liebe verbringen wollte.

»Noch ist sehr viel zu erledigen, aber wenn wir erst einmal zur Ruhe kommen, wird alles über uns hereinbrechen.« Sie holte tief Luft. »Deshalb haben Daniela und ich beschlossen, von hier wegzugehen.«

»Sie werden Krindelsdorf verlassen?« Susan zog überrascht die Augenbrauen nach oben. »Und was passiert mit den Bäckereien? Sie sind doch eine Institution hier am Ort und im gesamten Landkreis.«

»Wir haben vor, sie zu verkaufen. Aber wir werden vertraglich festhalten, dass die Angestellten ihre Stelle behalten können. Nur weiß ich nicht, wie es mit den Lehrlingen aussieht. Ob sie nach ihrer Ausbildung übernommen werden«, ließ Vroni Gerstl die Bombe platzen, als Leon Eisner gerade aus der Backstube kam.

»Aber was ist dann mit mir?«, entfuhr es dem Jungen verzweifelt. »Wenn der neue Besitzer mich nicht übernimmt, dann …«

»Du musst dir keine Sorgen machen, Leon.«

Hirschberg und Susan drehten sich um, als Nicole Reinhardt in Begleitung eines hochgewachsenen Herrn hereinkam. Er trug einen dunkelblauen Anzug, und die edlen schwarzen Schuhe waren auf Hochglanz poliert. Sein Haar war graumeliert, und sein sanft gewölbter Bauch wies ihn als Genießer aus. Er schenkte Eisner ein strahlendes Lächeln.

»Leon, ich möchte dir gerne Herrn Hinterberger vorstellen. Er ist ein sehr guter Freund von Günther und mir und besitzt einige exklusive Konditoreien in Österreich. Nächstes Frühjahr wird er mit einem italienischen Partner auch noch ein Café in Mailand eröffnen.«

»Ich bin Wolfgang, Leon, und es freut mich sehr, dich kennenzulernen.« Er schüttelte die Hand des verdutzten

Jungen, der genauso wenig wie der Rest der Anwesenden wusste, was vor sich ging. »Ich habe schon sehr viel von dir gehört, und zwar nur Gutes. Gerade hatte ich das echte Vergnügen, deinen Stollen und ein paar deiner Butterplätzchen zu probieren. Ein Talent wie das deine ist genau das, wonach ich suche!«, freute sich der Fremde.

»Aber was …« Gerstls Lehrling starrte ihn fasziniert an.

»Ich möchte dir vorschlagen, deine Ausbildung in meiner Konditorei in Salzburg zu beenden! Wenn du dich weiterhin so gut anstellst wie bisher, dann wäre es mir die größte Freude, wenn du anschließend bei mir arbeitest. Meine Kunden erwarten Qualität, und du kannst sie bieten.«

»Salzburg?« Leon Eisner bekam große Augen, und Hirschberg schmunzelte. »Das … Das klingt gut. Aber ich weiß nicht, ob das geht.« Er war mit einem Mal niedergeschlagen. »Meine Mutter …«

»… ist einverstanden.« Reinhardt lächelte wie eine Katze, die eine Maus gefangen hatte. »Ich habe bereits alles mit ihr besprochen. Sie hat verstanden, dass es das Beste für dich ist, von hier wegzugehen, um für Wolfgang zu arbeiten. Dass eine solche Chance nur einmal im Leben kommt. Marianne wird dich übrigens nachher hier abholen, und dann packt ihr gemeinsam deine Sachen. Heute Nacht kannst du bei ihr schlafen, und morgen früh fährst du gemeinsam mit Wolfgang nach Salzburg.«

»Aber natürlich nur, wenn du das möchtest«, fügte Hinterberger hinzu.

»Klar, will ich!«, rief Eisner begeistert. »Aber wo soll ich denn wohnen? Ich kenne doch niemanden in Salzburg.«

»Da du noch nicht volljährig bist, bleibst du bis auf Weiteres bei meiner Frau und mir, und danach sehen wir weiter«, eröffnete ihm sein neuer Chef. »Du wirst dich zwar an dieselben Regeln halten müssen wie unsere Kinder, als sie in deinem Alter waren, aber ich bin mir sicher, wir werden gut miteinander auskommen. Und ich kann es kaum erwarten, einen der besten Konditoren der Welt aus dir zu machen!«

»Danke, danke, danke!«, rief Leon. Er löste sich aus seiner Erstarrung und fiel Reinhardt ungestüm um den Hals.

»Nichts zu danken, Leon.« Sie legte ihre Hände auf seine Schultern. »Ich verstehe sehr gut, was du durchmachst, glaub mir. Deine Herkunft und deine Vergangenheit werden immer ein Teil von dir sein, aber wer du bist und sein wirst, bestimmst ganz allein du! Salzburg wird dir gefallen, und Marianne und ich werden dich in den nächsten Wochen besuchen kommen.«

»Das ist sehr, sehr nett von Ihnen, Frau Reinhardt«, bemerkte Susan, als Eisner wieder in der Backstube verschwunden war.

»Das finde ich auch«, stimmte Vroni Gerstl ihr zu. »Ich war zwar anfangs nicht begeistert, als Alfons ihn eingestellt hat – Sie kennen ja seine Familie – aber er ist zuverlässig und ehrlich. Und er ist jetzt schon ein wirklich guter Bäcker und Konditor.«

»Der Junge kann nichts für seine Mutter und seine Großeltern, Vroni«, erwiderte Reinhardt sanft, und Hinterberger nickte. »Marianne hat vollkommen recht: Leon ist anständig und hat oft genug hinter seiner versoffenen Mutter sauber gemacht, während seine Großmutter ihn nie hat vergessen lassen, dass er eine Brut der Sünde ist. Er verdient etwas viel Besseres.«

»Und seine Mutter lässt ihn so einfach ziehen?«, wollte Hirschberg dem Weihnachtswunder auf den Grund gehen.

»Sie möchten gar nicht glauben, wie kooperativ erziehungsunfähige Elternteile werden, wenn sie sich einem Anwalt, der ab sofort die Interessen ihres Kindes vertritt, und einer engagierten Mitarbeiterin des Jugendamtes gegenübersehen.« Reinhardt grinste triumphierend. »Marianne hat mich gebeten, dem Jungen zu helfen, und wie ich Ihnen schon einmal sagte: Ich vertraue ihr. Wenn sie sich für jemanden einsetzt, dann helfe ich ihr nur zu gern dabei. Günther hat das Jugendamt informiert und einen alten Freund angerufen. Walther ist Anwalt und hat Frau Eisner überredet, nicht nur das Aufenthaltsbestimmungsrecht, sondern auch das Sorgerecht auf Herrn Hinterberger zu übertragen. Frau Eisner hat sich anfangs ein wenig gesträubt, doch er hat ihr zu verstehen gegeben, dass es in diesem Fall zu einem Prozess kommen würde. Das Jugendamt hätte zudem noch heute alles für eine Inobhutnahme in die Wege geleitet. Ein Blick auf das Leergut und die gehobene Müllhalde, die er bis jetzt sein zu Hause genannt hat, war schon ausreichend. Der katholische Fanatismus seiner Großmutter hat das Bild der Kindeswohlgefährdung dann abgerundet. Ich würde mir für den Jungen wünschen, dass er es schafft, nie wieder zurückzublicken«, fügte Reinhardt leise hinzu. »Und das solltest du auch, Vroni«, riet sie der Witwe.

»Das habe ich vor, Nicole«, nickte diese.

Hirschberg entging nicht, dass zwischen den beiden Frauen zwar Höflichkeit, aber keine Herzlichkeit herrschte.

»Wie geht es jetzt für Sie und Ihre Tochter weiter? Wo werden Sie beide hingehen?«, wollte Susan wissen, nachdem die Dessousdesignerin und Hinterberger sich verabschiedet hatten.

»Bis meine Tochter im Mai ihr Abitur macht, möchte ich die Bäckereien und das Elternhaus meines Mannes verkauft haben. Und auch für unser Haus haben wir bis dahin hoffentlich einen Käufer gefunden. Daniela möchte unbedingt in Paris studieren, und deshalb haben wir beschlossen, nach Frankreich zu gehen.«

»Das ist wirklich weit weg.« Hirschberg war überrascht. »Werden Sie Krindelsdorf denn gar nicht vermissen?«

»Manches bestimmt«, gab Gerstl zu. »Aber wissen Sie, ich wollte nach dem Abitur auch immer nach Paris. Mit einer alten Schulfreundin. Im Gegensatz zu mir hat Carina es geschafft. Sie ist heute Dozentin an der Sorbonne und lebt mit ihrer Familie in Paris. Hätte ich Alfons nicht getroffen, wäre ich womöglich heute auch dort.« Sie zuckte die Schultern. »Daniela hat vor ein paar Tagen zu mir gesagt, dass es nie zu spät ist, neu anzufangen. Carina hat eine sehr gute Maklerin an der Angel. Wir fliegen in den Weihnachtsferien nach Paris, um uns nach einer Wohnung umzusehen. Ich habe Fonsi geliebt, aber seit seinem Tod ist mir klar geworden, dass ich mich in meiner Ehe irgendwie verloren habe. Ich möchte endlich das Leben, das ich mir immer vorgestellt habe. Verstehen Sie, was ich meine?«

»Ich denke schon«, antwortete Susan, und sie drückte die Hand ihres Mannes.

»Und ich möchte nie wieder den Namen Draxl hören«, wisperte Vroni Gerstl. »Er war zwar immer für uns da, aber er war auch so besitzergreifend. Fonsi hat mich ausgelacht und gesagt, dass ich mir das nur einbilde. Aber manchmal hatte ich das Gefühl, dass er wirklich jede freie Minute bei uns verbracht hat. Dass er keine anderen Interessen hatte.« Sie schüttelte den Kopf. »Ich hoffe, er kommt für lange Zeit hinter Gitter.«

»Das wird er, Frau Gerstl«, versicherte ihr Hirschberg. »Es kann allerdings sein, dass Sie vor Gericht eine Aussage machen müssen«, warnte er sie vor.

»Das schaffe ich auch noch«, erklärte die Bäckerswitwe ihm resolut und griff nach einem mit Marmelade gefüllten Butterplätzchen, um es Julian in die Hand zu geben. Der Kleine strahlte und schob es sogleich in den Mund.

»Unser Sohn bedankt sich«, grinste Susan, als sie ihn genüsslich schmatzen hörte.

»Wir wünschen Ihnen und Daniela alles Gute, Frau Gerstl.« Hirschberg und Susan verabschiedeten sich, um ihren Winterspaziergang fortzusetzen. Dicke Schneeflocken rieselten auf sie herab, und Hirschberg zog sich die Kapuze seiner Jacke über den Kopf.

»Die Geschehnisse, die ein Mord nach sich zieht, stimmen mich immer nachdenklich«, meinte Susan, als sie die Straße überquerten und auf den Kirchweg einbogen.

»Und ich denke mir jedes Mal, dass in Krindelsdorf wirklich alles möglich ist«, lächelte Hirschberg. »Sogar ein Pornomanager und eine englische Lady werden hier sesshaft.«

»Mit Adoptivhund«, prustete Susan. »Ich bin schon gespannt, was uns das neue Jahr bringen wird!«

ENDE